상실 치유를 위한
마음챙김

상실 치유를 위한 마음챙김 워크북

발행일 | 2016년 9월 5일 1쇄 발행

지은이 | Rebecca E. Williams, Julie S. Kraft
옮긴이 | 이병걸, 이용주
발행인 | 강학경
발행처 | ㈜ 시그마프레스
디자인 | 조은영
편집 | 문수진

등록번호 | 제10-2642호
주소 | 서울시 영등포구 양평로 22길 21 선유도코오롱디지털타워 A401~403호
전자우편 | sigma@spress.co.kr
홈페이지 | http://www.sigmapress.co.kr
전화 | (02)323-4845, (02)2062-5184~8
팩스 | (02)323-4197

ISBN | 978-89-6866-791-6

THE MINDFULNESS WORKBOOK FOR ADDICTION

＊ 책값은 책 뒤표지에 있습니다.

이 도서의 국립중앙도서관 출판예정도서목록(CIP)은 서지정보유통지원시스템 홈페이지(http://
seoji.nl.go.kr)와 국가자료공동목록시스템(http://www.nl.go.kr/kolisnet)에서 이용하실 수 있습니
다.(CIP제어번호: CIP2016020984)

'상실'이라는 단어를 들을 때 무엇이 가장 먼저 떠오르는가? 아마 이별, 사별, 죽음 같은 특별한 경험일 것이다. 하지만 누군가의 죽음에 따른 상실 이외에도 우리는 미처 인식하지 못하는 사이에 광범위하게 상실을 경험하고 있다. 예를 들어 실직, 이사, 아버지의 음주, 잃어버린 꿈, 출가한 자녀, 유산, 빼앗긴 어린 시절, 친구와의 절교, 빼앗긴 주차 공간, 놓쳐버린 버스 등 헤아릴 수 없을 정도로 많은 상실의 경험을 하고 있다. 그 경험에 '굿바이'라고 말할 수 있는 것이 바로 '상실'이라고 할 만큼 상실은 인간의 보편적인 현상이다. 한편 이는 안전함의 상실, 자존감의 상실, 세상에 대한 신뢰와 믿음의 상실이다.

상실을 겪으면 마음이 불편해져서 수치심, 죄책감, 슬픔, 분노, 무기력함, 우울함, 외로움, 불안, 두려움 등 모든 부정적인 감정을 경험하게 된다. 하지만 우리는 그것을 적절히 견뎌내기는커녕 거기서 달아나려고 애를 쓰다가 오히려 중독의 늪에 빠져버린다. 상실의 감정들을 느끼지 않고 회피하기 위하여 중독으로 나아갔던 것이다. 중독성 행동들은 상실감에서 벗어나기 위한 도피 수단이 되어버린다. 문제는 여기서 끝나는 게 아니다. 중독은 또 다른 유형의 상실을 촉진시킬 수 있다. 이를테면 배우자나 자녀가 당신의 곁을 떠날 수 있고, 친구와의 관계를 잃을 수 있다. 경제적인 상실을 겪고, 꿈을 잃고, 건강을 잃으며, 운이 없으면 철창신세를 지거나 병원에 가게 되어 자유를 잃게 될 수도 있다. 어떤 경우에는 중독이 가족에게 대물림되기도 한다. 상실이 중독으로 이어지고, 중독은 또 다른 상실을 일으키면서 상실과 중독의 악순환이 이루어진다. 악순환의 덫에 빠지면 우리는 심한 좌절감과 무가치함을 경험하게 되고, 삶을 놓아버리는 상황에 처할 수도 있다. 그러므로 우리는 상실과 중독의 악순환이 우리에게 미쳤던 영향을 이해하고, 둘 사이에 줄곧 존재해왔던 감춰진 연결을 찾아내 그것을 드러내야 한다. 그럴 때 악순환은 힘을 잃고, 거기에 맞설 힘이 생긴다.

우리의 목표는 상실에서 중독으로, 중독에서 또 다른 상실로 이어지는 지긋지긋한 순환의 고리를 끊어버리는 것이다. 이를 위해서 우리는 자신의 감정과 사고와 가치를 되돌아보고 행동의 변화를 이끌어 내야 한다. 우선 상실의 경험을 되짚어보고 그동안 회피했던 감정들을 찾아내 애도하고 달래주면 좋다. 용기를 내어 마주하기 싫은 해묵은 감정들을 바라보고, 자신에게 친절한 마음을 베풀면서 그것들을 받아들이는 것이다. 부정적인 감정들에도 제자리가 있는 법이다. 둘째, 아마도 어린 시절에 부모님, 친척, 선생님 등으로부터 물려받았을 습관적인 반복 사고들을 되돌아보는 것이 좋다. 어떤 느낌을 느껴서는 안 된다거나 어떤 생각을 해서는 안 된다는 식의 사고들은 부정적인 핵심 신념으로 자리 잡아 우리의 삶을 옭아매고, 거기에서 파생한 '나에게 잘못이 있다'는 식의 신념은 중독성 행동으로 나아가는 결과를 낳을 수 있다. 따라서 자신의 불합리한 사고들이 100% 진실은 아니었음을 깨닫고 사고의 균형을 잡는 연습이 필요하다. 셋째, 삶의 의미나 가치를 명확히 해두면 좋다. 가치와 일치되는 삶을 살게 되면, 평소와는 다른 행동을 선택할 수 있다. 가치는 행동의 기본 지침이 되어 중독성 행동으로 이어지지 않도록 도와준다.

자신의 생각과 감정을 자각하고 확고한 가치도 갖게 되었으니 상실의 경험들이 더 이상 우리를 흔들어댈 수 없고 중독성 행동이 저항감과 허무함을 채우는 일도 없을 것이다. 우리는 고통을 피하지 않고 직면함으로써 중독성 행동을 선택하지 않을 것이다. 우리가 할 일은 오직 생각과 감정을 알아차리고 모든 경험을 있는 그대로 수용하는 것뿐이다. 이런 알아차림과 근본적인 수용을 통하여 언젠가는 자동적인 투쟁-도피 반응이 '떠오르기' 반응으로 전환될 날이 오지 않겠는가? 이 책이 우리의 상실-중독 치유 여정을 도와줄 것이다.

차례

제3부 치유를 향해 나아가기

서론 🕯️

토니와 카르멘 부부는 그 일이 일어나기 전까지 19년간 별 탈 없이 살아왔다. 크고 작은 삶의 흔적이 있긴 했지만 결혼 생활은 대체로 순조로웠다. 첫째 아이의 유산, 아내 카르멘의 유방암에 대한 걱정, 그리고 몇 년에 걸친 토니의 실직 상태 정도가 이를테면 역경이었다. 부부는 이런 삶의 폭풍우를 아주 잘 헤쳐 나갔다. 지난 해 열여덟 살이던 아들 A.J.가 교통사고로 갑자기 죽기 전까지는 그랬다.

이 일로 암울한 그림자가 이들의 집에 스며들어 부부와 열세 살 난 딸 티나에게 안개처럼 무겁게 내려앉았다. 어느 누구도 이 짙은 안개를 흔들어 떠나가게 할 수 없었다. 부부는 티나가 그 일에 대해 어떤 답을 바란다는 것을 알고 있었지만 어떻게 말해줘야 할지 알 수 없었다. 티나는 갈수록 많은 시간을 집 밖에서 보냈다. 친구 집에서 숨어 지내거나 과제를 하면서 밤 늦게까지 학교에 있곤 했다. 무언가가 이 가족을 전염시킨 것 같았는데, 세월도 이들의 상처를 치유하지는 못했다. 시간이 지나면서 오히려 일이 더 악화하는 듯했다.

토니는 잠이 더 늘었고 회사에 지각하는 횟수가 잦아졌으며 가끔 결근을 하더니 이윽고 상사에게 경고를 받기에 이르렀다. 토니는 줄곧 술을 마셔왔는데, 해군 복무 시절에는 특히 심했다. 토니는 과거에 그랬던 적이 있다는 것을 기억해내지 못했으나, 자신이 점점 더 술을 가까이 한다는 것은 알고 있었다. 몸이 심하게 가려웠고 스트레스를 많이 받았기 때문에 직장에서 일하는 시간이 고통스러웠다. 생각에 압도당하곤 해서 점심시간에 술을 약간 마셔 몸의 상태를 이완시켜야 했다. 또한 밤마다 의식을 잃을 때까지 TV를 켜 놓고 술을 마셨다. 오직 그때만 사물이 정상으로 보였다. 술에 취해 있는 그 순간에만, 끼익하는 타이어의 굉음과 사고가 일어났던 도로에 대한 생각에서 벗어날 수 있었다.

아들의 사고는 카르멘의 삶도 바꿔 놓았다. 카르멘은 거실에서 약간 떨어진 작은 서재에서 컴퓨터에 두 눈을 고정시킨 상태로 대부분의 시간을 보내고 있었다. 웹사이트에서 신발, 지갑, 옷 같은 것들을 정신없이 검색하면서 힘겨운 시간을 보내는 것처럼 보였다. 카르멘은 예전에는 그런 식으로 돈을 쓴 적이 없었고, 늘 사려 깊게 돈을 써왔다. 물론 자기를 위해 멋진 물건을 어느 정도 구매할 만한 가치가 있는 사람이었으나, 요즘 들어 스스로 보기에도 좀 이상한 행동을 하고 있었다. 남편에게 신용카드 영수증을 보여주지 않으려고 애를 썼고, 때로는 도착한 우편물 상자를 개봉조차 하지 않고 손님방의 벽장에 넣어두기도 했다. 내면에 불편감이 쌓이고 줄곧 불안감을 느꼈기 때문에 제대로 잠을 자기가 어려웠다. 그럴 때마다 카르멘은 침대 밖으로 몰래 빠져나와 온라인 쇼핑을 하곤 했다. 그것만이 마음을 조용히 만들 수 있는 유일한 일인 것처럼 보였다.

토니와 카르멘의 마음은 두려움으로 가득 차 있었다. 부부는 세상이 자신들에게서 떨어져 나간 것 같은 느낌이 들었다. 그러니 아들의 죽음 이후, 그나마 아주 작은 평온함을 주고 있는 이런 행동들을 어떻게 포기할 수 있단 말인가?

티나의 학교 상담사는 토니와 카르멘을 불러 티나가 쓴 짧은 글을 놓고 함께 이야기를 나눴다. 그 글에는 티나가 내면적으로 얼마나 공허함과 두려움을 느끼고 있는지, 부모에게서 얼마나 벗어나 있고 멀어져 있는지가 고스란히 드러나 있었다. 글은 부모가 돈 문제에 대해 어떻게 다투고, 어떻게 저녁 식사를 건너뛰고, 어떻게 집 안에서 좀비처럼 움직이는지 말해주었다. 티나의 글 속에는 중독 상황과 그것이 가족을 어떻게 파괴하고 있는지 잘 드러나 있었다.

시작

토니와 카르멘 부부처럼 중독성 충동과 행위들은 당신을 혼란에 빠뜨리고, 압도하고, 통제할 수 있지만 이 워크북의 도움으로 회복을 향해 한 걸음 더 나아갈 것이다. 단언컨대, 자신이 진정 원하는 삶을 되찾을 수 있다. 중독에서 벗어나는 길은 확실히 존재하며, 이것이 바로 그 첫 번째 단계이다.

각 장의 마지막 부분에는 '토니 가족 방문하기'가 있다. 여기에서는 각 장에서 배운 새로운 기법과 개념들을 토니 가족의 사례를 통하여 확인할 수 있다. 토니 가족의 치유 과정을 살펴보는 일은 당신의 회복을 도와줄 것이다.

누가 이 책으로 도움을 얻을 수 있는가?

지금 중독성 행동에서 벗어나려 애쓰고 있다면 이 워크북이 큰 도움이 될 것이다. 중독성 행동이란 나쁜 영향을 주는데도 여전히 지속하고 있는 행동으로, 멈추고 싶어도 쉽사리 그만둘 수 없다. 중독성 행동에서 처음으로 벗어나려 애쓰거나 이미 오랜 회복 과정 속에 있을 때 또는 자신의 사회적·감정적 상황을 개선하여 중독성 행동의 재발을 예방하고 싶은 경우에도 이 책이 도움이 될 것이다.

이 책은 당신이 장기적인 웰니스(wellness)를 찾고 회복하는 데 도움이 되도록 구성되어 있다. 이것은 현재 겪고 있는 증상뿐 아니라 증상의 근원까지도 다룰 수 있다는 것을 의미한다. 이 책을 통하여 자신의 생각과 느낌과 행동 유형을 알게 되고, 상실의 경험들을 되돌아보게 될 것이다. 상실감은 삶에 큰 영향을 주고, 강력한 감정을 일으켜서 무언가에 중독되도록 추동시킨 사건들로부터 비롯된다. 이 책에 나온 연습들을 통하여 당신은 스스로 경험했던 상실이 무엇인지 알고, 상실감으로부터 치유되는 과정을 안내받게 된다.

이 워크북의 목적은 다음과 같다.

- ⚑ 중독성 행동을 완화하거나 멈추게 해준다.
- ⚑ 건강한 대처 기법들을 가르쳐준다.
- ⚑ 중독 이면의 원인을 살펴보고, 핵심 영역에서 근본적인 치유를 촉진한다.
- ⚑ 긍정적인 대인관계와 자기인식 및 의사소통 기법을 알려주고, 관계 개선을 돕고, 장기적으로 정서 성장을 도모한다.
- ⚑ 현실에서 활용하기 쉬운 연습과 활동을 제공하여 일상에서 원하는 삶을 향해 나아가도록 안내한다.

워크북 사용법

이 워크북에 들어 있는 유용한 정보와 사례 연구를 통하여 새로운 아이디어를 얻을 수 있다. 여기에 제시된 연습들은 삶을 변화시키는 유용한 도구가 된다. 누구든 꾸준히 사용하기만 하면 이 도구를 익숙하게 다룰 수 있게 된다.

1,000권의 건강 관련 잡지를 읽는다고 건강한 몸매를 유지할 수는 없다. 원하는 변화를 이루려면 직접 행동으로 옮겨야 한다. 이 점을 유의하면서 아래 사항을 준수한다면 이 책을 최대한으로 활용하게 될 것이다.

- 이 책의 내용을 순서대로 경험하라. 각 장의 순서는 나름의 이유가 있다. 앞 장에 나왔던 기법들을 기반으로 다음 장이 구성된다.
- 책에 나온 활동지를 모두 채우고, 연습을 하라. 활동지를 몇 장 복사해두고 여러 차례 연습하면 좋다. 결국 가장 중요한 것은 연습이다.
- 일기를 써라. 일기를 통해 배우고 있는 것을 되돌아볼 수 있고, 치유 여정을 하면서 느끼는 감정도 탐색해볼 수 있다. 중요한 질문에 답해볼 수 있는 공간이 워크북에 들어 있지만 이 책을 읽으면서 일기를 쓸 것을 강력하게 추천한다.
- 심리상담사나 심리치료사에게 말하라. 이 워크북은 스스로 작업하도록 설계되어 있어서 혼자서도 좋은 결과를 얻을 수 있다. 하지만 치유 과정을 겪으면서 전문가와 함께 내면을 탐색한다면 훨씬 더 깊은 수준에 이르게 될 것이다.

치유 과정에 쏟는 노력에 따라 거기에서 얻게 될 것이 정해진다는 점을 늘 명심하라. 이 과정에 얼마나 많은 노력을 하고 중독성 행동에서 얼마나 벗어나는가는 당신에게 달려있다. 당신은 이 작업을 수행할 만한 가치가 있는 사람이다! 당신은 중독의 늪에서 자기 자신을 빠져나오게 하여 고요한 평화로 이끌어줄 치유 여정을 시작하고 있다. 이제 시작해보자!

1 | 주요 개념과 기법

1. 감정 모음

2. 생각 모음

3. 행동 모음

4. 마음챙김

1장

감정 모음

우리의 앞과 뒤에 놓인 것은
우리의 안에 놓인 것과 비교하면 작은 문제들이다.
— 올리버 웬델 홈즈_Oliver Wendell Holmes_

당신은 오래전에 '느끼는 것은 안전하지 않다'는 가르침을 받은 바 있으며, 비탄, 격노, 좌절, 스트레스, 외로움, 죄책감이 '적'이라고 배워왔다. 어려서부터 그런 느낌들에 아주 큰 힘이 들어 있다고 믿어왔던 것이다. 그 힘은 당신을 완전히 압도할 수 있으며, 사랑하는 모든 것을 파괴할 수도 있다. 이러한 불편한 느낌들은 삶을 제대로 영위하지 못하도록 당신을 영원히 옭아매는 힘을 가진 것처럼 보인다. 그런 느낌들의 손아귀에 들어갈 경우, 당신은 원치 않는 행동을 하게 될 수 있다. 한편으로는, 이런 불편한 느낌을 느끼지 않는 방법을 찾아내지 못하면 기분 좋은 일은 절대로 일어나지 않을 것이라고 배워왔을지도 모른다.

그러므로 당신은 당연하다는 듯 계속 해결책을 찾아다녔다. 어쩌면 내면에서 일어나려는 감정에 저항해서 언제든 카운터 펀치를 날릴 준비를 하면서 새도 복싱을 하는 데 삶의 대부분을 보냈을 것이다. 자신의 진짜 느낌들을 느끼지 않으면서, 느낌들 밑으로 다량의 술과 약물과 아이스크림 같은 것을 밀어 넣었을지 모른다.

이것은 자기 자신과 어떤 계약을 맺는 것과 같다.

나, _____ 은/는 나의 느낌들을 느끼지 않기 위해 무엇이든 하겠다. 분명히 말해두지만, 감정이란 이 세상에서 가장 위험한 것이다. 나의 느낌에 저항하는 이 전투에서 승리하기 위하여 나는 기꺼이 제한된 삶을 살아가겠다. 나는 결코 나의 온전한 자아가 되지 않겠다. 나는 _____ (음주, 약물, 수면, 성행위, 도박, 자해, 폭식, TV 시청 등)을/를 함으로써 나의 느낌들을 최대한 회피할 것이다. 느낌은 회피할수록 더 좋다.

느낌을 있는 그대로 느끼는 일은 틀림없이 나를 파멸시키고 말 것이다. 그러므로 느낌들이 존재하도록 내버려두기보다는 차라리 내 삶의 대부분을 포기하겠다.

'느끼지 않기' 계약

당신은 위 계약에 서명하면서 자신의 중독과 거래를 한 셈이다. 이를테면 당신은 다음과 같은 선언을 했다.

- 나는 중독 성향이 나를 지배하고 통제하고 나의 삶을 결정하도록 내버려두겠다.
- 나는 중독 성향이 나에게서 모든 것을 빼앗아가도록 내버려두겠다.
- 나는 나의 꿈을 포기하겠다.
- 나는 나 스스로, 되고자 하는 사람이 되기를 포기하겠다.
- 나는 진정한 행복과 사랑과 건강을 포기하겠다.
- 나는 중독 성향이 나를 파괴하도록 내버려두겠다.

나를 느끼지 못하게 하라. 알겠는가? 누가 어째서 이와 같은 거래를 하는 것일까? 아마 당신은 '느끼지 않기' 계약을 하면서 무엇에 서명을 했는지조차 몰랐을 것이다. 어쩌면 계약서의 아주 작은 글자를 미처 읽지 못했을 가능성도 있다. 대부분의 중독성 행동들은 처음에는 끔직한 결과와 고통을 가져오지 않고, 나중에 가서야 불행한 결과를 불러일으킨다. 한 중독자가 말했듯이 "문제가 되기 오래전부터 그건 나의 해결책이었다." 당신에게도 중독성 행동들은 아마 하나의 '해결책'으로 시작되었을 것이다.

이 말이 이상하게 들리는가? 당신은 지금 이런 생각이 들 것이다. "나의 중독이 어떻게 내 문제에 대한 해결책이었지? 그건 내가 잃었던 사람들과 물건들을 되돌려놓을 수 없었어. 그건 결정적으로 나의 재정 문제를 해결해주지 못했단 말이야. 오히려 관계를 훨씬 어렵게 만들어 놓았을 뿐이라고."

음주, 과식, 마약 또는 다른 중독성 행동들은 당신이 당면한 문제를 해결해주지 못했다. 삶은 역경과 비극과 상실로 가득했고, 술을 마셔도 그중 어느 것 하나 사라지지 않았다. 그런데도 당신은 중독성 행동에 따른 실제적인 문제를 해결하려고 노력하지 않았다. 당신이 반드시 해결해야 할 문제는 바로 '감정'이다. 당신은 감정에서 벗어나거나, 숨거나, 파묻어버리거나, 혹은 다른 무언가로 전환할 수 있는 방법을 찾아왔고 중독성 행동을 통해 이런 것이 잠시 동안 가능했다. 하지만 그것은 '있는 그대로'의 문제에 대한 일시적인 해결책에 불과하다.

상실과 감정

이 책 전체에 걸쳐 당신은 상실에 대해 배울 것이다. 지금까지 삶에서 일어났던 상실의 경험을 되돌아보면 자신이 어째서 그런 중독성 행위를 하게 되었는지 알아차리는 데 도움이 된다. 이것은 회복을 위해 투쟁하는 과정에 더 큰 힘을 부여할 것이다. 그런데 우리는 왜 특히 상실에 주목하려 하는가? 본질적으로 상실의 경험은 감정을 불러일으키기 때문이다. 상실감을 경험하게 되는 순간, 또는 삶의 해묵은 상실들과 마주하면서 화, 슬픔, 스트레스, 두려움을 느낄 수 있다. 때로는 안도감, 분리감, 무감각도 느낄 수 있다. 당신은 다양한 느낌을 경험할 가능성이 크다. 어떤 경우에는 수많은 느낌을 한꺼번에 느낄 수도 있다. 느낌들은 때로는 밀물처럼 당신을 급습하여 땅에 쓰러뜨린다. 또한 매순간 바짓가랑이를 물고 늘어지면서 간절하게 당신의 주의를 끌려는 개처럼 보일 수 있다. 이런 느낌들은 당신의 온몸을 꿈틀거리게 하고 간지럽히는 작은 벼룩일지 모른다.

이 책의 주요 목적은 당신의 느낌을 있는 그대로 수용하고 **관용**을 베풀도록 도와주려는 데 있다. 자신의 느낌들을 **변화**시키려 하지 않는다는 점에 주목하라. 있는 그대로의 느낌들을 바꾸고, 줄이고, 조절하고, 피하려고 애썼기 때문에 오히려 지금 이 순간 당신을 괴롭히는 중독성 행동이 생겨났다는 점을 명심하라. 이 책의 내용을 충분히 경험한다면 틀림없이 화, 스트레스, 상처, 무기력함, 두려움을 덜 느끼게 될 것이다. 어떤 느낌들은 아주 사라져 버릴 것이다. 무엇보다 중요한 점은, 기분이 좋아지기 위해 지금 이 순간 느끼는 느낌들을 더 이상 바꿀 필요가 없다는 사실이다. 당신은 이미 '괜찮은 상태'이다.

이것이 급진적인 생각으로 여겨질 수 있다는 점을 우리도 이해한다. 나중에 설명하겠지만 당신은 진실하지 않은 느낌들에 대해 많은 것을 배워왔다. 앞으로 당신이 해야 할 작업은 지금까지 당신을 잘못된 길로 이끌어왔던 교훈들을 잊어버리는 것이다. 마음을 열라. 마음이 바뀌면 삶이 바뀔 것이다.

감정의 수용 : 개 포용하기

앞에서 개가 바짓가랑이를 물고 늘어질 때, 당신이 어떤 방식으로 감정을 경험하는지 살펴보았다. 이것을 좀 더 자세히 들여다보면 삶에서 나타나는 감정늘에 대응하는 방법을 더욱 질 이해하게 된다.

이 개가 당신의 감정이라고 상상해보자. 당신은 이 성가신 개를 입양하는 데 전혀 관심을 보이지 않지만 이 개는 어떻게든 당신의 삶 속에 거처를 마련한 상태다. 당신은 성가신 개를 내쫓으려고 많은 시도를 해왔다. 그렇게 하지 못할 일도 없다. (하지만) 직장 사무실의 책상 밑에는 날마다 당신의 바짓가랑이를 잡아당기고 있는 개가 있다. 개는 식료품점에서 당신을 향해 뛰어오르고, 운전을 하려고 할 때 당신을 산만하게 만든다. 개한테는 좋은 냄새도 나지 않는다. 동료에게 개를 떠맡아 달라고 부탁하지만 그 동료도 이미 개를 몇 마리 데리고 있는 터라 친절하게 거절한다. 당신은 개를 집에 묶어 놓거나 차고에 감금해 놓으려고 한다. 심지어 공원에, 그것도 마을에서 멀리 떨어진 공원에다 몰래 버리려고 한다. 하지만 집에 돌아와 보니, 개는 어느새 문앞에 와 있다. 이미 당신을 기다리고 있는 것이다.

아침에 일어났을 때는 당신을 괴롭히지 않는다. 하지만 몇 시간이 지나면, 개는 당신의 욕실 앞에서 짖어대고 점심 시간에는 발로 당신의 옷을 긁어댄다. 당신은 갈수록 좌절하게 되고 이 개를 없애기 전까지는 지옥에서 살게 될 것이라는 확신이 더욱 강해진다. 당신은 하루도 이런 날을 견뎌내지 못할 것이라고 생각한다. 이 개가 금방 떠나지 않을 것이므로 곧 미쳐버리고 말 것이라는 두려움에 휩싸이게 된다.

개를 **포용**하는 일은 쉽지 않다. 개는 뭐라고 해도 당신과 함께 살기 위해서 여기에 와 있다. 당신이 좋아하든 안 하든 개는 당신 삶의 일부이다. 당신의 세계로 개를 초대하지 않았지만 개는 틀림없이 당신의 세계를 떠나지 않을 것이다. 당신은 이런 사실을 인정할 수 있는가? 이 개의 실체를 인정할 수 있는가?

숨을 깊이 들이마셨다가 천천히 내쉬면서 개를 향해 잠시 흡족해 하는 당신의 모습을 상상해보라. 순간, 개는 무섭게 행동하지 않고 눈에 거슬리는 행동도 하지 않는다. 다만 개는 굶주림에 지쳐서 서둘러 주의를 끌려고 했을 뿐이다. 내면에 있는 높은 자아가 내맡김을 시작하고, 모든 것을 내려놓는다. 당신은 어깨를 으쓱하고는 몸을 구부려 개를 쓰다듬어준다.

이제 아주 이상한 일이 벌어진다. 개는 진정된다. 당신을 물어뜯고, 바짓가랑이를 잡아당기는 것도 멈춘 채 바닥에서 뒹굴거린다. 설명하기 어렵지만 당신은 한동안 개의 배를 쓰다듬어 주고, 음식을 가져다준다. 개는 음식을 먹은 뒤에 당신 옆에 자리를 잡고 몸을 둥그렇게 말아 편안하게 잠을 잔다.

이런 일이 수개월간 진행된다. 개는 늘 당신 곁에 머물고, 절대로 당신을 홀로 두고 떠나는 법이 없다. 당신은 하루에 두 번씩 음식을 주고 어느 정도의 애정을 보인다. 그렇게 하지 않을 경우, 개는 예전 방식으로 되돌아가서 당신을 깨물고, 으르렁거리고, 괴롭히기 시작한다. 주목받아야 할 순간에 마땅한 주목을 받는 한, 개는 그다지 골칫덩어리가 아니다. 개는 언제나 거기에 존재하지만 그렇게 귀찮은 존재가 아니며 그저 삶의 일부분일 따름이다.

개와 싸우게 되면 며칠, 몇 주, 심지어 몇 달 동안 소진될 수 있다는 사실을 늘 염두에 두라. 당신은 자신의 감정을 없애려고 애쓰느라 많은 시간과 에너지를 낭비한다. 바로 그 개처럼 당신의 감정들은 지금 여기에 존재하면서 당신과 함께 머물고 있다. 그것들은 당신 삶의 일부분인 것이다.

1. 이런 비유, 곧 당신의 감정들이 당신이 회피하고 있는 성가신 개라는 비유가 당신에게 적합한가?

2. 적합하지 않다면 잠시 브레인스토밍을 해보고 당신에게 어울리는 이미지를 떠올려보라. 떠오른 이미지를 상세하게 적어보라. 창의성을 발휘하라! 새로운 방식으로 감정을 바라볼 수 있다면 그 감정에 대한 관계가 바뀔 수 있다.

3. 그 비유가 적합하다면, 당신의 개를 어떤 모습으로 상상하는가? 그 개는 치와와인가 그레이트 데인인가 아니면 핏불테리어인가? 주의를 끌려고 하는 순간, 당신의 개는 얼마나 공격성을 드러내는가?

4. 개를 애써 무시하려고 할 때, 개가 나타날 가능성이 높은 장소는 어디인가? 당신이 일하고, 운전하고, 음식을 먹고 있을 때인가? 혼자 있을 때인가, 아니면 여러 사람과 함께 있을 때인가? 밤에 당신을 깨워서 수면을 방해하지는 않는가?

5. 당신은 자신의 개를 포용하려고 노력해본 적이 있는가? 그 개에게 주의를 줄 때 어떤 변화가 나타나는가?

당신의 개와 중독

최근 사건이든 수년 전에 일어난 사건이든 제대로 상실감을 나누지 못했다면, 마주해야 할 수많은 개들이 내면에 가득 차 있다는 것을 알아야 한다. 이런 느낌이 당신의 주의를 간절히 필요로 하지만 당신은 이 느낌들을 애써 무시해버리곤 한다. 당신 앞에 나타나는 자연스러운 감정들을 회피하고, 무시하고, 사라지게 하기 위해 당신은 일시적인 안도감을 가져다주는 일에 매달리게 된다. 도박, 음주, 약물 남용, 충동적 성교, 과식과 같은 행동을 통하여 잠시나마 위안을 찾으려 한다. 이와 같은 중독성 행동을 통해 자신의 감정을 무시함으로써 일시적으로는 안도감을 얻을지 모르지만 장기적인 결과는 끔찍하다. 시간이 흐르면서 중독의 마수에 빠지고 두려움, 혐오감, 외로움, 무기력과 같은 부정적 감정들의 홍수에 파묻히게 된다. 중독은 당신의 문을 향해 으르렁거리는 한 마리의 개를 한 무리의 늑대로 바꾸어 놓는다. 당신은 이런 느낌들을 절대로 견뎌낼 수 없다고 믿기 때문에 중독 속으로 깊이 은둔하고 조금씩 자신의 삶에서 멀어져 간다.

그러나 개를 포용하는 것 같은 간단한 방법이 당신을 원래대로 되돌려놓을 수 있다는 것을 명심하라.

짐 이야기

짐은 척추 외상으로 고통을 겪으면서 마흔두 살부터 휠체어 신세를 지고 있다. 자유로운 이동의 제약에 따라 상실감을 경험했고, 아내의 보살핌이 필요해지면서 좌절감과 두려움을 느끼며 쉽게 상처를 받았다.

어린 시절에 짐은 엄마가 마약과 알코올을 남용했기 때문에 세 명의 어린 동생을 돌봐야 했다. 짐은 엄마에게 도움을 청할 수 없었다. 도움을 청할 때마다 엄마는 짐을 거부하거나 욕설을 퍼부을 뿐이었다.

결혼 이후 짐은 신체적으로 고통을 겪게 되면서 아내와의 사이에 거리감을 느꼈다. 짐은 인터넷으로 포르노를 보기 시작했다. 컴퓨터 스크린에 주의를 쏟는 일은 고통을 완화해주는 것 같았다. 내면의 고통과 분투를 아내에게 보여주는 것보다는 오히려 그게 더 나았다. 포르노를 보는 빈도와 시간은 점점 늘어나서 하루 6시간을 넘어설 정도였다.

혼란스럽고 배척당하고 외로워진 짐의 아내는 부부상담을 받으러 가자고 요구했고, 심리치료사는 욕구, 고통, 두려움의 감정과 관련해 짐이 어린 시절 배웠던 거짓 메시지들을 되짚어보는 작업을 시작했다.

마침내 짐은 내면에서 불편한 감정이 올라올 때마다 포르노를 보겠다는 충동이 일어난다는 것을 알아차렸다. 짐이 서명한 것은 바로 '느끼지 않기' 계약이었다. 짐은 이 계약을 통하여 중독으로 삶을 포기할 것과 자신의 감정을 회피하기로 동의한 셈이었다. 이와 같은 사실을 알아차린다면 짐은 평소와는 다른 선택을 할 수 있고, 중독이라는 우리(cage) 밖으로 나올 수 있는 기회를 갖게 될 것이다.

감정에 대한 거짓 신념의 수수께끼 풀기

이 책이 자신에게 도움이 될 것이라고 생각한다면, 당신은 그동안 잘못된 방식으로 삶의 감정들을 다루어 왔을지 모른다. 이 점을 깨닫는 것은 두렵고 고통스럽고 당혹스러운 일이다. 하지만 꿋꿋하게 견뎌내라. 당신은 지금 중독에서 벗어나기 위한 첫 단계를 밟고 있다. 한 가지 중요한 과제는, 감정들과 어떻게 연결되어 있는지 이해하고, 이 감정과 연결된 해로운 방법들을 바꾸는 일이다.

생각해보자. 당신은 무슨 이유로 중독성 행동에 빠지고, 모든 것을 포기하는 선택을 한 것인가? 그렇게 하는 것이 더 이상 해결책이 되지 않고, 그것이 삶에서 일어난 문제들의 가장 중요한 원인이 되는데도 왜 그랬던 것인가?

삶을 희생해서라도 피하려 했던 감정들에 대한 당신의 거짓 신념(false belief) 중 일부를 살펴보자.

연습 1.2 감정에 대한 거짓 신념 확인하기

아래에 당신을 잘못 이끌어갈 수 있는 감정들에 대한 몇 가지 거짓 신념을 소개해 놓았다. 아래 목록을 살펴보고 어떤 것이 당신에게 영향을 주는지 찾아보라. 익숙한 것에 체크하고, 새롭게 떠오르는 것이 있으면 목록에 첨가하라.

_____ 나 자신을 비탄 속에 내버려둔다면 영원히 슬퍼질 것이다.

_____ 나 자신을 슬픔 속에 내버려둔다면 우울해지고 자살하고 싶어질 것이다.

_____ 이렇게 좋은 것을 잃어버리면 견뎌낼 수 없을 것이다. 그래서 지금 그것을 미리 없애버려야 한다.

_____ 내가 어떻게 느끼고 있는지 다른 사람에게 말한다면, 그들은 나에게 대항하기 위해 오히려 그 점을 이용하려 들 것이다.

_____ 나의 느낌을 다른 사람에게 말한다면, 그들은 내가 약하다고 생각할 것이다.

_____ 기분의 변화는 어떤 경고도 없이 나타났다가 사라져버린다.

_____ 이런 느낌을 느낄 시간을 갖는다면, 그것은 나의 인생 전체가 지연된다는 의미이다.

_____ 다른 사람은 이렇게 느끼지 않는다. 나는 무언가 잘못된 게 틀림없다.

_____ 오직 미성숙한 사람만이 그렇게 감정적으로 될 것이다.

_____ 두려움은 자연스러운 반응이 아니므로 그런 감정을 없애야 한다.

_____ 착하고 강하고 건강한 사람은 이런 식으로 느끼지 않을 것이다.

_____ 다른 사람들이 나와는 다르게 감정적으로 반응한다면 나의 감정적 반응에 잘못이 있는 것이다.

_____ 이런 고통을 있는 그대로 느끼게 된다면, 나는 결국 이것 때문에 죽게 될 것이다.

_____ 강한 사람은 두려움이 없는 사람이다.

_____ 자신을 기분 나쁜 상태로 내버려둔다는 것은 산산이 파괴되고, 완전히 엉망이 되고, 자기연민에 빠지

게 된다는 것을 의미한다.

좋은 사람들은 화를 내지 않는다.

성인이 된다는 것은 감정에 휩쓸리지 않는다는 의미이다. 그렇게 될 때, 나는 합리적인 사람이 된다.

내가 더 강한 자존감을 가졌더라면 불안해하지 않았을 것이다.

감정을 가진다는 것은 내가 '드라마 퀸'(역주 : 작은 문제를 가지고 호들갑 떠는 사람)이라는 의미이다.

이런 감정을 느낄 경우, 나는 자기통제력을 상실할 것이다.

분노, 상처, 두려움같은 감정들은 파괴적이고 위험하다.

느낌은 어디서 나타나는지 알 수 없다.

이런 식으로 감정을 느끼는 것은 어리석은 짓이다. 나는 이 점을 명심해야 한다.

다른 목록 :

_____

_____

_____

_____

상세히 살펴보기

거짓 신념들을 보다 자세히 탐색해보자.

나 자신을 비탄 속에 내버려둔다면 영원히 슬퍼질 것이다. 감정에 대한 이런 특별한 거짓 신념은 그 무엇보다 더 많은 고통을 일으킨다. 상실은 인간 삶의 일부분이다. 어느 누구도 상실에 대한 면역력을 갖고 있지 않다. 우리 대부분에게 상실은 삶의 이야기의 모든 장면 속에 담겨 있다. 뒷부분에서 이 문제를 보다 자세히 다루겠지만 여기서는 이런 생각, 곧 비탄이 왠지 영원히 계속될 것이라는 거짓 신념을 다루어보자.

당신은 사람들이 이렇게 말하는 것을 들은 적 있을지 모른다. "그렇지만 지금 망가질 순 없어. 난 돌봐야 할 아이들이 있다고!" 이것이 사실일 수 있다. 그러나 우리는 왜 상실을 겪어내는 일이 자신을 망가뜨릴 것이라고 생각하는 것일까? 오히려 자신의 자연적인 감정을 다락방에 쑤셔 넣으려 할 때 망가지기가 더 쉬운 법이다. 다락방 문을 꼭 닫아둔 채 중독성 행동에 손을 내밀 가능성이 훨씬 높아진다.

스스로 애도하지 못할 때에는 자신이 끝나지 않을 비탄 속에 빠지게 될 것이라는 생각이 강화된다. 다락방에 꼭꼭 가둬 놓은 감정들은 언젠가는 밖으로 빠져나갈 확률이 높기 때문이다. 앞에 나온 성가신 개를 기억하는가? 느낌들은, 당신이 실제로 그렇게 할 때까지, 계속해서 느낌들에 직면하도록 강요한다.

진실. 비탄은 자연적이고 건강한 기능이며, 치유의 중요한 일부분이다. 비탄의 느낌을 있는 그대로 경험한다면 슬픔은 적절한 순간에 그냥 지나가버릴 것이다.

이렇게 좋은 것을 잃어버리면 견뎌낼 수 없을 것이다. 그래서 지금 그것을 미리 없애야 한다. 많은 사람들은 자신들이 원하는 것을 결코 소유할 수 없는 상황으로 만들어낸다. 도대체 사람들은 왜 이런 짓을 하는 것인가? 이는 사랑하는 것들을 잃을 때의 느낌을 통제할 수 없을 것이라는 두려움 때문이다. 이 두려움이 고립으로 이어져 삶의 기쁨이 사라질 수 있다. 당신은 이런 신념에 빠져 있다는 것을 미처 깨닫지 못한 채, 문 앞에 나타난 최고의 선물들을 내던져버리거나 스스로 부인할지도 모른다. 최고의 선물이란 누군가와의 멋지고 건강한 관계, 흥미진진한 새 직업, 차 한 잔의 여유같은 자기관리의 시간들이다. 당신은 회피하는 게 최상의 행동이라고 생각하기 때문에 삶의 가장 좋은 즐거움마저 피해가는 것이다. 이렇게 좋은 것들을 잃는다는 것이 너무 견디기 어려울 것이라고 확신한다.

진실. 당신은 자신의 느낌을 수용할 수 있다! 상실은 삶의 정상적인 일부분이다. 진정한 비극은 삶의 일부분인 기쁨을 스스로 부정하는 데 있다.

다른 사람은 이렇게 느끼지 않는다. 나는 무언가 잘못된 게 틀림없다. 강한 사람은 두려움이 없다. 좋은 사람은 화를 내지 않는다. 이와 같은 거짓 신념은 있는 그대로의 느낌이 자연스럽지 않다는 메시지를 준다. 그리고 정확히는 모르지만 감정을 경험하는 데 있어 자신에게 결함이 있다고 믿게 한다. 유쾌하지 않은 감정들을 무시하려고 애쓰거나 그런 감정들을 소유하지 않기를 바라는 마음은 좌절감을 높이고 자기가치감을 낮출 뿐이다.

진실. 감정은 건전하고 자연적인 것이다. 우리가 시도해야 할 일은 인위적인 느낌을 멈추고 불건전하고 중독적인 행동으로 이끌어가는 느낌을 멈추는 것이다.

느낌은 어디서 나타나는지 알 수 없다. 책의 뒷부분에서 보겠지만 느낌은 어딘지 모르는 곳에서 나타나는 게 아니다. 이 말은 진실이 아니라 하나의 신화일 뿐이다. 아직도 이 말이 진실처럼 보일 수 있다. 당신은 자신의 일에 신경 쓰지 않는 듯하고, 감정들은 당신의 하루를 훔치는 폭력배처럼 보인다. 어떤 기분을 선택하느냐에 따라 당신의 기분은 이리저리 날뛰고 있고, 당신은 절망적으로 그 추를 꼭 잡고서 죽을힘을 다해 거기에 매달려 있다. 하지만 실제로 감정은 어떤 곳, 다시 말해 당신의 마음에서 나온다. 이 장과 다음 장에서는 마음이 무엇에 달렸는지 관찰하고 주목하는 법을 배우게 된다. 당신은 자신의 기분을 예측하고, 감정의 근원을 되짚어봄으로써 자신의 경험을 이해하게 되고, 강렬하고 예측불가능한 감정들에 더 이상 휘둘리지 않게 될 것이다.

진실. 감정은 자신의 마음에서 나온다. 당신은 생각과 감정과 행동을 연결하는 법을 배워야 한다.

기억하라. '느낌'과 관련해 거짓 신념들에 속아왔다고 하여 누군가를 비난해선 안 된다. 아마도 부모, 조부모, 친척, 이웃들도 모두 당신과 똑같은 거짓말을 듣고 자랐을 가능성이 크다. 어쩌면 부모님이 당신에게 "느낌이 너를 약하게 만들었어."라고 말했을지 모른다. 그들 또한 느낌이 당신을 해칠 거라고 생각했기 때문이다. 부모님은 느끼지 말라고 가르치는 것이 아주 중요하다고 생각했다. 그들은 분노, 격노, 슬픔, 외로움, 불안같이 다루기 까다로운 느낌들은 무시한 채, 그저 '좋은 느낌'만을 가지라고 애써 가르치려 했을 것이다. 따라서 당신이 느낌과 관련해 이런 메시지를 믿었다는 것은 조금도 놀랍지 않다. '느끼지 않기' 계약에 서명하면서 자신의 삶을 저버렸다는 것도 놀라운 일이 아니다. 지금 당신은 이런 거짓 신념들의 매듭을 풀고 있다. 이것은 당신의 삶을 되찾기 위한 여정의 첫 번째 단계이다.

감정 회피하기

이제, 특정 감정들을 느끼지 않으려고 시도해왔던 방법들을 제대로 이해하는 것이 필요하다. 이 중 일부는 해롭지 않으나, 다른 일부 방법들은 당신의 중독성 행동들과 관련될 수 있다. 즉 고통은 있는 그대로의 느낌으로부터 숨기 위해서 그런 방법들을 반복 사용할 때에만 생긴다. 기억하라. 성가시게 짖어대는 개를 차고에 가둬놓는 일은 잠깐은 효과적일지 모르지만 영원한 평화를 가져올 수는 없다. 영원한 평화를 얻는 유일한 방법은 그 개를 자기 삶의 일부로서 인정하는 것이다.

감정 회피 방법

자신의 느낌을 조절하거나 거기에서 벗어나려 할 때 사용하는 방법들을 살펴보자. 느낌을 피하기 위해 아래 방법 중 하나라도 사용한 적이 있는가? 당신이 시도해보았던 방법에 체크 표시를 하라.

_____ TV를 지나치게 많이 시청하기

_____ 담배 피우기

_____ 휴대전화를 끄고 친구들을 멀리 하기

_____ 지나치게 많이 운동하기

_____ 지나치게 많이 먹기

_____ 도박하기

_____ 통제할 수 없는 일을 끊임없이 걱정하기

_____ 음주하기

_____ 마약 사용하기

_____ 의사의 처방전 없이 약품 사용하기

_____ 다른 방식으로 자신을 괴롭히고 상처 주기

_____ 대화를 피하기 위해 자리를 박차고 뛰쳐나가기

_____ 자신의 느낌에 대해 거짓말하기

_____ 직장에 출근하지 않기

_____ 지나치게 많이 잠자기

_____ 잠자리에 그냥 누워 있기

_____ 다른 사람에게 지나치게 많이 불평하기

_____ 남 탓을 하며 책임 전가하기

_____ "(나쁜 일이어도)괜찮아."라거나 "별일 아니야."라고 스스로 말하기

_____ 돈이 없는데도 쇼핑하기

_____ 다른 방법들 : _____

_____

_____

_____

이제 한 사례를 통해 사람들이 감정을 회피하는 방식과 그로 인해 어떤 결과가 나타나는지 알아보자.

제리 이야기

제리는 서른네 살의 건설 노동자로서 고등학교 시절에 만난 여자 친구와 결혼했었다. 그러나 말다툼을 하면서 난폭한 운전을 하다가 심각한 사고를 일으켰고 이 일로 그녀와 결별했다. 현재의 아내와는 3년 전에 결혼했으며, 몇 달 후에 첫아이가 태어날 것이다. 제리는 최근 직장에서 친한 친구와 싸움을 벌여 직장과 친구를 모두 잃고 말았다.

제리는 명확한 목표를 가지고 치료에 임했다. "저는 가끔 아주 미쳐버려요. 안에서 뭔가가 요동치기 시작하거든요. 그러면 지진이 일어난 것처럼 진짜로 몸이 떨리고, 그럴 때마다 아내는 너무 무서워해요." 제리는 맞은편에 앉아 있는 상담자의 눈길을 피한 채 벽을 응시하며 계속 말했다. "화를 좀 덜 냈으면 해요."

제리는 감정을 조절하는 데 어려움을 겪어왔다고 고백했다. 지금은 자신의 분노를 그나마 성공적으로 조절하고 있었다. 제리에게 성공이란 의미는 크게 소리를 지르지 않고, 타인에게 해를 입히지 않고, 아내에게 언어폭력을 하지 않는다는 것을 뜻한다. 또한 물건을 깨뜨리지 않고, 집을 망가뜨리지 않는다는 의미이다. 제리는 자신의 다짐을 두 가지 방식으로 실행했다. 우선, 최대한 아내와의 대면을 피했고 자신을 좌절시킬 수 있는 일에 대해서는 아내에게 일절 말하지 않았다. 둘째, 날마다 많은 양의 마리화나를 피웠다.

치유 작업을 진행하면서 제리의 가장 큰 두려움은 '자신이 분노한다는 사실'임이 명확해졌다. 제리는 분노를 예방하기 위해 무언가를 하게 될 것이다. 제리의 경험으로 미루어보아, 분노를 느낀다는 것은 밖으로 행동을 드러내고, 감정을 자기 뜻대로 통제하기 힘들다는 의미였다. 분노를 마구 드러내는 것은 안전하지 못하다. 그는 분노가 자신에게 가장 중요한 것, 곧 아내와의 관계를 파괴할 것이라는 신념을 가지고 있었다. "이런 일이 계속 된다면 아내가 떠날 거라는 걸 잘 알아요." 제리는 계속 말했다. "그래서 평정심을 유지하기 위해 마리화나를 피워야 해요. 의료 마리화나 카드를 받을 작정이에요. 그냥 무감각해지는 편이 더 나아요."

분노를 느끼기보다는 무덤덤해지기 위해 마리화나를 피워야만 한다는 이야기를 하던 순간에 제리가 정말로 말하려고 했던 것은 무엇일까? 그는 어려서부터 '느낌'에 대해 항상 들어왔는데,

유일한 선택은 자신의 느낌에 무릎을 꿇거나 아니면 어떤 느낌도 느끼지 않는 데 '성공할 수 있는' 방법을 찾아내는 것 가운데 하나였다. 제리는 이런 메시지를 거듭 내보내고 있었다.

기억하라. 삶은, 그것이 무엇이든 항상 감정을 동반한다. 우리가 좋아하든 싫어하든 삶에는 기쁨, 즐거움과 함께 고통과 다툼이 들어 있다. 이러한 느낌과 경험으로부터 숨거나, 그것들을 무시하거나 통제하려고 애쓰는 일은 결과적으로 고통과 불편함을 가중시킬 따름이다. 감정을 회피하려는 제리의 시도들은 결국 실패하게 되어 있다. 이는 그의 시도가 자기 느낌을 수용하고 다루기보다는 느낌의 제거를 목표로 하고 있다는 단순한 사실 때문이다. 제리는 조금씩 좌절에 주목하는 법을 배우면서 그것을 하나의 지침으로 사용하여 차분히 자신을 괴롭히고 있는 것들을 다루어 갔다.

연습 1.4　감정 회피의 결과

이제 당신의 감정 회피 방식과 그 결과가 어떻게 될 것인지를 살펴볼 차례이다.

'감정 회피 방법'(연습 1.3 참조)에 나온 목록을 다시 보고, 당신이 주로 어떤 것을 사용해왔는지 관찰하라. 그동안 여러 가지를 사용해왔겠지만 우선 가장 흔하게 사용하는 방법 다섯 가지를 선택하라. 노트에 다섯 가지 방법을 쓰고, 이 방법들을 사용했을 때 나타날 수 있다고 생각하는 결과들을 그 옆에 기록하라. 우선, 제리의 결과를 살펴보자.

제리의 감정 회피하기 전략과 그 결과

제리의 감정 회피하기 전략 : 마리화나 피우기, 민감한 대화 피하기, 감정을 돋우는 아내 피하기 등
제리가 얻은 결과 : (마약 구입에 따른) 비용의 손실, 마약 경험 때문에 특정 직장에 지원하지 못한 일, 사회활동을 하려는 동기 약화, 아내에게서 멀어짐, 아내와의 관계 결핍, 아이에게 좋은 아빠가 되지 못힌디는 두려움

당신의 감정 회피하기 전략과 그 결과

1. 당신의 감정 회피하기 전략 : _____
   그 결과 : _____

2. 당신의 감정 회피하기 전략 : _____
   그 결과 : _____

3. 당신의 감정 회피하기 전략 : _____

　　그 결과 : _____

4. 당신의 감정 회피하기 전략 : _____

　　그 결과 : _____

5. 당신의 감정 회피하기 전략 : _____

　　그 결과 : _____

느낌 알아차리기

당신이 감정 회피 전략을 사용하게 되었던 이유는, 느낌을 회피하는 것이 해결책이라고 생각했기 때문이다. 감정과 관련해 학습해온 이런 거짓 신념들 탓에 감정들을 피하고 축소하고 제거해야 한다는 생각을 하게 되었다.

　문제는 당신이 무엇을 다루어야 하는지 알아차리지 못할 가능성이 있다는 것이다. 우리 대부분은 아주 오랫동안 내면의 느낌을 회피해오고 있는 터라서 자신이 무엇을 느끼고 있는지 제대로 말할 수 없다. 예를 들어 비탄 같은 '느낌의 세상' 속에서 무엇이 정상인지 알지 못하고, 우울함에 시달리면서도 어느 시점에 심리치료 같은 외부의 도움이 필요한지 잘 알아차리지 못한다. 감정에 익숙하지 않다는 것이 놀랄 만한 일은 아니다. 다음의 논리적 유추에 대해 생각해보자.

　30년 동안 옆집에 한 이웃이 살고 있다고 상상해보라. 오랜 세월 친근하게 지내다 보면 이웃 사이에 어떠한 인간관계가 생길 것이라고 짐작할 수 있다. 하지만 당신은 이웃 남자의 이름조차 알지 못한다. 그가 무슨 일을 하는지, 심지어 자녀가 있는지조차 모른다. 어떻게 이런 일이 있을 수 있는가?

　당신은 일찌감치 그 남자에 대하여 어떤 소문을 들었는데, 그것은 그가 위험한 범죄자이고 무자비한 살인범이라는 말이었다. 물론 이건 사실이 아니며, 오히려 그는 매우 훌륭한 사람이다. 하지만 아무도 이 사실을 말해주지 않았다. 사실 다른 이웃들도 당신과 똑같은 정보를 갖고 있었다. 그리하여 당신은 지난 30년 동안 어떻게 해서라도 이 남자를 피하려고 노력했다. 잔디밭 건너편에서 "좋은 아침!"이라고 인사하는 소리가 들려와도 듣지 못한 척하고, 그 남자가 차를 세우려고 할 때는 절대로 눈을 마주치지 않으려고 머리를 숙이곤 했다. 이러다 보니 당신은 그 남자가 어떻게 생겼는지조차 알지 못했다.

자신의 감정들과 분리되어 있어 그것들에 이름조차 붙일 수 없다는 것은 참으로 기가 막히는 일이다. 하지만 위 이야기를 생각해보면 놀랄 만큼 새로운 일이 아니다. 자신의 느낌들과 얼마나 오래 살아왔든 간에 그 느낌들을 눈으로 직접 보지 못하고 손으로 만져보지 못했다면, 그리고 그것들을 바로 눈앞에 보고서도 중독성 행동으로 달아났다면, 당신의 느낌들은 이방인과 조금도 다르지 않다.

다음 연습은 당신이 그동안 회피해왔던 느낌을 알아차리도록 도와줄 것이다. 편안한 마음으로 연습에 임하고, 설령 자신이 느끼고 있는 것을 찾아내는 일이 어렵더라도 걱정하지 말라. 삶에 존재하는 모든 것처럼 이것은 하나의 과정이다. 흔쾌히 새로운 기법을 배우고 잠시 실천하기만 하면 된다.

일반 감정

다음 목록은 사람들이 일반적으로 느끼는 감정들이다. 물론 좀 더 있겠지만 우선은 이것으로 충분하다. 지금 이 순간 느끼고 있는 감정을 쉽게 찾아내지 못할 때마다 이 목록을 참조하라. 있는 그대로의 감정에 이름을 붙이는 데 도움을 줄 것이다. 느끼고 있는 감정이 무엇인지 너무 불확실하다면 '두려운, 슬픈, 기쁜, 화나는, 수치스러운' 같은 기본 카테고리로 돌아가라. 다음 페이지의 표에 있는 감정들은 대부분 위의 기본 카테고리 중 하나에 해당한다. 지금 느끼고 있는 것이 두려움인지, 슬픔인지, 행복인지, 분노인지, 수치심인지에 대해 최소한 일반적인 감각을 갖기만 해도 좋은 지침을 얻게 될 것이다.

표 1.1 대표 감정 목록

두려운	슬픈	기쁜	화나는	수치스러운
불안한	울적한	감탄하는	성가신	굴욕적인
겁먹은	가슴 미어지는	만족스러운	배신당한	가치가 무시된
섬뜩한	고립된	유쾌한	쓰라린	당혹스러운
초조한	우울한	신바람 난	격분한	얼어붙은
무감각해진	실망스러운	흥분한	좌절된	자책하는
마비된	낙담하는	고마워하는	울화가 치미는	무기력한
무서워하는	공허한	영광스러운	불쾌한	창피한
떨리는	마음이 무거운	기쁜	분개하는	평가받는
충격 받은	무기력한	감동적인	짜증나는	유감스러운
꺼리는	상처 받은	자랑스러운	질투하는	후회스러운
놀라는	외로운	느긋한	억제할 수 없는	조롱당하는
의심스러운	후회스러운	안도하는	억울한	쓸모없는
공포에 빠진	울먹이는	고요한	어이없는	무가치한
걱정스러운	불분명한	황홀한	원한 맺힌	마음이 상한

앞에서 보았듯이 당신의 감정에게 정말로 필요한 것은 약간의 '주의'뿐이다. 이 간단한 연습에서는 한 순간에 느끼는 감정에 온전한 주의를 기울이기만 하면 된다. 이 시간은 자신의 느낌을 잘 알아차릴 수 있는 좋은 기회이다. 명심해야 할 것은 자신의 감정에서 더 이상 달아나지 않는 것이다.

이것은 마음에 대한 것도 아니고, 마음에서 일어나는 소동도 아니다. 지금은 당신이 느끼고 있는 감정의 불리석 감각에만 주의를 기울여야 할 순간이다. 생각은 해석이다. 그러니 생각하지 말라! 그럴 필요가 없다. 당신이 해야 할 유일한 일은 주목하는 것뿐이다. 당신의 일은 오직 '관찰'하는 것이다.

우선 편안히 앉을 수 있는 장소부터 찾아라. 허리를 펴고 앉는 게 제일 좋지만 필요하면 누울 수도 있다. 주의를 빼앗기지 않을 만큼 조용한 장소면 된다. 시작할 준비가 되었으면 눈을 감아라. 당신은 이제 자신의 몸으로 여행을 떠나게 된다. 과학자라고 상상하면서 몸 안에서 찾을 수 있는 만큼 풍부한 세부 자료를 찾아내라.

몸을 탐사하면서 자신에게 아래 질문을 하라.

1. 느낌이 몸의 어디에 있는가? 몸의 어떤 부분에 그 느낌이 들어 있는가?

2. 느낌의 크기는 어느 정도 크기인가?

3. 느낌의 가장자리는 어디인가?

4. 느낌은 어떤 색인가? 거기에 주의를 모을 때 색이 변하는가, 아니면 똑같은가?

5. 느낌이 무거운가, 아니면 가벼운가?

6. 느낌이 딱딱한가, 아니면 말랑말랑한가? 거친가, 아니면 부드러운가? 손으로 느낌을 만질 수 있다면 어떤 감각이겠는가?

7. 느낌이 어떠한지 알아차리는가? 그 느낌에 이름을 붙여서 확인해줄 수 있는가? ('붉은 섬광', '옥죄는 가슴'처럼 그것이 무엇이든 느낌에 적절한 이름을 붙인다.)

이런 식으로 약 5분간 떠오르는 느낌을 계속해서 탐사하라. 어느 정도 편안한 상태가 되고 그 느낌을 이해하게 되었으면 감았던 눈을 떠라. 당신이 지금 현존하고 있는 방으로 서서히 주의를 돌리고 이어서 자신에게 주의를 보내라. 팔과 다리를 가만히 움직여보라. 일기장에 지금까지 경험한 것을 기록하라.

여러 가지 다양한 감정을 떠올려보고 그 감정들을 하나하나 알아차리는 연습을 되풀이하라. 그러다 보면 감정의 경험을 기억할 수 있도록 글로 기록하고 싶은 마음이 생길 수 있다. 이를 통해 당신은 여러 가지 다양한 느낌의 감각을 비교하게 된다. "분노는 몸 안에서 슬픔과 같은 곳에 간직되는가? 아니면 다른 곳에 들어 있는가?"와 같은 질문이 뒤따라 나올 수 있다. 다양한 느낌들에 이름을 붙이고 기록해둔다면 큰 도움이 될 것이다. 연습을 하면서 '옥죄는 가슴'이라는 이름이 계속 떠오르면 어떤 순간에 이런 감정이 일어나는지 기록해두면 된다.

이 연습은 상이한 상황에서 나타나는 느낌들을 알아차리도록 도와주기 위해 고안되었다. 연습은 꽤 단순해 보이지만 해볼 만한 가치가 있다. 자신의 감정과 자주 소통할수록 그 감정이 덜 낯설어 보일 것이다. 감정이 덜 낯설게 느껴질수록 이전과는 달리 감정을 회피하지 않으면서 그 감정과 자유롭게 관계를 맺을 가능성이 높아진다.

다음 각각의 상황과 관련하여 나타날 수 있는 감정을 찾아내라. 해당 상황 옆에 있는 빈 공간에 그 감정을 함축하는 단어를 적어라. 한 가지 이상의 감정이 떠오른다면, 느낄 확률이 가장 높다고 생각하는 감정 하나를 선택하라. '대표 감정 목록'(표 1.1 참조)을 사용해서 필요할 때마다 감정 알아차리기 연습을 하라.

1. 사랑하는 사람이 내가 아닌 다른 사람과 사랑에 빠져 있다. _____

2. 청바지 주머니에서 5달러를 발견한다. _____

3. 어머니의 생신을 잊어버렸다. _____

4. 나쁜 이웃을 만나서 망연자실하고 있다. _____

5. 보름달을 바라본다. _____

6. 키우던 강아지가 자동차에 치인다. _____

7. 특별한 누군가의 전화를 기다리고 있다. _____

8. 좋아하는 팀이 챔피언 결승전에서 승리한다. _____

9. 직장에서 프로젝트를 마무리한다. _____

10. 자동차가 고장 난다. _____

11. 비행기를 타고 파리로 가는 중이다. _____

12. 비행기를 타고 가족을 만나러 가는 중이다. _____

13. 자동차 열쇠를 찾을 수 없다. _____

14. 절친한 친구가 이사를 간다. _____

15. 한밤중에 악몽으로 잠에서 깬다. _____

다음 활동지를 사용해서 감정들을 느꼈던 과거의 순간들을 찾아 확인해보라. 이 연습을 통해 감정을 구체적인 상황과 연결해볼 수 있다. 강렬한 감정이 일어났던 순간을 굳이 떠올릴 필요는 없다. 상황을 단순화하라. 예를 들어 셔츠가 찢어진 순간을 떠올리면서 슬픔을 느끼거나, 누군가가 당신 앞에서 새치기를 하는 순간을 떠올리며 화를 느끼면 된다.

내가 '화'를 느꼈던 순간

_____

_____

_____

_____

내가 '슬픔'을 느꼈던 순간

_____

_____

_____

_____

내가 '행복'을 느꼈던 순간

_____

_____

_____

_____

내가 '두려움'을 느꼈던 순간

_____

_____

_____

내가 '수치심'을 느꼈던 순간

_____

_____

_____

_____

_____

자신의 감정을 삶의 일상적 순간들과 연결해보는 것은 감정을 다루는 데 도움이 된다. 또한 다른 중요한 연결을 할 때 이 기법이 필요하다.

이 책의 서론을 다시 읽어본 뒤에 토니 가족이 어떻게 지내고 있는지 알아보자.

{ 토니 가족은 지금 어떻게 지내고 있나? }

토니는 이번 장을 통해서 많은 도전에 직면했다. 그는 감정과 관련된 말을 많이 하는 것은 어리석은 짓이고, 때로는 가치 없다고 여겼다. 해군 복무 중에도 토니는 말을 많이 하지 않았고, 그래서 용케 잘 보냈다고 믿고 있었다. 어떤 때에는 자기의 모든 감정의 내용물을 바라본다는 사실 자체에 압도되는 듯한 기분이 들었다. 그는 스스로에게 말했다. "과거는 과거일 뿐이야. 어째서 지나버린 일을 생각하느라 허송세월을 한단 말인가?" 토니는 워크북을 서랍에 쑤셔 넣으며 생각했다. "어쩌면 내가 과장된 연기를 했는지 몰라. 내 음주 습관이 그다지 나쁜 게 아닐 수 있어." 그는 자꾸만 자신이 나름 알아낸 것들이 옳다는 생각에 매달리고 싶어 했다. 착한 논리로 논쟁하기는 어려운 법이다. 감정의 내용을 떠올리지도 않으면서 자기에겐 문제가 없다는 식으로 생각을 하게 되면, 일단은 기분이 좋아지기 때문에 토니는 밤새 술을 마실 필요가 없어지고 직장과 가족에게 해를 입히지도 않는다는 것을 직감적으로 알고 있었다. 하지만 이것으로 좋은 기분이 계속 유지되지는 않았다. 토니는 워크북에서 말한 것처럼, 자신의 느낌에서 벗어나 있으면서 중독성 행동을 숨기고 있었던 것이다. 토니는 계약서의 세부내용을 읽지 않은 채 '느끼지 않기' 계약에 서명한 셈이었다. 내용은 너무 딱딱해서 이해하기 어려웠다. 하지만 이런 경험은 감정에 대한 거짓 신념을 살펴보는 데 큰 도움을 준다.

토니는 특히, 사물을 느끼도록 내버려두면 자기연민 속에 빠져 버릴 것이라는 거짓 신념을 지니고 있었다. 자기연민 따위는 절대로 하지 않겠다고 다짐해오던 터였다. 토니는 자신이 가족과 군대 안에서 어떤 가르침을 학습해왔는지 이해할 수 있었다. 그것은 강한 사람들은 두려움이나 상처를 받지 않는다는 가르침이었고, 그런 감정을 느낄 경우에는 그걸 분명히 드러내지 말라는 가르침이었다. 마침내 토니는 그런 식으로 사물을 보는 습관이 감정 회피하기, 특히 자신의 삶을 장악하고 있는 강력한 음주 충동으로 이어져왔다는 사실을 수긍했다. 그는 서랍에서 워크북을 다시 꺼내 자신의 감정들에게 조금씩 기회를 주기 시작했다.

카르멘은 감정을 다루면서 좀 편안해졌지만, 생각과는 달리 자신의 느낌과 아주 친밀하지 않다는 점을 주목하게 되었다. 감정 회피 방법에 대한 목록을 볼 때 이 점이 더 명확해졌다. 카르멘은 자신의 강박적인 온라인 쇼핑이 문제라는 것을 알게 되었고 이러한 알아차림 덕분에 처음으로 워크북을 집어 들게 되었다. 하지만 카르멘은 자신이 여러 가지 방법을 사용해 감정을 회피해왔다는 사실은 미처 주목하지 못했다. 카르멘은 쇼핑하지 않으려고 애쓸 때마다 줄곧 과식을 하고 여러 시간 동안 TV를 시청한다는 사실을 알아채기 시작했다. 딸 티나는 오빠의 죽음 이후에 며칠씩 휴대전화를 꺼놓고 친구들을 피해왔다. 카르멘이 가장 알아차리기 어려웠던 것은, 절대로 피하고 싶지 않았던 일, 즉 딸과의 관계를 회피하는 상황이 자신의 감정 회피를 통해 유발되었다는 사실이었다.

이 모든 일을 떠올리는 것은 너무 고통스러웠다. 그래서 워크북에서 새롭게 배우는 것에 저항이 일어나면서 카르멘의 온라인 쇼핑 습관은 잠시 최고조에 달하기도 했다. 가장 유익하다고 느낀 부분은 자신의 감정을, 순순히 떠나버리지 않을 성가신 개로 상상해보는 연습이었다. 카르멘은 일기장에 개 그림을 그려 넣고 이름을 지어줌으로써 그 개를 받아들이기로 결심했다. 피하고 싶은 느낌이 일어나면 심호흡을 한 뒤에 개를 쓰다듬는 상상을 했다. 그리고 자신의 슬픈 감정에 주의를 조금 보내는 것도 생각해보았다. 카르멘이 빠르게 그 차이점을 알아냈다는 것은 정말 놀라웠다. 슬픔에 주의를 집중한다고 해서 슬픔의 느낌이 더 나빠지는 것은 아니다. 오히려 이것은 슬픔을 더 빨리 지나가게 만든다. 이런 경험이 그녀에게 희망을 주었는데, 문제를 계속 해결해 나가는 데는 이런 희망이 필요했다. 카르멘은 앞으로 더 많은 발전이 이루어지기를 기대한다.

결론

카르멘과 토니 부부처럼 당신도 이번 장에 소개된 연습을 하는 동안 기분에 약간의 기복이 있었을 것이다. 중독 성향이 오히려 더 심해졌을 수도 있고, 연습을 그만두고 싶은 순간이 있었을 수 있다. 어떤 순간, 또는 어떤 생각으로 말미암아 신념을 잃었을지도 모른다. 이 연습이 자신에게 효과적이지 않다는 생각이 들었을 수도 있다. 이런 생각들은 모두 **정상적**이다. 이것은 하나의 과정이며, 당신은 이제 겨우 출발점에 서 있을 뿐이다. 분명한 사실은 당신이 영속적인 변화와 회복에 이르는 과정 안에 들어섰다는 점이다.

2장

생각 모음

> 우리는 생각하는 대로 존재한다.
> 우리의 존재는 우리의 생각과 함께 일어난다.
> 우리는 생각으로 우리의 세상을 만든다.
> ― 부처

당신은 자신의 감정이 어떠하고, 어떤 상황에서 어떤 느낌이 일어날 것인지를 잘 이해할 수 있게 되었다. 이번에는 '생각'을 살펴보자.

감정에 대한 거짓 신념 두 가지는 느낌은 어디서 나타나는지 알 수 없고, 기분 변화는 경고 없이 왔다 가버린다는 것이다. 이 신념 중 어느 한 가지를 믿는다면, 일어나는 느낌에 직면할 때마다 심한 무기력감과 불편함을 느끼게 될 것이다. 당신의 감정은 예측할 수 없다. 감정은 맑은 하늘에 날벼락처럼 나타나고, 그 안에 있는 당신은 바람이 잠잠해지기를 기다리는 폭풍우 속의 보트와도 같다.

그러나 다행스럽게도 자신의 감정을 예측하는 것은 그다지 어려운 일이 아니다. 당신의 감정은 당신의 사고와 복잡하게 연결되어 있는 것이다.

생각과 감정의 연결고리

느낌과 생각 사이의 연결을 처음으로 설명한 사람은 인지행동치료(CBT)의 개발자인 아론 벡(Aaron Beck, 1976)이다. 이후 CBT는 수많은 사람들이 불안과 우울, 섭식장애, 알코올 및 약물 중독 등에 대처하는 데 도움을 주었다. 둘 사이의 연결 관계를 이해하면 삶에 변화가 생길 것이다.

일반적으로 문제는 다음과 같은 순서로 발생한다.

1. 어떤 상황이 벌어진다.
2. 그 상황에 따른 어떤 **생각**이 일어난다.
3. 그 생각은 어떤 **감정**을 불러일으킨다.
4. 감정은 **점점 더 많은** 생각을 일으키고, 그 생각들은 갈수록 더 강한 감정을 일으킨다.
5. 이런 생각과 감정에 뒤이어 어떤 **행동**을 하게 된다. 이와 비슷한 상황이 계속되면서 부정적인 사고가 더욱 강화된다. 이러한 순환 구조가 자동적으로 반복된다.

문제는 주로 두 번째 단계에서 시작된다. 당신은 당혹스러웠던 상황을 회상하면서 첫 번째 단계인 방아쇠(누군가가 고속도로에서 내 차 앞으로 갑자기 끼어들었다) 상황과, 세 번째 단계인 감정(나는 격분한다)을 확인할 수도 있다. 하지만 두 번째 단계에서, 당신은 그 사이에 있었던 일을 얼마나 정확하게 감지해낼 수 있는가? 방아쇠가 당겨진 뒤부터 어떤 감정이 일어나기 전까지 당신의 마음에는 어떤 생각이 있었다. 이런 과정이 매우 빠르게 진행되어 생각이 일어났다는 인식조차 할 수 없었지만 말이다. 실제로는 다음과 같은 몇몇 생각이 일어났던 것이다―그 높은 얼간이다. 그는 자신이 도로를 소유하고 있다고 생각한다. 그는 나보다 더 잘났다고 생각한다. 이 상황을 참을 필요가 없다. 이건 공평하지 않다.

대체로 당신은 마음이 무엇에 의해 좌우되는지 자각하지 못한다. 그러니 감정이 일어날 때 뒤따라 이어지는 연속 사건들을 알아차릴 수 없었던 것이다. 우리는 이 책의 뒷부분에서 마음을 관찰하는 기법에 대해 배울 것이다. 여기서는 한 가지 예를 들어보자(이 책에 소개된 사례들이 당신에게 모두 적합하지는 않을 것이다. 경험은 사람마다 다르기 때문이다. 하지만 약간의 유사점은 있을 것이다. 차이점을 찾으려 하기보다는 연관될 수 있는 방법들에 초점을 두고 읽기 바란다.)

산드라 이야기

산드라는 주말에 아무런 계획도 없었다. 금요일에는 한 주 동안의 업무에 너무 지쳐서 약간의 저녁 식사와 음료 그리고 와인 한 병을 기분 좋게 먹고 잠자리에 들었다. 그녀는 토요일 오전 일찍 잠시 볼일을 보러 외출했다가 돌아왔다. 모든 게 괜찮았다. 그러나 갑자기 토요일에 하루 종일 혼자 지내야 한다는 생각이 들자 외로워지기 시작했다.

바로 여기에 감정이 존재한다. 산드라는 당신이 지금 배우고 있는 전략들을 이미 배웠기 때문에 자신의 감정을 있는 그대로 받아들이고 견뎌냈을지 모른다. 그런데 많은 사람들을 힘들게 만드는 쓸데없는 패턴에 산드라가 묶여 있다고 가정해보자. 이제 어떤 일이 일어날 것인가?

산드라의 마음은 자신의 감정에 반응하면서 작동을 시작하고 뭔가 도움을 주려고 애를 쓴다. 그리고 그 상황 속에서 꼬리에 꼬리를 무는 생각을 일으킴으로써 자신이 어째서 그런 느낌(이 경우에는 외로움)을 느끼게 되었는지 설명하려고 노력할 것이다. 아래 문장들은 산드라의 마음 속에서 일어나는 생각들이다.

• 다른 사람들은 모두 밖에서 재미있는 일을 하고 있어.
• 어째서 나는 친구가 한 명도 없지? 내가 뭘 잘못한 거지?
• 내가 다른 식으로 일을 했더라면 어땠을까?
• 나는 너무 고리타분하거나 매력이 없는 게 분명해.
• 다른 사람들은 모두 지금 이 순간 함께 시간을 보낼 친구가 있어. 그런데 나는 혼자야. 나에게 뭐가 잘못된 거지?
• 아무도 나를 좋아하지 않아. 그 아이가 옳았어. 나는 패배자야.
• 남은 생애를 매주 이렇게 보낼 순 없어. 어떻게 이렇게 계속 살아갈 수 있겠어? 이렇게 사는 건 비참한 일이야.
• 누군가에게 전화를 거는 일도 소용없어. 그들은 나와 함께 시간 보내는 걸 원치 않을 테니까. 다른 건 차치하더라도 왕따 당하는 기분은 느끼고 싶지 않아.

여기서 산드라는 자신이 지금 이 순간 외로움을 느끼고 있으며, 영원히 그렇게 될 거라는 결론을 내렸다. 그리고 산드라는 '마음이 외로움이라는 느낌에 달라붙어 있다'라는 의미 부여 때문에 자신의 신념이 점차 현실로 드러나도록 하기 위해 행동을 취할 가능성이 높아진다.

우리는 3장에서 위와 같은 부정적인 소용돌이를 계속 일어나게 만드는 산드라의 생각과 행동을 좀 더 살펴볼 것이다. 우선 산드라의 마음이 무엇에 의해 좌우되는지 좀 더 알아보자.

습관적 반복 사고

외로움을 다루기 시작했을 때 산드라의 마음에서 재미있는 일이 일어났다. 그녀의 의식은 문제가 잘 풀리게 하기 위하여 최선을 다하고 있었다. 산드라는 의식을 통하여, 문제가 존재함을 확인하고 문제의 답을 체계적으로 찾아나갔다. 그녀의 의식은 그녀가 잘못된 문제를 고칠 수 있도록 무엇이 잘못되었는지 알아차리기를 원했다.

물론 산드라의 의식이 완전히 잘못된 곳으로 나아갈 수도 있다는 문제가 있었다. 산드라는 의식적으로 '문제'의 근원을 자기 자신, 구체적으로는 스스로 결점이라고 여기는 것에 한정시켰다. 과거에도 이와 똑같은 생각을 수없이 반복해왔기 때문에 새로운 상황이 나타나도 산드라의 의식 경로는 이런 생각으로 나아가도록 자동적으로 연결되어 있었다. 이것은 산드라가 즐겨 참조하는 사고 패턴이었다. 지향하는 생각들이 이미 의식 속에 들어 있었기 때문에 새롭고 현실적이고 대안적인 생각들을 찾기보다는 경직되고 편협한 방식으로 사물을 보게 되었던 것이다.

우리 모두는 자기 또는 주변 세상과의 관계에서 핵심 신념을 구성하는 여러 관점을 마음 깊이 새겨둔다. 만약 당신의 핵심 신념이 주로 긍정적이라면 세상에서 자연스레 평화로움과 편안함을 누릴 확률이 높다. 당신은 세상이 신뢰할 수 있는 사람들로 구성된 안전하고 행복한 장소이며, 그곳에서 자신의 가치가 인정받고 사랑받을 수 있다고 믿는다. 핵심 신념이 긍정적인 사람들은 모든 것이 괜찮다는 느낌을 가지고 있다. 이들의 생각은 아래와 같이 긍정적인 관점을 반영한다.

> 다 괜찮아질 거야. 나는 이 문제를 잘 풀 수 있어. 아마 그는 그런 의도로 말하지는 않았을 거야. 그러니 일단 그를 믿어주고, 나중에 다시 물어보면 돼.

하지만 많은 사람들은 부정적인 핵심 신념을 취하는 경향이 있다. 이런 부정적 핵심 신념은 거듭되는 부정적 사고에서 비롯한다. 우리는 그것을 **습관적 반복 사고**라고 부른다. 이런 사고들은 흔히 감춰지거나 위장된 상태로, 날마다 당신의 마음을 스쳐가는 수많은 사고들 밑에 존재한다. 기분이 갑작스레 변할 경우, 당신의 습관적 반복 사고 중 하나가 가동하고 있을 가능성이 높다. 그런 사고들이 존재한다는 것을 당신의 감정이 알려주기 전까지는 자신의 습관적 반복 사고를 알아차리지 못할 수 있다.

습관적 반복 사고는 어떻게 창조되는가?

습관적 반복 사고들은 아마 어린 시절부터, 그러니까 세상이 어떻게 돌아가고 있고, 그 속에서 자신의 위치는 어디이고, 무엇인지 배우고 있을 때부터 당신과 함께 존재해왔을 것이다. 당신은 특정한 메시지들을 믿었고, 그 신념들이 당신에게 상처를 줬을 때조차도 그것들에 자물쇠를 채워 놓았다. 당신은 이 반복 사고들을 풀어주어 떠나보낼 수 있는 열쇠를 어디에서 찾아야 하는지 알지 못했던 것 같다.

다음 사례들은 이 개념을 이해하는 데 도움을 줄 것이다.

자넷 이야기

자넷은 지금껏, 착한 여자들은 절대로 불평을 하지 않는다는 말을 들어왔다. 마음속에서 어떤 느낌이 일어나든 밝게 웃어야 한다고 배웠다. 열 살 때 부모가 이혼한 이후부터 갑자기 찾아온 두통을 참으면서 열심히 일해왔다. 그녀의 반복 사고에는 다음과 같은 생각이 포함되어 있었다 —You are too ungrateful. 너는 행복해야만 해. 다른 사람을 괴롭히지 마. 잠자코 일을 하면서 스스로 대처해.

고마워하고 자신을 돌보는 일은 훌륭한 속성이지만 극단에 빠질 때 이런 속성들은 파괴적이고 피폐해진다. 어느 누구도 늘 행복하고 고마워할 수는 없는 일인데도 자넷은 그렇게 살려고 했고, 이로 인해 허벅지 안쪽에 아무도 모르는 상처를 입게 되었다. 그 결과, 자넷은 바이코딘과 옥시콘틴 같은 진통제를 남용하게 되었다. 이런 행동은 느껴서는 안 된다고 배워온 느낌들을 억압하려는 시도였다. 자신이 고통을 느낀다는 사실을 사람들에게 드러내지 않기 위하여 자해를 했던 것이다.

더그 이야기

더그가 네 살이었을 때 아버지는 세상을 떠났다. 더그는 여섯 살 때 엄마와 형과 함께 새로운 도시로 이사했고, 엄마는 그곳에서 재혼을 했다. 더그의 의붓아버지는 폭력과 욕설을 퍼붓곤 했다. 의붓아버지는 더그가 머리에 든 것은 없고 몸뿐이라면서 축구나 하는 게 좋을 거라는 말을 종종 해댔다. 반면 더그의 형은 가문의 수재라는 칭찬을 받으며 자랐다.

더그의 주요 습관적 반복 사고는 '나는 어리석다'였다. 하지만 다른 사람들이 주위에 있을 때 이 말은 '나는 그들보다 똑똑하지 않다'가 되어버렸다. 더그는 집단 속에서의 이런 불안전함 때문에 코카인 중독에 빠지게 되었다. 사람들과 어울리기 위해 그리고 자신에 대해 너무 나쁜 기분을 느끼게 하는 생각에서 벗어나기 위해 그는 마약을 사용하기 시작했다.

사라 이야기

사라는 다섯 남매 중 막내이다. 사라는 가족이 행복하고 건강하게 살았던 때를 기억한다. 그녀가 다섯 살이었을 때 편의점에 도둑이 들어 삼촌이 살해당했다. 이때부터 사라는 죽음에 대한 공포를 갖게 되었다. 가족 중 어느 누구도 사라의 아빠를 화나게 하고 싶지 않았다. 아빠는 상실감을 견뎌내는 것을 매우 힘들어했다. 그래서 가족들은 삼촌의 죽음에 대해 아무 말도 하지 않았고, 상실의 슬픔을 둘러싼 감정들을 드러내지도 않았다. 사라는 이 일을 통해 '죽음'이란 가족 전체를 좀비로 바꾸어 놓는 무섭고도 비정상적인 사건이라는 것을 학습했다. 사라는 갈수록 움츠러들어 결국 신경과민한 아이가 되었고, 불안감을 조금이라도 없애기 위하여 강박행위를 하게 되었다.

성인이 되었을 때 그녀에게는 남모르는 음식 중독이 있었는데, 이는 강박적 사고와 행위에 대처하기 위한 수단이었다. 사라의 습관적 반복 사고는 다음과 같았다 — 세상은 안전한 곳이 아니니 네 느낌을 절대로 말하지 말라. '나는 기분이 좋지 않아'라고도 말하지 말라.

습관적 반복 사고에서 벗어나기

이런 메시지들과 여기에서 비롯된 핵심 신념들은 비현실적이고 왜곡되어 있다. 어린 시절 당신의 눈을 통해 재해석된 이 세상과 자신에 대한 관점은 음울했다. 더구나 그 어린아이의 관점은 돌처럼 굳어졌고 이런 상태에서 성인이 되어버렸다.

자신의 사고가 상습적으로 반복된다는 것을 발견할 수 있다면, 그런 생각이 작동하는 순간을 알아차리는 데 도움이 될 것이다. 습관적 반복 사고가 존재한다는 것을 일단 알아차리면 그 생각에서 자유롭게 벗어날 수 있고, 새롭고 균형 잡힌 현실적인 관점을 가질 수 있다.

연습 2.1 습관적 반복 사고 찾아내기

아래의 일반적인 습관적 반복 사고 목록을 살펴보고, 의미가 있는 것에 체크하라. 마음에 떠오르는 새로운 목록이 있으면 마지막 빈칸에 추가하라.

1. 나는 충분히 똑똑하지 않아. _____

2. 나는 그걸 할 수 없어. _____

3. 그건 공평하지 않아. _____

4. 나는 안전하지 않아. _____

5. 나는 원하는 걸 결코 얻지 못할 거야. _____

6. 나는 충분히 잘하지 못해. _____

7. 나는 실패할 거야. _____

8. 그들은 나를 좋아하지 않을 거야. _____

9. 나는 그들을 좋아하지 않을 거야. _____

10. 나는 그들보다 더 잘해. _____

11. 나는 그들만큼 잘하지 못해. _____

12. 그 일은 제대로 풀리지 않을 거야. _____

13. 이건 원래 예정된 방식이 아니야. _____

14. 나는 충분히 매력적이지 않아. _____

15. 나는 이 일을 처리할 수 없어. _____

16. 나는 영원히 홀로 있게 될 거야. _____

17. 그건 모두 내 잘못이야. _____

18. 그건 모두 그들의 잘못이야. _____

19. 나는 이런 식으로 느껴서는 안 돼. _____

20. 어느 누구도 나에게 마음을 쓰지 않아. _____

21. 나는 사랑받기에는 너무 많은 상처를 받았어. _____

22. 나는 다른 사람들에게 있는 좋은 점을 가질 수 없어. _____

23. 내가 가진 다른 습관적 반복 사고 : _____

_____

_____

_____

_____

누가 그렇게 말하는가?

습관적 반복 사고에 진심으로 귀를 기울여보라. 그러면 당신의 습관적 반복 사고가 당신이 알고 있는 누군가의 음성과 억양 혹은 말하는 방법 등을 흉내 내고 있다는 사실을 깨닫게 될 것이다. 그 누군가는 바로 당신의 부모, 조부모, 친척, 선생님, 코치 또는 성장 과정에서 당신에게 영향을 준 사람일 수 있다. **특정한 사람**을 습관적 반복 사고와 연결시킬 수 없을 경우도 있다. 하지만 이미 일어났던 사건을 회상해낼 수는 있을 것이다. 그 사건을 통해 특정한 핵심 신념을 구성하게 되었을 것이다. 습관적 반복 사고가 처음 시작된 곳까지 거슬러 올라가서 그것을 되짚어보는 일은 매우 치유적인 작업이 될 수 있다. 반복되는 생각을 추적해보는 과정에서 그 생각이 가졌던 힘이 사라지고, 당신은 그 생각들의 실체를 보게 될 것이다. 즉 당신이 오래전부터 사실이라고 믿었던 것이 거짓이었음을 비로소 알게 된다.

당신의 습관적 반복 사고는 어디에서 나왔나?

아래 빈칸을 활용해서 당신의 습관적 반복 사고가 나타났던 원천을 생각해보라. 이것은 치유로 향하는 여정으로서 내적 성장을 위하여 자기이해를 구하는 일이다. 지난 연습에 소개된 일반적인 습관적 반복 사고 목록을 활용해서 노트에 되풀이되는 사고의 원천을 적어보라. 처음에 어떤 방식으로 이런 아이디어들을 발전시키게 되었는지 숙고해보라. 그것을 모조리 알아내야 할 필요는 없다. 무엇이 떠오르든 이것은 단지 아이디어일 뿐이다. 옳고 그른 답은 없다. 스스로 탐구하도록 내맡기고 자신이 무엇을 찾아내는지 살펴보라.

▷ 사례 A

습관적 반복 사고/핵심 신념 : 나는 절대로 이 일을 할 수 없을 거야. 그들이 나를 해고할 거라는 걸 알고 있어. 나는 실패하고 말거야.

핵심 신념과 연결된 사람 혹은 사건 : 열 살쯤에 할아버지가 숙제하는 걸 귀찮아해서는 안 된다고 말씀하셨던 기억이 난다. 우리 가족 중 어느 한 사람도 제대로 졸업을 하지 못했기 때문이었다. 열여섯 살 때 웨이터로서 첫 직장생활을 했는데 어느 날 매니저가 한 마디 말도 없이 나를 해고했다.

▷ 사례 B

습관적 반복 사고/핵심 신념 : 남편에게 내가 어떻게 느끼는지 설명하려고 애쓸 필요는 없어. 어차피 사람들은 자기에 대해서만 신경을 쓰니까. 나는 혼자 힘으로 그것을 처리해야 해.

핵심 신념과 연결된 사람 혹은 사건 : 어머니는 특히 아버지가 돌아가신 뒤에, 오직 자기 자신만을 믿고 의존해야 한다고 말씀하시곤 했지. 어머니는 이렇게 말씀하셨어. "사람들의 도움이 필요할 때 그들이 네 옆에 있을 거라는 생각은 하지 말거라. 이 세상에서 너 스스로 처리하는 법을 배워야 한단다."

▷ 당신의 반응

습관적 반복 사고/핵심 신념 :

_____

_____

핵심 신념과 연결된 사람 혹은 사건 :

_____

_____

_____

_____

_____

_____

습관적 반복 사고/핵심 신념 :

_____

_____

핵심 신념과 연결된 사람 혹은 사건 :

_____

_____

_____

_____

습관적 반복 사고/핵심 신념 :

_____

_____

핵심 신념과 연결된 사람 혹은 사건 :

_____

_____

_____

_____

습관적 반복 사고/핵심 신념 :

핵심 신념과 연결된 사람 혹은 사건 :

습관적 반복 사고/핵심 신념 :

핵심 신념과 연결된 사람 혹은 사건 :

왜곡되는 사고 흐름

우리는 앞서 습관적 반복 사고들이 자주, 사실은 거의 언제나 부정확하다는 것을 알게 되었다. 부정확한 이유는, 이런 사고들이 당신이 어렸을 때 이를테면 당신의 생각이 단순했을 때 개발되었기 때문이다.

아이들의 생각과 성인의 사고방식 사이의 차이점을 살펴보는 좋은 방법은 아이들을 위한 오락물을 시청하는 것이다. 어린이 영화에는 늘 착한 아이와 나쁜 아이가 존재한다. 나쁜 아이는 흔히 어두운 색상의 옷을 입고, 사악한 어투로 말을 하며, 이 아이가 하는 모든 행위는 이기적이고 잔혹하다. 한편, 착한 아이는 매력적이고 마음을 끌어당긴다. 실수를 저지르더라도 사소한 것이고 그 영향력이 오래 가지 않는다. 또한 실수를 아주 빨리 사과하고 친구와 가족의 도움을 받아 실수로부터 교훈을 얻는다. 세 살 정도만 되면 누구든 어린이 영화 속에서 누가 착한 사람이고 누가 나쁜 사람인지 알 수 있다. 하지만 성인인 우리는 어떠한가?

성인의 세계는 그렇게 명쾌하지 않다. 그곳은 온통 회색 지대이다. 성인 영화들에는 자기 가족을 사랑하는 평범한 사람들의 모습이 묘사되어 있다. 이들은 한 장면에서는 사악할 수 있으나, 다른 장면에서는 사랑하는 사람들에게 부드러움을 보여준다. 영화 〈대부〉(Puzo and Ford Coppola, 1972)를 예로 들어보자. 우리는 이 영화에서 알파치노가 배역을 맡은 마이클 코를레오네(Michael Corleone)가 무자비한 범인이었음에도, 한 가정의 가장이라는 점에서 동정심을 가질 수 있다. 성인이 되면서 갖추어야 하는 중요한 책무는 정보를 평가할 수 있는 능력과 여러 각도로 상황을 가늠할 수 있는 능력, 그리고 균형 잡힌 판단을 할 수 있는 능력이다. 성인은 '선함'이나 '악함' 같은 한 특정 범주에 모든 것을 집어넣기보다는 각자의 행위 이면에 있는 이유나 동기를 비롯해 여러 가능성을 고려할 수 있다.

그런데 불행히도 습관적 반복 사고들은 당신이 세상에 대하여 제한된 이해를 가졌을 때 만들어졌다. 이런 이유로 실수를 저질렀을 때 당신은 결정적으로 나쁜 사람이 되어버린다. 누가 당신을 향해 큰 소리를 지를 경우에, 그 사람이 단지 오늘 기분이 나빴거나 자기의 두려움을 그저 밖으로 드러낼 뿐이라는 상상을 하지 못한다. 오히려 당신은 즉각적으로 그건 당신에게 뭔가 잘못이 있기 때문이라는 결정을 내리고 만다.

당신은 또한 삶에서 어른들이 말했던 것에 세심한 주의를 기울인다. 어른들이 자신보다 더 잘 알고 있으며, 심지어 모든 것을 알고 있다고 믿었을 수 있다. 이런 방식으로 어른들을 신뢰해서 생명의 안전을 유지할 수 있었다. 성인이 된 당신은 이제, 모든 걸 올바르게 해낼 수 있는 사람은 아무도 없다는 것을 잘 알고 있다. 하지만 어린 시절 당신은 어른들이 말했던 것을 복음처럼 받아들였다. 그리고 그들이 가르쳤던 것은, 그것이 일리가 있든 없든, 오랜 세월이 지난 뒤에도 당신의 습관적 반복 사고로 고착화되었을 가능성이 있다.

증거 재확인하기

우리는 모두 증거의 중요성을 알고 있다. 미국의 법률 체계는 사람들의 죄가 입증되기 전까지는 무죄라는 원칙에 근거를 두고 있다. 우리는 어떤 사람이 무죄일 수도 있다는 증거(알리바이가 있는가?)를 고려하고, 처벌에 대한 결정을 내리기 전에 여러 요인(이번이 첫 번째 범죄인가?)을 고려한다. 이런 과정이 없다면 잘못된 판단을 내려서 끔찍한 실수를 저지를 수도 있다. 결백한 사람들이 저지르지도 않은 죄 때문에 감옥에 갇히게 된다.

마음속에 하루 종일 생각이 떠나지 않는 날이 있다. 가벼워서 쉽게 스쳐 지나가버릴 수도 있는 생각들인데도 말이다.

> 저 빨간 셔츠가 너무 마음에 들어.
> 비가 올 것 같아.

당신은 가끔 이런 생각에 꼼짝없이 갇혀서 생각을 더 강화한다.

> 나는 왜 그런 셔츠를 살 여유가 없는 거야?
> 빗속에서 운전하는 일은 위험할 거야.

때로 이런 생각은 습관적 반복 사고가 되어 당신의 삶을 심하게 짓누른다.

> 나는 결코 그런 것을 입을 만한 자격이 없어.
> 나는 다치게 될 거야.

증거를 재확인하는 법을 알아두면 습관적 반복 사고와 부정적인 핵심 신념을 다루어야 할 때 큰 도움이 될 것이다. 이런 기법을 이용하여 균형 잡히고 사실적인 해석을 내림으로써 훌륭한 결정을 도출하고 건강한 자기감을 갖게 될 것이다.

사고의 균형 발견하기

잘못된 생각은 강력한 영향을 미칠 수 있다. 앞서 말했듯이 당신의 마음은 아주 오랫동안 반복적으로 똑같은 생각들에 고착되어 있었기 때문에 보다 새롭고 사실적인 방식으로 다시 생각한다는 것이 어려울지 모른다. 아래에 소개되는 균형 잡힌 평가 사례들이 도움을 줄 것이다. 다음 페이지에 나올 '증거 재고하기' 활동지에서 이 사례들을 활용하면 좋다.

- 나는 인간일 따름이야.
- 완벽한 사람은 한 사람도 없어. 나는 누구라도 실수할 수 있다는 걸 이해해.
- 이건 나 자신과 관련된 일이야. 나는 그걸 해결하려고 애쓰고 있어.
- 저 사람이 나를 해쳤으나 고의는 아닐 수도 있어. 그때 그에게 무슨 일이 있었는지 궁금해.
- 나는 아주 착하지도 아주 나쁘지도 않아.
- 때로 일이 내 방식대로 진행되지 않아 좌절감을 느끼지만 그래도 나는 견딜 수 있어.
- 모든 사람이 실수를 저지르지. 나는 실수로부터 배우고 성장해 나아갈 수 있어.
- 자기주장을 한다는 것은 좋은 일이야. 다만 건강한 방식으로 그렇게 해야 해.
- 나는 이 일을 잘 다룰 수 있어. 전에도 역경을 잘 다뤄왔거든.
- 100퍼센트 비난받아야 할 사람은 없지. 나도 아니고, 다른 사람도 아니야.
- 나는 때로 나쁘게 행동하고 후회할 짓을 해. 하지만 더 나아지기 위해 노력할 수 있어.
- 다음에는 다른 방식으로 문제를 다뤄보겠어.
- '항상'이라든가 '절대로 ~아니다'와 같은 것은 존재하지 않아.
- 실수한다고 해서 내가 어리석다거나 엉망이라거나 나약하다거나 나쁘다는 것을 의미하지는 않아.
- 나는 삶에서 여러 가지 역경을 겪었지만 감사해야 할 축복도 많이 받았지.
- 어쩌면 나는 나 자신이나 다른 사람에게 너무 엄격한지도 몰라.

직장에서 나타나는 습관적 반복 사고를 마음속에서 찾아내려 할 때, 이 활동지를 사용하라. 이것을 몇 장 복사해두고 사용하면 좋다. 노트에 이 작업을 기록하면서 활동지를 가이드로 사용할 수도 있다.

이 연습을 하자마자 즉각적으로 여러 생각이 마음을 떠다닐 것이다. 우선 한 번에 한 가지 생각을 선택해서 그것에 주의를 모아라. 그런 다음 되돌아가서 다른 생각을 선택하고 연습을 반복하라.

시작하기 전에 다음 사례에 대해 생각하라. 필요하다면 앞의 '균형 잡힌 평가'를 다시 확인해보라.

▷ 사례 A

사고 : 나는 좋은 사람이 아니다.

이것이 사실이라는 증거 : 나는 점심시간에 웨이터를 닦아세웠다. 데이브는 '어머니날'에 엄마 산소에 가지 않았다며 나에게 화를 냈다. 지난밤에 너무 피곤해서 쓰레기를 치워달라는 아내의 부탁을 들어주지 못했다.

이것이 100% 사실은 아니라는 증거 : 바쁘고 등이 아팠음에도 지난달에 조안 숙모가 이사하시는 것을 도와드렸다. 엄마 사진을 볼 때마다 엄마 생각을 하고 기도를 드린다. 나는 대체로 사람들에게 친절하고 팁을 주는 매너가 좋다. 나는 가정에 도움이 되려고 노력한다.

균형 잡힌 평가 : 일정이 안 좋은 날에는 가끔 거칠게 행동한다. 하지만 어느 누구도 완벽한 사람은 없다. 지금으로서는 엄마 산소에 가는 게 너무나 고통스럽다. 당장은 내 방식으로 슬픔을 달래고 있다. 집안에서 기대하는 만큼 항상 도움이 되지는 못하지만 그렇다고 내가 나쁜 사람이 되는 건 아니다. 나는 집안일을 도와주고 싶어 한다. 나는 인간이다.

이 상황을 개선하기 위해 무얼 할 수 있는가? 데이브에게 전화를 걸어 산소 방문이 어떻게 되었는지 묻고, 내가 가지 못한 이유를 설명할 수 있다. 나는 다른 사람들을 대상으로 참아내고 친절하게 대하는 연습을 할 수 있고, 그 웨이터에게 사과할 수도 있다. 아내를 위한 깜짝 이벤트로 부엌 청소처럼 유쾌한 일을 할 수 있다.

▷ 사례 B

사고 : 어떤 일도 내 뜻대로 되지 않아. 그건 불공평해!

이것이 사실이라는 증거 : 나는 자격을 갖추고 있는데도 원하는 직업을 갖지 못했어. 우리 차가 또 고장 났어. 나는 그렇다고 해도 내 절친은 몸무게와 싸워서는 절대 안 돼. 그 친구의 남편은 돈을 잘 버니 우리처럼 근심할 필요가 없지.

이것이 100% 사실은 아니라는 증거 : 내가 실직한 이후에도 우리 가족은 빚을 지지 않고 살아왔지. 거리로 나앉게 되지는 않을 거야. 더 날씬해지지는 않겠지만 나는 지금 건강해. 운 좋게도 집안 대대로 유전되는 당뇨병에도 걸리지 않았어. 나에게는 소중하고 사랑스러운 남편과 아이들이 있어.

균형 잡힌 평가 : 때로는 일이 내가 원하는 방식대로 되지 않아서 필요한 것들을 얻지 못했지. 하지만 우리는 어려움을 늘 잘 이겨내고 있어. 다른 사람들이 무엇을 가지고 있느냐는 중요하지 않아. 어떤 사람은 내가 가진 것보다 더 많이 가지고 있고, 어떤 사람은 더 적게 가지고 있지. 나 또한 감사해야 할 만큼 많은 것을 가지고 있어.

이 상황을 개선하기 위해 무얼 할 수 있는가? 나는 감사 목록을 작성함으로써 긍정적인 것에 주의의 초점을 둘 수 있다. 내가 원하는 것을 갖게 되든 아니든, 계속 적용을 해보면서 건강한 방식으로 살 수 있다.

▷ 당신의 반응

이 활동지를 사용해서 균형을 잃은 사고들을 균형 잡힌 사고로 바꾸어라.

사고 : _____

이것이 사실이라는 증거 :

_____

_____

_____

이것이 100% 사실은 아니라는 증거 :

_____

_____

_____

균형 잡힌 평가 :

_____

_____

_____

_____

이 상황을 개선하기 위해 무얼 할 수 있는가?

_____

_____

_____

_____

_____

주의분산되는 사고

우리의 습관적 반복 사고들은 본질적으로 부정확하다는 것을 명심하라. 이런 유형의 사고들은 당신의 주의를 다른 데로 돌려서 목적지에 가까이 가는 것을 방해한다. 생각이 산만해지면 옆길로 빠지게 되어 결국 잘못된 길로 이르게 된다. 주의가 산만해지면 당신의 잠재력을 완전하게 발휘하지 못할 것이므로, 주의를 분산시키는 사고들을 관찰하고 확인해내는 일이 매우 중요하다.

　노르웨이과학기술대학교 카블리 시스템신경과학연구소의 신경과학자들은 주의분산적 사고를 걸러내고, 단 하나의 작은 정보에만 초점을 두기 위해서 뇌가 이용하는 것이 무엇인지 알아냈다. 과학자들은 뇌를 라디오에 비유한다. 당신은 즐겨 듣는 방송국을 찾기 위하여 다이얼을 돌린다. 하지만 다이얼을 돌리는 장치가 전파 방해를 받게 되면, 이 방송국에서 저 방송국으로 주파수를 바꾸게 되고 그때마다 지직거리는 소리에 신경을 쓰게 된다. 이 소리는 아주 심한 좌절감을 일으킨다. 연구자인 로라 콜긴과 동료들(Laura Colgin et al., 2009)에 따르면, 듣고 싶은 방송을 실제로 들을 수 있는 유일한 방법은 주파수를 올바르게 맞추는 것이다. 여기에는 집중력과 실천력이 필요하다. 주의분산 사고들을 찾아내어 변화시킴으로써 뇌가 당신을 위해 작동하는 방식을 실제로 바꿀 수 있다. 주의 초점을 두고 싶은 사고들에 주파수를 맞추고, 주의를 산만하게 만드는 사고들에는 주파수를 맞추지 않는다. 곧 마음의 작동을 바꾸는 것이다!

이를 위해 주의분산형 사고들의 유형을 인식하는 것이 도움이 된다. 다음 다섯 가지의 일반적인 '사고 분산' 유형들 가운데 친숙해 보이는 것들에 주목하라.

모두 옳거나 모두 나쁘다는 생각

당신은 두 가지 카테고리 중 어느 하나를 기준으로 모든 것을 이해한다. 무언가 또는 누군가는 모두 옳거나 모두 나쁘다. 그 사이에는 어떤 것도 존재하지 않는다. 사장이 당신의 임금을 인상해주지 않는다면, 지난해 어머니가 편찮으실 때 조퇴하도록 사정을 봐주었음에도 사장은 모두 나쁘다. 당신은 한 사람이나 하나의 경험에 옳은 속성과 옳지 않은 속성이 모두 들어 있다는 생각에 오히려 놀라워한다. '모두 옳거나 모두 나쁘다'라는 생각 때문에 주의 초점이 딴 데로 분산되는 탓에 제대로 경험이나 관계를 구축하지 못하고 있는 것은 아닌가?

'모두 옳거나 모두 나쁘다'라는 생각과 관련해 당신의 사례를 적어보라.

_____

_____

_____

_____

_____

'젖은 담요' 사고

당신은 결과에 관계없이 모든 사건들 위에 거대하고 무거운, 부정성이라는 젖은 담요를 얹어 놓았다. 사촌에게 빌려준 돈을 돌려받지 못한다면 '아무도 빌린 돈을 갚지 않는구나. 그렇다면 이렇게 신경 쓰면서까지 남을 도와줄 필요가 있겠어?'라는 생각을 하게 된다. 무겁고 축축한 담요

밑에서 빠져나오려면 너무나 많은 에너지가 들어서 빠져나오기가 쉽지 않다. 자신을 그냥 그 부정성 속에 덮인 채로 내버려두는 것이 더 쉽다. 혹시 이런 유형의 사고로 인해 주의가 분산되어 올바른 방향으로 나아가지 못하고 있지는 않은가?

당신의 '젖은 담요' 생각의 사례를 적어보라.

_____

_____

_____

_____

_____

긍정적인 사고를 할 수 없음

당신은 '그건 중요하지 않다'라는 이유를 대면서 긍정적인 경험을 배척한다. 대체로 당신은 자신의 부정적인 신념을 지지하기 위해 강력한 논거를 제공할 수 있다. 오늘 한 동료가 당신의 작업에 찬사를 보냈을 때 당신이 드러낸 첫 번째 사고는 "그 과제는 하찮은 것이었어."였을 것이다. 당신의 마음속에는 긍정적인 경험이나 상호작용을 담아 놓을 만한 공간이 없다. 긍정적인 것을 담을 공간을 만들려면 우선 부정적인 것을 포기하는 것이 필요할 것이다. 하지만 당신은 부정적인 '부동산'을 기꺼이 포기할 마음이 있는지 확신하지 못한다. 이런 식의 사고로 말미암아 당신은 자신의 강점을 인식하지 못한 채 다른 데 주의를 빼앗기고 있는 것이다.

당신의 '긍정적인 사고를 할 수 없음'의 사례를 적어보라.

_____

_____

_____

_____

우물가에서 숭늉 찾기

마음에 부정적인 생각이 들어오면 당신은 너무 성급하게 자신에게 벌을 준다. 지금껏 마음의 속도를 늦춰서 여러 선택사항을 탐구해볼 기회를 가져본 적이 없다. 확실한 근거가 없는데도 이미 부정적인 결론에 이른 것 같은 기분이 든다. 의사가 당신의 병에 대해 나쁜 얘기를 할 것 같은 생각이 들면, 기다렸다가 직접 사실을 확인하지도 않은 채 스스로 부정적인 결론을 내리고 만다. 이런 식의 사고로 인해 상황에 얽힌 모든 사실을 있는 그대로 보지 못하고 주의를 다른 데 빼앗기고 있는 것은 아닌가?

당신의 '우물가에서 숭늉 찾기' 사고의 사례들을 적어보라.

_____

_____

_____

_____

_____

꼭 해야 하는 사고, 해서는 안 될 사고

당신은 '해야만 한다'와 '해서는 안 된다'는 신념으로 자신에게 동기를 부여하려고 노력한다. 이는 마치 어떤 일을 할 수 있다는 기대감을 갖기 위하여 미리 받아야 하는 훈련과 같다. 이런 당위적 사고들은 불안과 두려움을 일으켜 주의를 분산시킬 수 있다. 다른 사람들을 겨냥해 이런 당위적 표현을 드러낼 때, 당신은 분노와 좌절감과 비통함을 느낀다. 그리고 자기 자신에게 그런 진술문을 따르라고 명령할 때는 질책성 생각들이 일어난다. 예컨대 통장에 더 많은 돈이 들어 있어야 한다고 믿고 있지만, 필요하지 않은 물건을 계속 사들이는 것이 그런 경우이다. 당신은 자신에게 연민을 품고 돈을 관리하는 방법을 배우지는 않고서, 매일같이 자신을 꾸짖는다. 이 모든 '해야만 한다'와 '해서는 안 된다'는 신념은 분노와 슬픔으로 이어진다. 그리고 이런 식의 사고로 인하여 자신의 성공 계획을 이행하지 못한 채 다른 데로 주의가 분산될 수 있다.

당신의 '해야만 한다'와 '해서는 안 된다'는 사고의 사례를 적어보라.

_____

_____

_____

_____

_____

'물론 내 책임이죠' 사고

당신은 나쁜 사건이 일어난 이유가 자기 때문이라고 여긴다. 그것이 당신과는 거의 관계가 없는 일인데도 말이다. 모든 부정적인 사건의 책임이 자신에게 있다는 생각은 그것을 통제할 수 있다는 환상을 준다. 하지만 실제로는 통행료가 있다 — 곧 당신의 에너지가 소진되고 기분이 우울해지는 느낌이 든다. 휴일에 집에 오지 말라는 시어머니의 결정이 자신의 잘못 때문이라는 생각이 들면 당신은 혼란과 슬픔에 빠질 것이다. 이런 상황을 다르게 생각할 수 있는 방법, 즉 누군가가 어떤 결정을 내리게 된 이유를 자기 자신 탓으로 돌리지 않는 방법이 있는가? 이런 식의 사고로 인해 당신은 자신의 인생 행로에 초점을 두지 못하고 다른 데로 주의를 빼앗긴다.

당신의 '물론 내 책임이죠' 사고의 사례들을 적어보라.

_____

_____

_____

_____

우리의 뇌는 라디오와 같다는 점을 명심하라. 주의분산을 확인하고 줄이는 일은 한 번에 한 방송국에 주파수를 맞추는 것과 같다. 주의를 산만하게 하는 사고를 알아차리는 일은 치유에 큰 도움이 될 것이다. 삶의 상실감을 지각하면 강력한 부정적 감정들이 떠오를 수 있기 때문에 자신의 감정을 참아내는 것이 더 어려워질 수 있다. 그리고 그것은 당신이 자신의 감정을 수용할 수도 참아낼 수도 없다는 거짓 신념을 강화한다. 이것은 일종의 거짓 신념이자 주의분산 신념이다.

{ 토니 가족은 지금 어떻게 지내고 있나? }

이번 장을 이용해서 카르멘과 토니 부부는 자신들의 생각을 인식하고 지켜보며 그것에 순응하는 어려운 작업을 진행했다.

카르멘은 자신이 어린 시절부터 몇 가지 습관적 반복 사고를 지니고 있다는 것을 알아차렸다. 이런 사고에는 자신의 아이디어가 썩 좋지 않고, 자신이 기여할 수 있는 게 전혀 없다는 생각이 포함되어 있었다. 이런 부정적인 사고들의 기원을 찾아보는 것은 고통스러운 일이었지만, 카르멘은 어린 시절을 되돌아보면서 부모가 그럴 의도가 없었을지라도 그녀에게 자기부정적 메시지를 심어주었다는 것을 인정해야 했다. 처음에는 이런 사실을 깨닫고 주저했으나 자신의 과거를 돌이켜보면서 더 밝은 미래를 볼 수 있었다. 그녀는 자신이 딸 티나에게 보내고 있는 메시지에 주목하기 시작했다. 자신의 부정적인 사고와 조우하고 더욱 균형 잡힌 견해를 취하면서 카르멘은 자연스럽게 딸과 긍정적인 관계를 맺기 시작했다. 이렇게 부정적인 생각의 사이클을 깨는 일은 대인관계에서도 그녀를 자유롭게 했다.

토니 역시 자신의 생각과 그것이 자신에게 끼친 영향력을 배우는 일과 관련해 좋은 경험을 했다. 토니는 사고가 어떻게 감정을 일으키는지 이성적으로 지켜보는 작업을 하면서 위안을 받았다. 그는 자신의 기분을 통제할 수 없다는 느낌에서 벗어났고, 그 덕분에 스트레스나 슬픔이 찾아와도 예전과는 달리 쉽사리 음주를 하지 않게 되었다. 토니는 오랜 세월에 걸쳐 생각이 반복적으로 축적되어 견딜 수 없을 만큼 격한 감정을 갖게 되었다는 것을 알아차렸고, 그런 생각들이 떠오를 때마다 자신의 습관적 반복 사고를 이해하게 되었다. 그 생각들이 어디에서 왔는지 또한 그것들이 이성적이지 않다는 것을 알게 됨으로써 토니는 그것의 힘에서 벗어날 수 있게 되었다.

토니는 보다 균형 잡힌 통찰력을 길러주는 '증거 재확인하기' 연습을 좋아했다. 그는 이 연습이 카르멘과의 대화에 도움이 된다고 믿었다. 특히 불균형적인 사고로 인하여 카르멘을 비난하고 그녀가 자신을 배려하지 않는다고 말하는 순간에 이 연습이 특히 유용했다. 토니는 활동지를 통해 그런 생각들이 현실에 기반을 두고 있지 않다는 것을 알게 되었다. 토니는 싸움을 한 뒤에 아내와 더 가까워지고 아내에게 화가 덜 난다는 사실을 발견했다.

티나 역시 토니의 변화를 알아차리는 것 같았다. 그녀는 전보다 더 자주 집에서 저녁 식사를 했다. 실제로 어느 날 밤에는 온가족이 함께 보드게임을 하기도 했다. 아주 오래전에 그렇게 해본 적이 있었기 때문에 이것은 정말 대단한 경험이었다. 토니는 가족이 조금씩 회복되고 있다는 느낌이 들었다.

결론

삶에서 문제를 일으키는 것은 감정이나 생각이 아님을 명심하라. 진짜 문제는 당신이 자신의 감정과 생각에 대해 **자동** 반응하는 방식이다. 1장에서 보았듯이 감정 회피 전략들은 결국 실패할 것이며 일을 더 악화시킬 따름이다. 생각과 감정에 새로운 방식의 행동으로 반응하는 것이야말로 삶을 변화시키는 핵심이다. 이런 이유로 다음 장에서는 행동에 초점을 둔다.

3장

행동 모음

우리는 행함으로써 배운다. 다른 어떤 방도는 없다.

*— 존 홀트*John Holt

지금껏 해온 작업에 축하를 보낸다. 토니의 가족처럼 당신은 스스로를 중독과 고통 속에 고착시켜왔던 패턴들을 바꾸느라 먼 길을 달려왔다. 이것이 학습 과정임을 명심하라. 무엇보다 당신이 감정 느끼기를 회피해왔던 방식들을 이해하고 그렇게 피해온 이유를 이해하는 것이 중요하다. 그러고 나서는 마음이 무엇에 따라 요동치는지, 생각이 당신을 어떤 식으로 방해하는지 이해해야만 한다. 이렇게 특정한 순서로 진행되는 각 장의 내용을 따라가다 보면 생각과 감정을 충분히 다루게 되어 한층 더 발전하게 된다. 하지만 분명히 말해 이해하는 것만으로는 충분하지 않다. 진정한 변화는 여정의 다음 단계인 **행동 변화**를 시작할 때에만 일어날 것이다.

겁쟁이 유령

패트릭 스웨이지(Patrick Swayze) 주연(샘 역)의 〈사랑과 영혼〉(Rubin, 1990)이라는 고전 영화가 있다. 이 영화에서, 살해당하여 유령이 된 젊은 남자 샘은 자신의 살인 사건을 해결하도록 세상에 남겨진다. 샘은 여자 친구가 상실감에서 빠져나오도록 도우면서 여러 가지 충격적인 경험을 한다. 가령, 어느 누구도 샘을 보거나 그의 말을 들을 수 없게 되고, 벽을 통과해 걸어갈 수 있게 되며, 심지어 사람들이 샘의 몸통을 지나쳐 걸어가기도 한다. 샘은 아직도 자신이 인간이 아닌 유령이라는 사실을 인식하지 못한다. 인간으로 살면서 사용했던 규칙들이 더 이상 적용되지 않는다는 것을 이해하는 데 많은 시간이 걸릴 것만 같다. 자신을 향해 총이 발사될 때 샘은 패닉 상태에 빠진다. 그는 이런 경험을 위험천만하고 목숨을 위협하는 사건처럼 경험한다. 그는 여전히 자신의 오래된 신념 속에서 살아간다. 총알이 자신을 그냥 통과해갈 뿐 자신에게 어떤 해도 입힐 수 없다는 사실을 망각한 채로.

삶에서 겪는 느낌들도 바로 이와 같다. 낡은 신념 속에서 살아간다면 삶의 느낌들이 자신의 몸을 관통하며 빠르게 돌진해서 큰 구멍을 남길 것이라고 믿을 수 있다. 그동안 당신이 감정에 반응해왔던 방식은 영화의 주인공이 총알을 피했던 것처럼 자신의 감정을 피해가는 것이었다. 이런 상황을 충분히 이해할 수 있지만 진실은, 총알이 유령에게 해를 입히지 않았듯이 당신의 감정도 당신에게 해를 입히지 않는다는 것이다. 잠시 멈춰서 고요하게 기다리고, 감정에 약간의 주의를 기울이기만 한다면(물론 이것은 당신이 삶에서 훈련받아온 것과는 정반대이다), 감정들은 당신을 그냥 지나쳐갈 것이다. 마치 나뭇잎을 스치며 흘러가는 부드러운 바람 같은 영향을 줄 뿐이다.

〈사랑과 영혼〉의 주인공에 대해 더 말하자면, 진실을 아는 것만으로는 충분하지 않다. 자신의 감정과 생각을 새롭게 이해했더라도 그 느낌과 다르게 반응하기까지는 시간이 좀 걸릴지 모른다. 행동이 변화하려면 오랜 시간이 걸릴 수 있다. 하지만 앞에서 해왔던 감정을 알아차리고 생각을 되돌아보는 작업을 통해 지속적인 행동 변화를 만들어낼 수 있는 기반을 갖추게 될 것이다. 이런 행동 변화야말로 당신의 삶을 진정으로 바꿀 것이다.

자기충족 예언

우리는 2장에서 산드라의 이야기를 하면서 그녀의 외로움과 거기에서 파생된 생각에 대해 이야기했다. 산드라의 생각과 느낌에서 나온 행동들을 자세히 살펴보면서 그것들이 어떻게 영향을 주는지 그 사례를 좀 더 탐색해보자.

산드라 이야기 재조명하기

잠시 다음 상황을 떠올려보자. 혼자서 주말을 즐겁게 보내던 산드라의 마음에 어떤 변화가 일어났다. 그녀는 갑자기 외로움을 느끼면서 자신이 너무 오래 혼자 지냈다는 생각이 들었다. 문제에 대한 해결책을 가까운 곳에서 찾으면서 외롭다는 감정과 더불어 많은 생각이 따라 들어왔다.

그녀의 마음은 '나는 패배자야'라는 설명을 내놓으려고 분주했다. 또한 '누군가에게 전화를 해도 소용없어. 그들은 나와 함께 있기를 원치 않을 거야'라고 생각하면서 더 큰 고통에서 벗어나려고 애를 썼다. 결국 이런 생각들은 우울감과 절망감을 비롯해 더 많은 감정을 촉발하고 말았다.

1장과 2장에 나온 기법들을 산드라가 아직 배우지 못했다고 가정해보자. 그녀는 '개를 포용하기'와 같은 행동을 할 수 없으며, 잠시 멈춰서 증거를 재확인하고 보다 균형 잡힌 사고 체계를 찾으려는 움직임도 보이지 않는다.

생각과 감정들이 연쇄적으로 일어난 결과, 산드라는 어떻게 행동하게 될까? 그녀는 커튼을 닫고 휴대전화를 꺼 놓은 채로 주말의 나머지 시간을 TV 앞에서 와인을 마시고 대마초를 흡입하며 보낸다. 이렇게 중독성 행동으로 도피함으로써 심한 스트레스를 주는 생각과 느낌을 차단해버린다. 이런 감정 회피 전략들은 일시적인 위안은 되지만 결국에는 훨씬 더 큰 고통을 일으키고 만다. 산드라의 이런 행동들은 문제를 더 악화하는 것으로 끝날 것이다.

여기저기 전화를 걸어 친구를 찾으려 노력하기보다 주말 내내 고립된 채 집에 머물러 있기로 결정하면서 산드라의 외로운 느낌은 갈수록 커져 간다. 외로움을 관리하기 위해 선택한 방법이 실제로는 외로움을 악화시키고 있는 셈이다. 더 혼란스러운 일은 그녀가 대마초 사용을 줄이기 위해 열심히 노력해왔다는 사실이다. 산드라는 주말을 여전히 그런 식으로 보낸 자신이 너무나 나약하고 어리석다는 생각에 힘들어한다. 그녀는 마음속으로 '산드라는 함께 시간을 보내고 싶어 하는 사람이 하나도 없는 패배자다'라는 이야기 줄거리를 창작하고 있다.

자기의심이 커져 가면서 산드라는 직장 동료들의 눈을 피하고 대화도 적게 할 것이다. 동료들은 산드라가 갈수록 멀어지고 있어서 그러다가 혼자 고립될 것이라고 생각한다. 이것이 이른 바 자기충족적 예언이다. 자기충족적 예언이란 당신이 취하는 행동이, 당신이 일어날까 봐 두려워했던 바로 그 상황으로 이어지는 경우를 의미한다. 자신의 두려움이 사실로 드러나는 것이다. 산드라의 행동은 자신이 그토록 두려워했던 상황을 실제로 만들어낸다. 산드라의 동료들도 인간인지라 배척하는 것을 좋아하지 않는다. 동료 가운데 한 명이 자신이 주최하는 크리스마스 파티에 산드라를 초대하지 않는 게 좋을 거라는 결정을 내린다. 왜냐하면 자신이 아무리 설득해도 산드라는 파티에 오지 않을 것이기 때문이다. 일이 이렇게 되어 자신이 파티에서 빠져 있다는 것을 알게 될 때 산드라는 스스로에게 말해왔던 것을 확인하게 된다. 그리고 산드라는 생각한다. '그들이 나를 좋아하지 않는다는 걸 알아.', '그들로부터 멀리 떨어져 있는 게 상책이야. 아니면 마음에 훨씬 더 큰 상처를 받게 될 거야.'

다음 질문을 성찰해보고 글로 적어라. 이 책의 공간을 사용해도 좋고, 일기장에 자신의 생각을 적어도 좋다. 삶의 지속적인 변화를 만들어낼 여정을 이제 막 시작했다는 것을 명심하면서 과거의 경험들을 음미하라. 낡은 행동들과 삶의 경험들이 고통스러워 보여도 걱정하지 말라. 당신은 새로운 생활양식을 구축하는 과정을 밟고 있다. 원하지 않는다면 더 이상 그런 방식으로 행동할 필요는 없다.

1. 외로움을 겪었던 순간을 묘사하라.

_____

_____

2. 당신은 산드라처럼 다른 사람들과 어울리지 않고 자신을 고립시켰는가? 아니면 다른 사람들에게 손을 내밀었는가?

_____

_____

3. 당신이 고립되어 있었다면 도움의 손을 내밀지 못하게 막은 생각은 구체적으로 무엇인가?

_____

_____

4. 어떤 느낌이 그런 생각을 일으켰는가? (1장에서 나왔던 대표 감정 목록을 살펴보며 느낌을 찾아보라.)

_____

_____

5. (고립이든 손 내밀기든) 당신이 선택한 행동의 결과는 어떠했는가?

_____

_____

6. 그 행동으로 인해 당신은 어떤 영향을 받았는가?

_____

_____

7. 당신의 행동은 어떻게 자기충족적 예언으로 이어질 수 있었는가? (자기충족적 예언에 따르면, 당신의 행동은 일어날까 봐 두려워했던 바로 그 일을 정확히 일어나게 한다.)

_____

_____

다르게 선택하기

산드라가 가지고 있던 생각과 감정에 대한 그녀의 반응이 어떻게 더 많은 문제를 일으킬 것인지는 쉽게 짐작할 수 있다. 스스로 고립되어 하루 종일 집 안에 있으면서 마약과 알코올을 사용하고 직장 동료들과 거리를 유지하는 행동들은 산드라의 삶을 더 어렵게 하고 원하는 것을 얻지 못하게 한다. 만약 산드라가 다른 선택을 한다면 어떤 일이 일어날까? 산드라는 어떤 상황에 처하게 될까?

이 이야기를 통해 반대 행동 선택하기라고 불리는 중요한 기법과 만나게 된다. 이 기법은 마샤 리네한(Marsha Linehan, 1993)이 만든 변증법적 행동치료(dialectical behavior therapy, DBT)의 개념에 기반을 둔다. 이 치료법은 강한 감정들 때문에 힘들어하는 사람들, 충동적이고 건강하지 못한 결정을 내리는 사람들을 매우 효과적으로 도와줄 수 있다는 것이 입증되었다. 생각과 느낌에 반응하여 스스로 내린 선택이 당신을 잘못된 방향으로 이끌어간다는 것을 알게 된 상황에서 이 기법은 당신의 삶에 큰 영향을 미칠 것이다. 반대 행동을 선택한다는 것은 지금까지 해온 자동 반응과는 다르게 행동한다는 것을 의미한다. 그것은 당신이 어딘가 다른 곳에 이르게 될 기회를 제공한다.

당신은 삶의 경험들에 반응하는 특정한 방법들을 오랜 세월에 걸쳐 개발해왔다. 누군가에게 화가 날 때, 크게 소리를 지르거나 자리를 박차고 나가거나 혹은 아예 입을 닫을지 모른다. 피곤함을 느낄 때는 집에서 누워 쉬거나 낮잠을 자거나 또는 에너지를 끌어올리기 위해 운동을 할 수도 있다. 그때그때마다 다른 행동을 취할 수 있지만, 사람마다 자주 사용하는 반응 방식이 존재한다. 이 반응 방식은 당신이 가장 먼저 느끼는 충동이다. 과거에는 이런 반응 방식이 당신에게 효과적이었을지 모른다. 하지만 산드라의 반응에서 보듯이, 기존에 보여준 반응 행동은 가고자 하는 방향과는 정반대로 데리고 갈 것이다.

감정들, 그리고 그런 감정과 함께 일어났던 부정적인 생각들에 이끌려서 자신도 모르게 반응한 결과, 결국에는 후회하게 되었던 순간들을 삶 속에서 찾아볼 수 있다. **행동**은 느낌이나 생각보다 더욱 중요하다. 우리의 행동이 우리를 에워싸고 있는 세상에 영향을 주기 때문이다. 행동은 개인관계를 바꿔 놓고 경험을 형성하고 삶의 과정을 정해준다. 살펴보았듯이 행동은 생각과 느낌의 결과이다. 그러면 부정적인 생각이나 강한 느낌이 일어나서 당신을 해롭게 할 행동 반응이 일어나려 할 때에는 어떻게 하면 좋은가? 바로 이 순간, 최고의 행동 방침은 반대 행동을 선택하는 것이다.

다음 목록은 반대 반응을 선택하기 위한 공통적인 감정 반응과 방법들이다. 다만 당신은 그것이 최고의 행동 방침일 경우에만 정반대 반응을 선택할 수 있다. 그러니 자신에게 물어보라ㅡ "반대 행동을 선택하는 것이 긍정적인 결과를 가져올 것인가?"

죄책감 혹은 수치심

평소 반응	반대 반응
그 상황에 머물면서 자기 자신에 대해 부정적인 생각을 계속적으로 증폭시킨다.	그 상황에서 자신의 역할이 무엇인지 구체적으로 알아본다.
중독이나 강박적 행동을 하면서 자신을 해롭게 하는 행동을 한다.	'증거 재확인하기' 활동지(연습 2.3)를 사용해 비이성적인 사고의 균형을 잡는다.
느낌의 근원(사람, 상황, 신, 또는 절대자)을 회피한다.	했던 일에 대해 용서를 구한다. 직접 용서를 구하는 것이 가능하지 않거나 좋은 생각이 아니라면, 가령 그렇게 하는 것이 당신이나 타인을 해치는 경우라면, 사죄의 편지를 쓰되 발송하지는 않는다.
건강과 행복 같은 좋은 삶을 추구하는 행동을 멈춘다. 자신은 그런 것을 받을 만한 가치가 없다고 결정하기 때문이다.	일을 바로잡을 방법이 있는지 묻거나 알아보고, 가능하다면 그렇게 한다. 실수로부터 배운다. 삶은 학습 과정이며, 완벽할 필요가 없음을 스스로 상기시킨다. 다음에는 다른 선택을 할 수 있는 기회를 갖는다. 자기를 용서하고 앞으로 나아간다. 좋은 삶을 얻기 위해 노력하고 계속 성장해나간다.

우울감 혹은 슬픔

평소 반응	반대 반응
스스로 고립된다. 친구와 가족을 피한다. 사회적 모임을 회피한다.	원하지 않더라도 친구나 가족과 함께 시간을 보내게 되는 상황을 수용한다.
예전에 즐겨했던 일들을 더 이상 하지 않는다. 지금은 그런 일들이 재미가 덜하기 때문이다.	단 몇 분 동안이라도 사회적 모임에 '잠시 들르기'를 시도하라. 모임에 모습을 드러내면 사람들은 당신이 자신들에게 마음을 쓰고 있다고 생각한다.
집 안에 틀어박혀 하루 종일 TV를 보거나 잠을 잔다.	그런 척하는 행동일지라도 행동을 한다. 거울을 보고 억지 미소라도 짓는다.
올바르게 먹지 않는다(즉 너무 많이 먹거나 너무 적게 먹거나 혹은 건강에 나쁜 음식을 섭취한다.)	몸을 움직인다. 걷는다. 운동 강좌나 DVD를 보며 운동한다. 오래 걷는 것을 상상하기 어렵다면 그냥 운동화만 신는다. 집 주변을 걸으면서 느낌이 어떤지 살펴본다. 그런 뒤에 느낌이 괜찮으면 좀 더 걷는다. 타인에게 도움이 될 방법을 찾는다. 자신이 보탬이 될 만한 것을 많이 가지고 있음을 명심한다. 먼저 친구에게 전화해 잘 지내는지, 도와줄 일은 없는지 물어본다. 자기 안에 갇혀 있지 말고 밖으로 나와서 도움이 될 수 있는 부분을 찾는다.

화 혹은 좌절감

평소 반응	반대 반응
옳다고 믿는 것을 타인에게 납득시키려고 애쓴다. 자신이 옳다는 것을 타인의 머릿속에 집어넣으려고 똑같은 말을 되풀이한다.	타인의 관점에서 상황을 살펴본다. 상대의 주장을 받아들인다. 상대의 말을 경청하면서 그 말 가운데 어떤 부분을 받아들일 수 있는지 알아차린다. "오히려 당신이 더 옳고 더 행복한 것인가?"라는 질문을 스스로에게 상기시킨다.
타인이나 자기 자신에게 자신의 논점을 말하는 데 많은 시간을 할애한다. 그 사람 혹은 그 상황이 왜 잘못되었고 왜 나쁘고 왜 어리석은지 말하는 데 많은 시간을 쓴다.	상대방의 태도가 어디에서 비롯된 것인지 살펴보려고 노력한다. 상대방에게 무죄추정의 원칙을 제공하고 일단 그냥 믿어본다.
소리를 지르고 고함을 치고 비명소리를 낸다. 으르렁거리고 울부짖는다.	천천히 깊은 호흡을 한다.
때리고 물건을 집어던지고 깨뜨린다.	내맡긴다. 그렇게 하는 게 마음에 들지는 않지만 지금 일어나고 있는 상황이나 사람을 있는 그대로 받아들인다.
상대방에게서 거칠게 뛰쳐나가고 벗어나면서 상대를 피한다.	마구 다그치지 않고 자기를 달래기 위해 노력한다. 마음을 누그러뜨리고 이완하는 데 도움이 되는 것을 스스로 떠올린다.
마음의 문을 닫고, 입을 굳게 다물고, 거리감을 두며 행동하고, 화나는 대상을 무시해버린다. 상대방을 완전히 묵살한다.	(자부심을 느낄 수 있는 방식으로) 일을 조용히 처리할 마음의 준비를 한 뒤에 상황에 접근한다. 자신의 좌절감을 솔직히 드러내고, 공격하지 않으면서 마음을 터놓고 논의한다.

두려움

평소 반응	반대 반응
회피한다. 두려움을 느끼게 하는 일에서 멀리 벗어난다.	접근한다! 두려움이 느껴지더라도 다가서서 그 일을 한다.
새로운 것을 시도하지 않고, 새로운 장소에 가지 않고, 사람들과 어울리지 않는다. 일을 함께 나누지 않고, 친근하게 다가서지도 않는다.	불편하게 느껴지더라도 되풀이해서 그 일을 한다. 위험을 감수한다. 일어나는 느낌을 알아차리고, 그것을 수용할 수 있음을 명심한다. 새로운 것을 시도하고, 사람을 만나고, 배척당할 위험을 감내한다. 온전한 삶을 살아낸다.
화를 낸다(무섭다기보다는 안전하다고 느낀다). 그러고 나서 위의 '화 또는 좌절감' 상황에서 나타나는 방식으로 행동한다.	두려움과 함께 머문다. 두려움을 그대로 머물게 한다. 두려움은 삶의 자연스러운 일부분이며 인간적인 일부분임을 수용한다.
벌어진 일들을 이해하려고 애쓸 때 마음이 만들어내는 비이성적이거나 불균형적인 생각들을 곱씹는다. 사실을 확인하지 않은 채, 마음이 자신에게 말하는 것을 그대로 믿는다.	'증거 재확인하기' 활동지(연습 2.3)를 사용해서 생각의 균형을 유지한다. 자신의 두려움이 그럴 만한 이유가 있는 것인지, 그저 마음의 창조물인지, 아니면 둘 다 조금씩 들어 있는 것인지 스스로 판단한다.
자신의 건강하지 못한 감정 회피 전략 중 한 가지에 몰입한다. 중독 행동도 그중 한 가지다.	자신의 두려움에 대응(react)하기보다는 감응(respond)한다. 자신의 판단과 지금까지 배워온 기법을 신뢰한다.

예전과 다르게 행동을 하면 지금과는 다른 결과를 얻게 된다는 것을 명심하라. 자신의 감정에 대해 기존과는 다른 반응을 선택한다면 온전히 새로운 방식의 삶을 누릴 수 있다.

반대 행동 선택하기 연습

평소처럼 자동 반응하면 자신이 원하는 것을 얻지 못한다. 삶 속에서 그렇게 되는 상황을 다섯 가지 떠올려보라. 하루를 망칠 것 같은 사소한 일들이 모두 이런 상황에 해당한다. 가령, 주차 공간을 찾을 수 없거나 시끄러운 이웃 때문에 일찍 잠에서 깨는 것도 그런 상황에 속한다. 혹은 직장에서 일어난 일이나 인간관계에서 생긴 트러블일 수도 있다. 기본적으로 부드럽게 흘러가지 않는 삶의 영역을 선택하라. 아래 빈칸을 이용해서 그런 상황과, 그런 상황이 내면에 일으키는 느낌들에 대해 생각해보라(1장으로 돌아가서 자신의 감정을 더 잘 알기 위해 했던 연습들을 살펴보는 것이 도움이 된다). 그다음에 평소대로 행동했을 때의 결과와 반대 반응을 선택했을 경우의 행동이 어떠할 것인지 살펴보고, 반대 행동에 따른 예상 결과에 주목하라.

1. 상황 : _____

    감정들 : _____

    일반적 반응 또는 행동 : _____

    결과 : _____

    _____

    반대 행동 : _____

    예상되는 결과 : _____

    _____

    예상되는 감정들 : _____

    _____

2. 상황 : _____

    감정들 : _____

    일반적 반응 또는 행동 : _____

    결과 : _____

    _____

반대 행동 : _____

예상되는 결과 : _____

_____

예상되는 감정들 : _____

_____

3. 상황 : _____

감정들 : _____

일반적 반응 또는 행동 : _____

결과 : _____

_____

반대 행동 : _____

예상되는 결과 : _____

_____

예상되는 감정들 : _____

_____

4. 상황 : _____

감정들 : _____

일반적 반응 또는 행동 : _____

결과 : _____

_____

반대 행동 : _____

```
┌────────────────────────────────────────────────────────────────┐
│                                                                │
│       예상되는 결과 : _____        │
│                                                                │
│       _____      │
│                                                                │
│       예상되는 감정들 : _____       │
│                                                                │
│       _____      │
│                                                                │
│    5. 상황 : _____      │
│                                                                │
│       감정들 : _____      │
│                                                                │
│       일반적 반응 또는 행동 : _____       │
│                                                                │
│       결과 : _____      │
│                                                                │
│       _____      │
│                                                                │
│       반대 행동 : _____      │
│                                                                │
│       예상되는 결과 : _____       │
│                                                                │
│       _____      │
│                                                                │
│       예상되는 감정들 : _____      │
│                                                                │
│       _____      │
│                                                                │
└────────────────────────────────────────────────────────────────┘
```

　반대 행동을 선택하는 것에 대해 어느 정도 알게 되었다면, 이번에는 이 기법을 사용하는 데 주의를 둔다. 당신은 언제 반대 행동을 택해야 하고, 언제 평소 방식으로 반응해야 하는지 알고 있는가?

가치에 초점 두기

자신의 평소 행동이 자신을 가고자 하는 곳으로 데려가지 않는다는 것을 알기 위해, 또는 정반대 행동을 취해야 할 때인지 아닌지를 알기 위해서는 무엇보다 자신의 가치를 분명하게 인식하고 있어야 한다. 가치에 주의 초점을 두는 것은 **수용전념치료법**(acceptance and commitment therapy,

ACT)의 주요 요소이다. 스티븐 헤이즈(Steven Hayes, 2005)에 의해 개발된 이 치료법은, 사람들이 고통스러운 생각과 감정에도 불구하고 자신의 가치를 기반으로 살아가도록 돕기 위해 만들어졌다. 다음 부분에서는 가치를 찾아내고 명확히 하도록 돕는 데 중점을 둘 것이다. 삶에서 가장 중요하게 여기는 것을 찾아냄으로써 당신은 현실감을 유지하고 올바른 궤도에 진입하게 된다. 스스로 찾아낸 가치는 걸음걸음마다 당신의 삶을 안내해줄 것이다. 이번 기회에 당신은 진짜 어떤 사람이 되고 싶은지, 자신이 어떤 종류의 삶을 향해 나아가고 있는지 이해하게 된다. 이제 시간 여유를 갖고 아래 작업을 꼼꼼히 해나가면서 잘 생각해보라.

연습 3.3 생일 축배

자신의 가치가 어디에 있는지 분명히 알 수 없다면, 이 연습을 하라. 우선 당신이 길고도 온전한 삶을 살아왔다고 상상하라. 당신은 마음속 깊이 자부심을 가질 만한 그런 삶을 살아왔다. 당신이 지긋하게 나이를 먹게 된 것을 축하하는 생일 파티가 지금 한창 벌어지고 있다. 가족과 친구들에 둘러싸여 있는 모습을 상상해보라. 누군가가 일어나서 하객 앞쪽으로 나오더니 연설을 하기 시작한다. 그는 당신이 살아온 방식과 당신이 사랑해온 사람들, 당신이 함께 해온 경험들, 그리고 당신이 사람들에게 어떤 의미인지를 자세히 이야기한다. 그는 당신의 이야기를 있는 그대로 들려준다. 당신은 이 사람이 어떻게 말해주기를 바라는가? 자신이 어떻게 묘사되기를 바라는가? 당신이 어떤 종류의 삶을 살아왔기를 바라는가? 일기장을 이용해서 연설문을 스스로 써보라.

이 연습을 통해 당신이 진짜 가치를 두고 있는 것에 대한 이야기를 듣게 될 것이다. 아래 공백에다 당신의 생각을 적어보라.

_____

_____

_____

_____

_____

_____

가치 밝혀내기

연습을 하면서 이 모든 것이 당신이 원하는 삶을 창조해내는 것과 관련된다는 점을 명심하라. 특히 중독이라는 질병에 갇히게 되었을 때에는 이미 삶의 많은 부분들이 방치되어 버렸을지 모른다. 당신이 그것들에 가치를 두지 않는다는 의미는 아니다. 가령 중독성 행동을 하면서 사랑하는 사람들에게 반복해서 거짓말을 했을 수 있으나 이것은 당신이 정직에 가치를 두지 않는다는 의미가 아니다. 당신은 새로운 방식의 삶에 전념하는 과정 중에 있으며, 그런 새로운 삶이 실제로 일어나게 하는 방법을 배우는 중이다. 이것은 자신에게 가장 중요한 것이 무엇이며, 새로운 삶에서 어떤 것에 가장 큰 가치를 부여할 것인지를 스스로 준비해볼 수 있는 기회이다.

아래 소개된 가치 범주 아래 여백에 각각의 가치가 삶에서 어떤 의미인지 적어보라. 예를 들어 '건강' 가치 아래에는 '약을 매일 먹는 것을 기억하기'라거나 '치과 방문하기' 또는 '운동하기'라고 쓸 수 있다. '가족' 가치 밑에는 '주말에는 아이들과 함께 놀아주기'라거나 '일주일에 한 번은 엄마에게 전화 걸기'라고 적을 수 있다. '신앙심' 가치 아래에는 '성경 읽기'나 '일일 묵상'이라고 적을 수 있다. 명심해야 할 것은, 이것이 당신이 그동안 해왔던 일과 일치해야 할 필요는 없다는 점이다. 이것은 가치를 중심으로 새로운 삶을 구축하기 위해 어떻게 계획을 할 것인지에 토대를 두고 있다.

우선 아래의 가치 범주 목록을 살펴보라. 각 범주별 사례를 이용해서 생각에 시동을 걸어라. 각각의 가치를 주의 깊게 생각해본 뒤 삶에서 가장 중요한 가치 세 가지를 고르라. 이것들은 모두 동등한 가치를 가지고 있을 수 있으므로 순위를 매길 필요는 없다. 이어서 나머지 가치 범주 중에서 두 번째로 중요한 가치와 덜 중요한 가치를 구분한다. 당신은 아마 모든 부분은 아니지만 삶의 많은 부분들에 가치를 부여할 것이다. 이 연습의 목표는 자신에게 가장 중요한 것이 무엇인지 분명하게 밝히는 것이다. 이 작업은 삶에서 주의 초점을 유지하도록 도와준다.

가치 범주

가족

- 자주 가족과 함께 시간을 보낸다. 가족 구성원의 욕구를 가장 중시한다. 건강하고 행복한 가정생활을 꾸려간다. 가족관계를 유지하고 개선하기 위해 노력한다.

- 이것이 나에게 의미하는 것

_____

_____

_____

직업윤리/직장 또는 학업의 성공

- 약속 시간을 지킨다. 열심히 일한다. 자기 일에 자부심을 갖는다. 성공을 한다.
- 이것이 나에게 의미하는 것

_____

_____

_____

재정적 책임

- 제때에 청구서를 지불한다. 빚을 갚는다. 재정적 선택을 잘한다. 불필요한 물건을 사지 않으면서 돈을 절약한다.
- 이것이 나에게 의미하는 것

_____

_____

_____

학습/성장/발전

- 새로운 것을 계속해서 배운다. 끊임없이 자기 자신을 개선해서 한 개인으로 성장해간다.
- 이것이 나에게 의미하는 것

_____

_____

_____

정직

- 그것이 무엇이든 진실을 말한다. 나 자신은 물론 타인에게 정직하게 행동한다.
- 이것이 나에게 의미하는 것

_____

_____

믿음

- 영적인 삶을 계속 유지한다. 소속된 영적 공동체 속에서 활발하게 살아간다. 정신적으로 건강하고 충만한 느낌을 얻는다.
- 이것이 나에게 의미하는 것

_____

_____

_____

_____

맨 정신

- 자신이 그동안 보여 왔던 중독성 행동들을 멀리한다.
- 이것이 나에게 의미하는 것

_____

_____

_____

_____

존중

- 주변 사람들로부터 존중받고, 존중받는다고 느낀다. 타인을 존중한다.
- 이것이 나에게 의미하는 것

_____

_____

_____

_____

우정/사회적 연결감

- 중요한 관계를 맺기 위해 시간을 낸다. 친구들과 함께 시간을 보낸다. 친구의 욕구에 우선순위를 둔다.
- 이것이 나에게 의미하는 것

낭만적인 사랑/친밀한 관계/결혼

- 배우자와 건강한 관계를 형성하고, 유지하고, 그 관계를 개선한다.

- 이것이 나에게 의미하는 것

_____

_____

_____

자원봉사

- 세상에 되돌려준다. 지역사회에 봉사하고 기여한다.

- 이것이 나에게 의미하는 것

_____

_____

_____

공동체

- 교회나 사찰, 클럽, 스포츠팀 또는 기타 공동체 모임의 일원이 된다.

- 이것이 나에게 의미하는 것

_____

_____

_____

모험/자발성/재미

- 시간을 내어 장미 향기를 음미한다. 삶을 즐기고, 새로운 일을 시도하고, 재미있는 활동을 하는 것을 매우

중요시한다.

- 이것이 나에게 의미하는 것

_____

_____

_____

건강

- 알맞게 먹고, 운동하고, 충분한 수면을 취하고, 신체를 단련하고, 필요할 때마다 의사에게 간다. 자신의 신체적 웰빙을 아주 중요시한다.

- 이것이 나에게 의미하는 것

_____

_____

_____

삶에서 가장 중요하다고 선택한 세 가지 가치 범주를 살펴보고, 다음 질문에 답하라. 앞에서와 마찬가지로 일기를 쓰면서 성찰을 더 확장해도 좋다.

1. 과거의 행동 가운데 가치 있다고 여기는 행동들은 무엇인가?

　　행동 a : ＿＿＿＿＿＿＿＿＿＿＿＿＿＿＿＿＿＿＿＿＿＿＿＿＿＿＿＿

　　행동 b : ＿＿＿＿＿＿＿＿＿＿＿＿＿＿＿＿＿＿＿＿＿＿＿＿＿＿＿＿

　　행동 c : ＿＿＿＿＿＿＿＿＿＿＿＿＿＿＿＿＿＿＿＿＿＿＿＿＿＿＿＿

2. 가치를 부여한 것들에 더 많은 주의를 두기 위하여 오늘 당신의 삶을 어떻게 바꿀 수 있는가?

　　행동 a : ＿＿＿＿＿＿＿＿＿＿＿＿＿＿＿＿＿＿＿＿＿＿＿＿＿＿＿＿

　　행동 b : ＿＿＿＿＿＿＿＿＿＿＿＿＿＿＿＿＿＿＿＿＿＿＿＿＿＿＿＿

　　행동 c : ＿＿＿＿＿＿＿＿＿＿＿＿＿＿＿＿＿＿＿＿＿＿＿＿＿＿＿＿

3. 당신을 코스에서 벗어나게 만든 과거의 행동을 생각해보라. 그때와는 달리, 자신의 가치와 일치하여 어떤 행동을 선택할 것인가?

　　행동 a : ＿＿＿＿＿＿＿＿＿＿＿＿＿＿＿＿＿＿＿＿＿＿＿＿＿＿＿＿

　　행동 b : ＿＿＿＿＿＿＿＿＿＿＿＿＿＿＿＿＿＿＿＿＿＿＿＿＿＿＿＿

　　행동 c : ＿＿＿＿＿＿＿＿＿＿＿＿＿＿＿＿＿＿＿＿＿＿＿＿＿＿＿＿

카일 이야기

카일은 일자리를 잃기 전까지 63일째 술을 마시지 않고 맨 정신을 유지하고 있었다. 해고는 전혀 예상하지 못한 일이었다. 상사가 몇 주 전부터 카일의 해고에 대하여 알고 있었다는 사실이 드러났을 때 카일의 분노는 극에 달했다. 평소 같았으면 상사에게 저주를 퍼붓고, 의자를 집어던지며 문 밖으로 뛰쳐나가서는 곧장 술집으로 향했을 것이다. 그러고는 밤새 술을 마시다가 술집이 문을 닫으면 비틀거리며 친구 집으로 가서 술을 더 마시면서 상사에 대한 불만을 터뜨리는 상황으로 이어졌을 것이다.

지금 카일이 할 수 있는 일은 아무 말 없이 자리에서 일어나 상사의 집무실에서 걸어 나오는 것이다. 카일은 마음속으로 반복해서 되뇌었다. '침착하자, 침착하자. 너는 이 사람에게 추천서를 받아야 해. 침착하자.' 평소 방식으로 반응하지 않음으로써 카일은 예전에는 잘 느끼지 못하던 통제력을 갖게 되어 기분이 뿌듯하다. 하지만 카일은 다음 며칠은 고사하고 당장 오늘 밤을 어떻게 술을 마시지 않고 견뎌낼 수 있을지 여전히 알지 못한다.

카일은 집으로 돌아와 카우치에 앉아서 TV를 켜고는, 그저 맥주 두어 잔을 들이키는 게 정말로 나쁜 일인지 의심하기 시작한다. 예전과 같지는 않을 텐데. 게다가 오늘처럼 기분 나쁜 날이라면 술을 한두 잔 하는 게 뭐 그리 잘못된 일이겠는가?

카일은 커피 테이블에 앉아서 잡지 밑에 놓인 상실 치유 워크북에 시선을 보낸다. 책에 먼지가 약간 쌓인 걸 보면 회복을 위해 노력한 지 꽤 긴 시간이 흘렀다. 그는 아직도 여러 페이지에 기록을 하면서 연습을 해오고 있다. 카일은 아무 생각 없이 워크북을 획획 넘기다가 가치에 대한 부분에 이르러 잠시 멈춘다. 가족의 소중함에 대해 썼던 글들을 다시 읽으면서 카일은 무언가 강한 느낌을 받는다. 시간이 더 많았더라면 조카들을 만나러 갔을 텐데. 얼마나 소중한 아이들이던가. 카일이 생각하기에 결국 이 모든 것은 선택에 관한 것이었다. 이 순간 나는 맥주 한 잔을 간절히 바랄 수도 있어. 그런데 맞아, 그건 내가 전에 늘 하던 행동이지. 술집으로 향하는 것 말이야. 하지만 나는 지금 그때와는 다르게 행동할 수 있어. 오늘밤 누이에게 전화를 걸어 방문 스케줄을 잡을 수 있어. 예전과 똑같이 낡은 방식으로 행동할 필요는 없어. 나는 과거의 나 대신에 내가 되고 싶은 사람이 될 수 있어.

가치 기반의 '다르게 선택하기'

자신의 가치를 잘 이해하게 되었으니 이제 반대 행동을 선택하는 개념을 다시 살펴보자. 반대 행동을 선택하는 일은 감정이나 생각에 대한 자동 반응이 가치와 일치하지 않을 때 사용할 수 있는 기법임을 기억하라. 당신의 평소 행동이 당신이 가장 원하고 소중하게 여기는 삶의 차원에서 당신을 벗어나게 한다고 느껴지는 순간에 반대 행동을 선택하라. 이는 최고의 행동 방침이 될 것이다.

스카이다이빙을 예로 들어보자. 비행기 밖으로 점프하는 것을 생각할 때면 두려움같은 강한 감정을 경험할 수 있다. 대부분의 사람들은 회피를 통해 두려움에 반응한다. 곧 무엇이든 두려움을 일으키는 것에서 멀리 달아나려 한다. 감정 회피 행동은 무서워하는 대다수 사람들에게 나타나는 본능적인 행동이다. 그러므로 두려움과 반대되는 것을 선택하는 일은 두려움의 근원을 향해 똑바로 나아가는 것을 의미한다. 그런데 어떤 것이 올바른 행동 방침인지 어떻게 알 수 있는가? 그것을 알아내기 위해 제임스와 스튜어트가 경험한 다음 두 가지 사례를 살펴보자.

✉ 제임스

방아쇠 : 스카이다이빙

감정 : 두려움

이 감정에 대한 평소 반응 : 회피

이 감정에 대한 정반대 반응 : 접근

관련된 가치

- 가족(아내는 임신 초기라서, 내가 친구를 만나러 외출하는 것을 원치 않는다.)
- 건강(최근에 있었던 심장 문제)
- 우정/사회적 연결감(친구들과 좋은 유대감을 형성할 수 있다. 가지 않으면 친구들로부터 놀림을 당할 수도 있다.)
- 모험/재미/자발성(좋은 경험이 될 수 있겠지만 내가 가야 할 자리인지는 확실치 않다.)

가치와 일치하는 결정 : 나의 본능을 주의 깊게 경청한다. 가지 않는다.

✉ 스튜어트

방아쇠 : 스카이다이빙

감정 : 두려움

이 감정에 대한 평소 반응 : 회피

이 감정에 대한 정반대 반응 : 접근

관련된 가치

- 친구(나는 친한 친구들과 이런 활동을 함께 하고 싶었다.)
- 학습/성장/발전(이것은 나 자신의 한계에 도전하는 새로운 방법이다.)
- 모험/자발성/재미(삶에서 더 흥분되는 것을 해도 다치지 않을 거다. 두렵더라도 새로운 경험을 하겠다.)

가치와 일치하는 결정 : 반대 행동 선택하기. 두려움을 헤치고 나아가 단호히 목적을 추구한다.

방금 보았듯이 제임스와 스튜어트는 모두 스카이다이빙을 하는 데 두려움을 가지고 있었는데, 스카이다이빙을 하러 가느냐 가지 않느냐 가운데 선택을 해야만 했다. 둘의 최종 결정은 서로 달랐다. 두 사람은 각자의 가치를 다시 정리해봄으로써 자신에게 더 적합한 경로를 선택할 수 있었다.

가치 기반 의사결정

이제 이 활동지를 사용해 당신이 삶에서 내려야 할 선택들을 자세히 살펴보자. 이것은 자신의 가치를 생각해볼 수 있는 연습 기회이자, 원하는 삶을 향해 제 궤도에 머물기 위해 각자 취할 수 있는 행동이다.

| 사례 |

할 수 있는 선택 : 시누이가 직장을 구할 때까지 우리 집에 함께 머물게 하기 혹은 그렇게 하지 않기

관련된 가치 범주 및 방법

- 가족(가족이라면 서로 돌봐줘야 한다고 생각한다. 또한 나는 남편과 아이들이 행복하기를 바란다. 그래서 시누이가 우리 집으로 너무 큰 스트레스를 가져오지는 않을지 미리 확인해야 한다.)
- 재정적 책임(우리는 이제 막 채무에서 벗어나려 한다. 이건 우리에게 너무 중요한 일이다. 그녀를 돕는 일이 우리에게 큰 부담을 주지는 않을지 알아봐야 한다.)
- 존중(그녀가 열심히 직장을 구하지 않는다면 이용당한 기분이 들 뿐 아니라 무시당했다는 기분이 들 것이다. 나는 그녀가 집안일을 도와주기 바라고, 스스로의 힘으로 일어서려는 진지함을 보여주기 바란다.)

가능한 행동

- 시누이가 집으로 들어오게는 하지만, 분한 마음을 품게 해서 결국에는 자신이 환영받지 못한다는 것을 스스로 느끼게 하기
- 시누이에게 우리 집에서 함께 살 수 없다고 말하기
- 집으로 들어오는 데 동의하되, 그전에 그녀에게 집안일을 거들고, 직장을 열심히 구하고, 가족과 잘 지내기를 바란다는 기대감을 전달하기

가치에 기반을 두고 선택한 행동

- 걱정되는 점, 내가 소중히 여기는 가치, 그녀에게 기대하는 것 등에 대해 시누이와 솔직한 대화를 나눈 뒤에 그녀를 들어오게 할지 말지를 선택한다.
- 이런 식으로 했는데 일이 잘 해결되지 않아서 시누이를 집에 들이지 못하게 되었더라도 적어도 내가 처음부터 명확하고 솔직했다는 점은 알게 될 것이다.

| 당신의 경우 |

할 수 있는 선택 : _____

관련된 가치 범주 및 방법:

_____

_____

_____

가능한 행동

_____

_____

_____

가치에 기반을 두고 선택한 행동

_____

_____

_____

결론

어떤 행동이 가치와 부합하는지 여부를 결정하는 것은 자기 자신에게 달려있음을 명심하라. 당신은 어떤 종류의 삶을 원하는지 스스로 선택할 수 있는 권리를 가지고 있다. 이번 장을 통하여 당신은 감정에 적절하게 반응할 수 있게 되었고, 그런 행동으로 자신이 원하는 곳에 이를 수 있다는 것을 분명히 알아차렸다. 또한 자신의 가치를 확실히 알았고, 자신의 행동이 삶의 과정을 구축하는 데 얼마나 중요한지 인식하게 되었다.

이어지는 4장(마음챙김)의 목표는 고통스러운 느낌과 스트레스를 다루는 데 도움이 되는 기법을 제공하는 데 있다. 4장의 내용을 자세히 읽고, 쓰기 연습을 하고, 제안하는 활동들을 해보라. 역경을 만나도 견뎌낼 수 있는 고요함을 얻을 것이다. 감정에 반응하도록 내몰려서 스스로에게 해를 입히는 습관에서 벗어나, 자신의 반응을 스스로 선택할 수 있다. 역경 속에서 올바른 선택을 내릴 힘을 얻게 된다. 이 기법을 익혀두면 더 나은 선택을 위한 준비를 할 수 있고, 그런 선택을 통해 가치와 일치하는 삶을 실현할 수 있다.

{ 토니 가족은 지금 어떻게 지내고 있나? }

이번 장에서 토니와 카르멘 부부는 자신들의 행동을 확인하고 어떤 행동들은 자신들의 바람과는 달리 오히려 자기충족적 예언으로 이어졌다는 것을 알아차렸다.

토니는 일기 쓰는 것에 저항해왔다. 그건 그에게 익숙한 일이 아니었기 때문이다. 일기 쓰는 일은 남자가 할 일이 아니라는 생각을 가지고 있었다. 하지만 카르멘과 이 점에 대해 이야기를 나누면서 조금씩 달라졌다. 카르멘은 일기를 쓰고 싶은지 쓰고 싶지 않은지는 토니 자신에게 달려있다는 사실을 상기시켰고, 일기 쓰기를 한번 시도해보고 도움이 되는지 살펴볼 것을 권유했다. 워크북에서도 그렇게 말하고 있었다. 토니는 실제로 일기를 한번 써보았더니 의외로 기분이 꽤 좋았다. 하루 동안 일어난 일을 종이 위에서 살펴보는 일은 반대 행동을 선택하는 것 같은 새로운 기법의 타당성을 이해하는 데 도움을 주었다. 글쓰기는 그 자체로 생각들을 늦추어주는 것 같았는데, 이것이 큰 도움이 되었다. 스트레스가 심한 날이면 생각들이 빠르게 융합되어 토니는 연이어 일어나는 생각들을 거의 따라갈 수 없을 정도였다. 일기를 쓰면서 상황이 충분히 이해되는 느낌이 들었다. 토니는 자신이 배운 아이디어들을 잘 이용할 수 있었고, 새로운 행동이 자신의 삶에 가져오는 변화를 더 잘 경험할 수 있게 되었다.

이번 장에서 카르멘에게 가장 유용한 것은 가치를 탐구해본 일이었다. 가치 찾기를 통하여 자신이 정말로 있고 싶은 곳에서 얼마나 멀리 벗어나 있는지 알게 된 순간, 처음에는 매우 혼란스러웠다. 카르멘은 떠오르는 감정을 따라가기 위해 별도로 일기를 많이 썼고, 제 궤도로 다시 들어서기 위해서 지금 당장 취할 수 있는 행동 방법들에 전념했다. '재정적 책임'이라는 가치 범주와 관련해서는 자신의 부채를 조금씩 갚는 데 중점을 두기로 결심했다. 부채를 갚는 데 오랜 시간이 걸리겠지만 날마다 작은 결정을 내림으로써 자신의 가치와 일치하는 행동을 하기로 했던 것이다. 또한 저녁 식사 후 밤마다 식구들과 함께 마을을 산책함으로써 '건강'과 '가족'이라는 자신의 가치를 통합해냈다.

카르멘은 때로 일을 하는 데 피곤함을 느꼈고, TV 앞에서 그대로 누워 잠지고 싶어 했다. 그즈음 그녀는 티나가 밝은색 마커로 그린 그림 한 점을 발견했다. 그것은 카르멘, 토니, 티나 세 식구가 모두 웃으면서 함께 걷고 있는 그림이었는데, 구름 속에서는 아들 A. J.가 떠다니고 있었다. 카르멘은 이 그림을 발견한 날 밤에 한동안 흐느껴 울면서, 상실의 슬픔을 충분히 느꼈다. 카르멘은 아들에 대한 생각이 떠오르는 대로 놔두면서 그 아이를 얼마나 소중히 여겼는지 떠올렸다. 그토록 소중한 아들이 죽었던 날, 카르멘은 길을 잃고 헤매었다. 그녀는 남겨진 가족의 의식이 성장하고 있다는 것을 알았고, 이로부터 다음 단계로 나아갈 수 있는 힘을 얻었다.

4장

마음챙김

파도를 멈추게 할 수는 없으나 파도 타는 법은 배울 수 있다.
— 잭 콘필드Jack Kornfield

지금까지 당신은 생각, 느낌, 행동을 이해하느라 적지 않은 시간을 보냈다. 생각, 느낌, 행동은 건강, 웰빙과 관련되기 때문에 중요하다. 이제 우리는 또 다른 중요한 기법을 살펴보려고 한다. 이 기법을 잘 사용하면 고통스러운 행동에서 벗어나고 상실감을 다루는 데 도움이 된다. 이 기술은 **마음챙김**(mindfulness)이라고 불린다. 사람들은 오래전부터 마음챙김을 수행해왔다. 마음챙김은 명상 수행의 일부로서 불교 신자들로부터 시작되었다. 30여 년 전에 존 카밧-진(Jon Kabat-Zinn, 2005)은 마음챙김이 암 환자의 스트레스를 완화하는 데 도움을 준다는 것을 확인했고, 이런 목적을 달성하기 위해 매사추세츠 의과대학에서 마음챙김을 기반으로 한 스트레스 완화(MBSR) 프로그램을 만들었다. 이후 여러 건강 전문가들이 여러 가지 문제에 도움을 줄 의도로 마음챙김을 사용하기에 이르렀다. 마음챙김을 이용해 개선된 것으로 확인된 문제들은 심한 정서적 문제들에서부터 우울증, 불안감, 양극성장애, 만성통증, 슬픔, 어린이와 십대의 행동장애 문제에 이르기까지 무척 다양하다.

이번 장에서는 마음챙김을 배울 수 있는 구체적인 기법이 소개될 것이다. 8장에서는 더 많은 마음챙김 기법을 배우게 되는데, 여기에서 소개되는 것들은 더 다양한 기법을 배우기 위한 바탕이자 워밍업이 될 것이다. 마음챙김을 이해하게 되면 이 기법이 제공하는 놀라운 이익들을 보다 더 빠르게 받아들일 수 있다. 자, 이제 시작해보자.

판단 없이 마음 관찰하기

새로운 종(種)을 발견할 때마다 과학자들은 매우 기뻐한다. 새로운 탐구 대상이 생겼다는 것보다 더 흥분되는 일은 없다. 잠자던 호기심이 일어나서 관찰에 몰입하여 새롭게 발견된 동물 종의 전 생애를 살펴본다. 그 동물이 어떻게 태어나서 얼마나 오래 생존하는지 주목한다. 과학자들은 세심하고도 조심스럽게 이 동물이 무엇을 섭취하고 어디에서 잠자고, 어떻게 세상과 교류하는지 관찰한다. 이들은 이 생명체에 '좋다'거나 '나쁘다'라는 꼬리표를 붙이지 않는다. 과학자들은 그것에 도취되어 있다. 이들은 엄청난 주의를 쏟으면서 그 동물을 연구한다. 그리고 어떠한 판단도 하지 않으면서 "그러므로 이 동물은 바로 그것에 따라 좌우된다."라고 단언한다.

마음챙김의 여정을 시작하려면 자신의 마음을 발견하려는 과학자가 되어야 한다. 난생 처음으로 우연히 자신의 마음과 조우하게 되었다고 상상하라. 자신의 마음이 작동하는 방식을 지켜본다고 상상해보라. 마음이 서로 다른 상황에 어떤 식으로 반응하는지, 마음이 기분에 어떤 영향을 주는지 상상해보라. 이제 당신은 자기 마음에 대한 호기심 넘치는 관찰자가 된다. 아래 연습을 통해서 이 기법을 배워보자. 처음에는 판단하지 않고 관찰하는 것이 쉽지 않을지 모른다. 실제로 판단 없이 관찰하는 일은 매우 어려운 과제가 될 것이다. 새로운 기법을 배울 때는 늘 그렇듯이, 마음챙김에도 많은 연습이 필요하다.

연습 4.1 마음 관찰하기

이 연습은 한 번에 5분 동안 한다. 알람을 설정해두게나 시계를 가까이 두어라. 하지만 시간에 너무 신경 쓰지는 말라. 의자에 편안하게 앉고, 필요하면 자리에 누워도 된다. 두 눈을 감고, 모든 의식의 초점을 생각으로 가져와라.

이제 당신을 정글 안에 있는 과학자라고 상상하라. 당신은 나무 뒤에 앉아 숲 속의 빈 공간을 지켜보면서 이번에는 어떤 동물이 지나갈지 궁금해한다. 호기심을 가지고 인내하면서 조용히 기다린다. 이제 그 빈 공간이 당신의 마음이라고 상상해보라. 당신은 마음의 빈 공간 속에 나타날 자신의 다음 생각을 기다리고 있다.

생각이 나타나면, 그 생각에 주의를 둔다. 그 생각을 판단하지도 비난하지도 그리고 바꾸려고도 애쓰지 말라. 생각이 그저 빈 공간을 지나쳐 가도록 내버려두라. 그리고 그다음에 나타날 생각을 기다려라. 처음에는 이런 생각과 다투게 되겠지만 그것이 아주 자연스러운 일이라는 것을 기억하라. 당신은 정글 속으로 이 동물들(생각들) 가운데 하나의 뒤를 따라갈 확률이 높다. 그리고 알아차리지 못하는 사이에 빈 공간이 완전히 사라졌다는 것을 깨닫게 될 것이다. 그래도 좋다. 그저 당신의 자리로 되돌아가 다시 앉아서 계속 지켜보라. 당신의 유일한 과제는 판단 없이 관찰하는 것뿐이다.

상상 속의 사자들

인간은 이루 형언할 수 없는 존재다. 인간에게는 꿈꾸고 상상하고 생각하고 창조할 수 있는 능력이 있다. 이런 엄청난 능력이 없었다면 결코 지금 우리가 살고 있는 것과 같은 거대한 도시들을 상상하지 못할 것이며, 그런 도시들을 건설할 계획조차 세우지 못했을 것이다. 과거를 되돌아보고 성찰하고 숙고할 능력이 없었더라면 실수로부터 배우지 못했을 것이고, 의사결정에 도움을 받기 위해 과거의 경험을 사용할 수도 없었을 것이다. 기억과 상상력은 놀라운 선물이다. 그러나 꿈꾸고 상상하고 생각하고 창조하는 능력들은 때로 유익보다 더 많은 해를 끼치곤 한다. 그러한 능력들이 지금 이 순간으로부터 우리를 밀쳐내어 과거와 미래를 이리저리 헤매게 하기 때문이다.

불안에 대해 살펴보자. 불안은 위협에 대한 자연스러운 반응이다. 아몬드처럼 생긴 인간 두뇌의 편도체는 위험 상황에서 촉발되어 '투쟁-도피' 반응을 일으킨다. 이 과정은 심장박동수와 호흡을 빠르게 함으로써 위험에 대적해 싸우거나 도망가는 것 중 한 가지를 취하도록 당신의 몸을 준비시킨다. 우리가 사자들 무리 속에서 살고 있을 때 이 기능은 아주 유용했다. 포식자로부터 성공적으로 도망칠 수 있는 능력은 꽤 유용한 기술이었다. 하지만 오늘날 당신의 갈 길을 위협하는 정글의 생명체는 많지 않을 것이다. 당신을 땀나게 하고 떨게 하고 숨을 헐떡이게 하는 불안증상의 대부분은 마음속에 들어 있는 **지각된 위협**에 대한 반응이다. 이런 생각들 — 우리는 그것을 '상상 속의 사자들'이라고 부를 것이다 — 은 일반적으로 당신이 과거와 미래 사이에서 시간여행을 하고 있다는 표시이다.

이런 상상 속의 사자들을 살펴보자.

> 어제 모임은 너무 형편없었어. 난 정말 당혹스러웠다고!
> 채용되지 못하면 어떻게 될까? 틀림없이 부모님과 함께 이사해야 될 거야.
> 늦겠는 걸. 모두 나에게 화를 내겠지. 벌써 그들의 얼굴이 눈앞에 선해.
> 그녀는 지난밤에 너무 혼란스러워 보였어. 나와 헤어지려는 것은 아닐까?

이런 생각들 중 어느 것도 **지금 당장**의 긴박한 문제와는 무관하다는 점에 주목하라. 그것들은 과거에 벌어진 일이거나 미래에 벌어질 가능성이 있는 문제들이다. 상상 속의 사자들은 날마다 당신을 심한 스트레스에 빠뜨릴 수 있다. 당신의 몸은 이런 생각들 하나하나를 모두 위협으로 경험한다. 생각들은 당신이 위험에 처해 있다는 단서가 된다. 우리가 정글 속에 살고 있는데, 가는 길마다 한 마리의 사자가 존재한다고 상상해보라. 사실은 건강하고 편안하고 안전한 상황에 있는데도 아주 많은 사람들이 날마다 압도당하는 느낌으로 살아갈 것이다.

스트레스를 받고 있고 불안한 상황에 있다면 자신에게 이렇게 물어보라. 내가 **지금 상상 속의 사자들로부터 쫓기고 있는 건 아닌가?** 지금 이 순간 싸우거나 도망가도록 요구하는 어떤 긴박한 문제가 있는지 자문해보라. 흔히 자신의 현재 상태를 확인해보면 당신은 놀랍게도 잘못된 것이 전혀 없다는 것을 알게 된다. 당신은 그저 방 안의 의자에 앉아 있다. 매서운 추위 속이나 작열하는 무더위 속에 있지도 않다. 당신은 굶주려 죽을 상태도 아니고, 과도한 피를 흘리며 죽어가는 상태도 아니며, 온몸에 부스럼이 덮인 상태도 아니다. 당신의 삶은 긴박한 위험 상태에 처해 있지 않다. 어쩌면 당신은 아주 편안하다는 생각을 하고 있을지 모른다. 이때는 호흡을 하면서 이 사자들이 상상 속에 존재하는 것임을 받아들일 수 있는 좋은 기회가 된다. 당신은 안전하며, 모든 일이 역시 그러하다.

마음챙김 수련

상상 속의 사자들을 피하는 최상의 방법은 시간 여행을 멈추는 것이다. 그리고 지금 이 순간과 연결감을 가짐으로써 그렇게 할 수 있다.

마음챙김을 연습하면 지금 이 순간의 알아차림을 일깨울 수 있다. 지금 배울 몇 가지 기본적인 마음챙김 활동을 통하여 당신은 현존감을 느끼고 '지금 여기'에 존재할 수 있게 될 것이다. 당신은 바로 지금 사자로부터 벗어날 기회를 갖게 된다. 이것은 스트레스를 완화시켜주는 놀라운 방법이다. 매튜 맥케이(Matthew McKay)와 제프리 브랜틀리(Jeffrey Brantley)의『알아차림 명상에 기반한 변증법적 행동치료 워크북』(The Dialectical Behavior Therapy Skills Workbook: Practical DBT Exercises for Learning Mindfulness, Interpersonal Effectiveness, Emotion Regulation, and Distress Tolerance)에는 이러한 연습을 비롯해 여러 유용한 마음챙김 기법들이 소개되어 있다.

연습 4.2 공간 상상하기

산만한 마음을 다잡고 방 안에 가만히 앉아라. 이 연습을 하는 동안에 창문의 커튼을 치고 방문을 닫는 게 도움이 된다. 방 안의 공간을 철저히 조사하기 위해서는 공간이 제한되어 있는 게 더 좋기 때문이다.

방 주변으로 온전히 주의를 보내라. 방 안의 물건들에 대해서는 생각하지 말고, 그 물건들 주변의 공간을 인식하라. 물건들 밑, 물건들 위, 그리고 물건들 사이의 공간에 대해 생각해보라. 작은 균열들 사이에 존재하는 공간과, 가구 위로 흐르는 공간에 대해 생각하라. 마룻바닥에서 천장에 이르는 공간에 대해 생각하라. 이런 공간에 의도적으로 주의를 두어라. 방 안의 물건들 주위에 얼마나 많은 공간이 실제로 존재하는지 느껴라. 공간이 어떻게 방의 한쪽 끝에서부터 다른 쪽 끝으로 흐르는지 살펴보라. 자신의 몸 주위에 있는 공간에 대해 생각하라. 그러고 나서 당신의 몸 안에 있는 공간에 대해 생각하라. 폐와 콧구멍과 귓구멍이 모두 공간으로 채워져 있다는 것을 생각하라. 방 안에 있는 공간과 몸 안에 있는 공간 사이의 연결에 대해 생각하라. 매 호흡마다 당신의 몸으로 흘러 들어가고 몸 밖으로 흘러 나가는 방 안의 공기에 대해 생각하라.

이 연습을 날마다 5분씩 실행하라. 연습을 자주 할수록 당신은 자기 자신과 자기의 주위 공간 사이의 연결감을 의식하게 될 것이다. 이런 연결감을 느끼게 되면, 상상 속의 사자들이 당신을 겁먹게 하려고 하더라도 땅과의 접촉감을 유지하면서 지금 이 순간에 존재할 수 있을 것이다.

연습 4.3 사물 알아차리기

방 안의 물건을 하나 선택하라. 일상적인 것을 선택하는 것이 좋다. 사실 그것만으로도 이로울 것이다. 처음에는 물건을 만질 필요가 없다. 두 눈을 이용해서 물건을 조사하라. 물건의 가장자리와 형태와 크기를 조사하라. 촉감이 부드럽게 느껴질지 아니면 거칠게 느껴질지, 뜨거울지 차가울지, 무거울지 가벼울지 느낌을 느껴지는 대로 결정해보라. 두 눈으로 물건을 아주 자세하게 관찰하고, 물건에 들어 있는 색상을 샅샅이 살펴보라. 이번에는 물건을 집어 들고 마치 그것이 없어져서는 안 되는 물건이라도 되는 것처럼 생각하면서 만져보라. 그것을 손으로 쥐고 있을 때 어떤 느낌이 드는가? 그 물건의 질감과 무게가 예상대로인가? 처음에 눈으로 보면서 예상했던 것보다 더 큰가 아니면 더 작은가? 눈으로 미처 관찰하지 못했던 부분이 있는가? 지금 그런 부분들에 주의를 두어라. 그것들을 조사하고 느껴보라. 예전에는 한 번도 본 적이 없는 물건이라고 상상하면서 그 물건 위에 양손을 얹어라.

연습 4.4 소리 숫자 세기

마음챙김 수련을 처음 시작할 때는 생각들로 인해 주의가 분산되기 쉽다. 주의를 지금 이 순간에 유지하는 일은 언제나 어려운 과제가 될 것이다. 생각들이 마치 숲 속 빈 공간을 지나치는 동물들이라고 상상하면서 그 생각들을 어떤 식으로 관찰했는지 기억하라. 아마 전체 동물 무리가 당신의 마음을 관통해 우르르 몰려가는 때가 있을 것이다. 정글 속으로 무리 중 한 마리를 추적하다가 결국 길을 잃게 되는 상황이 쉽게 예상된다. 마음챙김 수련은 주의가 생각들에 의해 분산되지 않게 하려는 것이 아니다. 마음챙김 수련의 핵심은 오히려 주의분산의 순간에 주의를 되가져오는 데 있다. 처음에는 주의 초점을 길게 유지하는 것이 아주 어렵기 때문에, 시작할 때에는 다음과 같은 연습이 때로 도움이 된다.

5분 동안 자리에 앉아라. 타이머를 준비하면 시계에 주의를 둘 필요가 없어서 좋다. 이제 눈을 감고 귀를 기울여라. 방 안에서 나는 소리에 세심한 주의를 쏟아라. 귀에 들리는 소리의 숫자를 세라. 마음이 이리저리 방황하면 마음을 지금 이 순간으로 되가져오라. 주위에서 들리는 소리에 계속 주의의 초점을 두어라. 지금 들려오는 소리를 판단하고 있어서는 안 된다는 것을 명심하라. 시간이 끝날 때까지 이 연습을 계속 실행하라.

수없이 많은 일상 활동들이 있지만 당신은 거기에 더 이상 흥미를 느끼지 못할 것이다. 그 활동들은 아주 흔한 일이 돼버려서 당신은 그것들에 주의를 두지 못한 채 그냥 지나쳐버리고 만다. 그 대신에 당신은 그저 마음이 과거와 미래 사이를 이리저리 배회하게 내버려둘 뿐이다. 그러나 낯선 곳에서 모든 것을 처음으로 경험하고 있다면 당신은 그것에 무한정 매료될 것이다. 이것은 마치 아이들과 함께 시간을 보낼 때의 기쁨과 같다. 아이들은 땅 위의 낙엽을 발견하는 일에, 또는 자동 세차기를 통과하는 소리와 느낌같은 아주 단순한 일에 크게 기뻐한다. 아이들은 지금 이 순간에 살아가는 재능을 가지고 있다. 당신이 아이들처럼 흔한 활동들에 주의 초점을 두고 매료될 수 있다면, 당신은 지금 이 순간의 경이로움을 경험하게 될 것이다.

샤워하기. 몸으로 온수의 따뜻함을 느껴보라. 따뜻한 물이 몸에 닿는 소리에 귀를 기울여라. 물이 당신의 몸을 구석구석 적시는 순간을 알아차려라. 비누를 손바닥 위에 올려놓고 그 느낌을 잘 느껴보라. 비누의 무게와 모양을 느끼고, 비누를 쥐고 있는 느낌이 어떠한지도 느껴보라. 비누와 물이 섞이면서 풍기는 냄새를 느껴라. 거기에서 어떤 냄새가 나는가? 따뜻한 물에서 나오는 수증기를 콧구멍과 목구멍 속으로 들이켜라.

접시 닦기. 한 번에 한 개의 접시를 닦아라. 잔뜩 쌓여 있는 설거지 접시들이 아니라, 오직 손에 쥔 접시에만 주의를 기울여라. 접시를 닦으면서 접시의 무게를 느껴라. 접시의 가장자리를 느껴보고, 접시가 부드러운지 거친지 살펴보라. 손에 닿는 물의 세기와 온도를 느껴보고, 비누 거품을 구경하라. 당신이 지금 이 순간 어디에 서 있는지, 몸은 주방의 어디에 존재하는지 알아차려라. 두 발로 자리를 잘 잡고 서서, 거기에 현존하라. 그릇을 씻을 때 나는 소리를 알아차려라. 매순간 온전히 지금 여기에 머물라.

정원 가꾸기. 손에 묻은 흙을 느껴라. 흙을 천천히 만지면서 흙의 질감과 온도, 그리고 흙이 젖어 있는지 말라 있는지 느껴보라. 땅과 식물의 향기를 맡아라. 신선하고 부드러운 공기와 태양빛이 몸에 닿는 감각을 느껴보라. 공기를 깊이 들이쉬고 내쉬라.

이 연습을 어떻게 해야 하는지 알았을 것이다. 이제 스스로 온전히 참여해서 삶 속에서 정말로 현존할 수 있는 활동을 세 가지 더 찾아보자.

행동 a :

행동 b :

행동 c :

자기 몸 안에 머물기

인간의 몸은 과거에서 미래로 시간 여행을 할 수 없기 때문에 마음챙김을 할 수 있는 커다란 재능을 지니고 있다. 몸은 언제나 정확하게 지금 있는 거기에 존재한다. 당신이 무엇에 따라 좌우되느냐는 중요하지 않다. 가능한 자주 신체 감각을 이용하라. 자신의 몸 안으로 들어가서 온몸으로 신체의 감각을 느껴라.

빌가릭부터 시작하자. 발가락을 움직여보고 감각을 느껴라. 양말과 신발 안쪽에 있는 발가락이 느낌을 알아차려라. 그러고 나서 발목에 주목하라. 양 발을 들어 올릴 때 발목에서 나오는 에너지에 주의를 두라. 발목이 편안한가, 찌릿한가, 아니면 무거운가? 이어서 무릎에 주의를 두고, 구부렸다가 펴면서 스트레칭을 하라. 관절이 움직이는 것을 느껴라. 배와 등을 느껴보라. 이 부위들에서 어떤 신체 감각이 있는지 살펴보라. 따뜻한 느낌인가, 아니면 서늘한 느낌인가? 위에서 꼬르륵 소리가 나고 속이 뒤틀리는가, 아니면 위가 편안하고 고요한가? 등이 부드럽게 이완되어 있는가, 아니면 쑤시고 경직되고 긴장되어 있는가? 몸의 안과 밖으로 공기를 이동시키고 있는 당신의 호흡을 느껴보라. 가슴에서 쉴 새 없이 뛰고 있는 심장의 박동을 알아차려라. 목과 어깨의 느낌에 주목하라. 긴장이 들어가 있는가, 아니면 이완되어 있는가? 팔과 손목의 감각을 알아차려라. 손가락을 움직여보라. 천천히 주먹을 쥐었다가 풀어보라. 내맡기는 것이 어떤 느낌인지 살펴보라. 목구멍을 느껴보고, 거기에 있는 에너지를 알아차려라. 그 느낌이 거친가, 아니면 부드러운가? 입 안쪽을 느껴보고, 혀와 치아의 느낌도 호기심을 가지고 살펴보라. 코와 눈, 그리고 눈썹에 주의의 초점을 두어라. 천천히 눈을 깜박여보라. 양쪽 귀와 머리 위에서 나오는 에너지도 느껴보라. 당신의 온몸을 알아차리고 살아있음을 느껴보라.

이 연습을 날마다 5분간 수행하라. 다른 마음챙김 연습도 그러하지만, 연습을 하면 할수록 신체 감각을 더 잘 알아차릴 수 있게 된다. 이렇게 몸의 감각을 경험해보는 일은 지금 이 순간으로 되돌아오도록 도와주고, 당신의 하루하루에 고요함과 편안함을 선물한다.

호흡 관찰하기

깊은 바다에서 수영하고 있는 느낌을 상상해보라. 당신은 숨이 거의 턱에 찰 정도가 되었다는 것을 갑자기 깨닫고는 발로 물을 차며 서둘러 물 위로 올라오고 있다. 물 밖으로 불쑥 나와서 숨을 쉰다는 것이 어떤 느낌인지 느껴보라. 당신은 공기를 폐 속으로 보내서 정상적인 상태로 회복된다. 이 첫 번째 호흡은 삶에 대한 당신의 애착을 보여주는 간절하고도 강력한 표현이다. 숨쉬기는 생명이다. 그것이 없으면 우리는 목숨을 잃고 만다.

불행히도 우리 가운데 많은 사람들은 숨쉬기가 지닌 힘과 치유력을 제한하는 방식으로 숨을 쉬고 있다. 다음 테스트를 통하여 당신이 어떻게 호흡을 하고 있는지 살펴보자. 의자에 앉아서 한 손은 가슴에 대고, 다른 한 손은 배꼽 주위에 올려놓아라. 이제 자연스럽게 숨쉬기를 하라. 두 손 가운데 어느 손이 움직이는가? 어느 손이 다른 손보다 더 많이 움직이는가? 배꼽에 놓인 손이 그러한가, 아니면 가슴에 얹어둔 손이 그러한가?

당신이 자주 스트레스를 받거나 두려워한다면, 가슴으로 숨을 쉬고 있을 확률이 높다. 이런 식으로 호흡을 하면 호흡이 얕아지고 약해져서 생명력을 부여하는 화학물질인 산소의 흡수량이 줄어든다. 한편 아랫배로 호흡을 하는 법을 배우면 자연스럽게 더 편안해지고 차분해져서 삶의 스트레스가 상당히 줄어들게 된다.

호흡 연습을 하려면 자리에 앉아서 마음을 편안하게 가다듬고 한 손은 가슴에, 다른 한 손은 아랫배에 올려놓아라. 아랫배에 놓인 손에 세심한 주의를 기울여라. 당신의 목표는 호흡을 할 때마다 이 손이 위아래로 움직이게 하는 것이다. 이 연습을 할 때에는 호흡을 깊이 하겠다는 생각을 버리는 것이 도움이 된다. 깊은 호흡을 하겠다는 생각에 사로잡히면 때로 공기를 빠르게 흡입하게 되어 숨이 탁 막히는 일이 생길 수 있다. 그 대신에 '천천히 느리게, 천천히 느리게'라고 반복해서 되뇌라. 공기가 콧구멍을 통해 흘러 들어가서 아랫배로 내려오도록 몸에게 내맡겨라. 공기가 아랫배 밑으로 깊이 내려갈 때에 배꼽이 확장되는 느낌을 알아차려라. 천천히 느리게 하라.

주의가 분산되지 않을 조용한 장소를 택해서 호흡 연습을 하라. 처음에는 한 번에 1분만 하라. 적어도 일주일 동안은 매일 연습하라. 그다음에는 한 번 할 때 5분으로 시간을 늘려라. 두 번째 주에는 집 밖에서도 연습을 해보라. 즉 좀 더 산만해지기 쉬운 곳에서 의도적으로 세심한 주의를 보내면서 숨쉬기를 해보라. 은행에서 순서를 기다리거나, 직장에서 미팅 도중에, 또는 친구들과 저녁을 먹으면서 자신에게 '천천히 느리게, 천천히 느리게'라고 거듭 말해줘라. 심한 스트레스를 느끼고 좌절감과 두려움을 느낀다는 것을 알아차릴 때마다 그 순간 자신이 어떻게 숨쉬고 있는지 확인하라. 아마도 당신의 호흡은 가슴으로 되돌아가 있을 가능성이 높다. 잠시 시간을 내어 호흡에 주의의 초점을 모으고, 아랫배로 호흡을 되가져가라.

근본적인 수용

근본적 수용(radical acceptance)이란 선종에서 차용해온 개념으로 임상심리학자이자 심리학과 교수인 마샤 리네한(Marsha Linehan, 1993)이 처음 도입해서 폭넓게 보급한 개념이다. 리네한은 격한 감정과 파괴적인 행동을 경험하고 있던 클라이언트들과 함께 작업을 하면서 이들에게 삶의 도전을 잘 헤쳐 나가도록 도와주는 방법이 필요하다는 것을 알게 되었다. 그녀는 클라이언트가 판단 없이 세상을 있는 그대로 경험하도록 돕기 위하여 '근본적 수용'이라는 개념을 발전시켰다. 이 개념은 2003년에 임상심리학자이자 마음챙김 명상 교사인 타라 브랙(Tara Brach)에 의해 더욱 확장되어서 타인과 자기 자신은 물론 자신의 느낌이나 지금 이 순간에 느껴지는 세밀한 부분까지도 판단하지 않는 기법을 학습하는 데 도움을 주었다. 당신이 지금 배우고 있는 마음챙김은 판단 없이 관찰하는 것과 관련이 있다. 근본적 수용이란 친절함과 연민의 마음을 간직한 채 지금 여기에 존재하는 것을 품어 안는 능력이다.

크리스티 이야기

남편이 바람을 피우고 집을 나간 뒤에 크리스티는 무척 화가 나 있었다. 은행에서 오래 줄을 서 있거나 마트 주차장에 주차 공간이 충분치 않은 상황이 생길 경우에 성급하게 화를 내거나 쉽게 좌절해버리곤 했다. 크리스티는 마음챙김 연습을 시작하면서 근본적 수용이라는 개념을 배웠고, 동요하는 순간에 천천히 마음을 멈추어서 현재 상황을 마치 일어날 필요가 있었던 일로 받아들일 수 있었다. 크리스티에게 은행의 긴 줄은 충분히 견딜 수 있고 수용할 수 있는 상황으로 바뀌었다. 주차 공간을 찾을 수 없을 때는 좌절하는 대신 현재의 경험을 판단 없이 지켜보았고, 그저 서서히 앞으로 이동해가면서 빈 공간을 찾았다. 일상의 경험들에 저항하지 않으면서 있는 그대로 수용할 때 더 큰 평화를 얻을 수 있었다. 이렇게 크리스티의 화는 누그러졌다. 근본적 수용을 규칙적으로 실천하다 보니 이윽고 일상생활의 사소한 좌절들뿐 아니라 결혼생활의 고통스러운 상실감마저 받아들일 수 있게 되었다. 그녀는 이런 경험을 삶의 여정의 한 부분으로 수용하기 시작했다. 그것은 판단해야 하거나 대항해 싸워야 할 것이 아니라 다만 평온함과 온화함으로 헤쳐 나가야 할 또 다른 경험일 뿐이었다.

근본적 수용을 실천할 수 있는 한 가지 방법은 다음 문장을 반복해 되뇌는 것이다 ― "그것은 원래 있는 그대로 존재한다. 바로 그거다. 이것이 바로 있는 그대로의 모습이다." 우선 다음 연습부터 하자. 처음에는 강한 분노나 좌절감을 느끼고 있지 않은 상황에서 이것을 실행해보는 게 좋다. 나중에는 감정이 고양되어 있는 순간에도 근본적 수용을 실행할 수 있겠지만, 처음 배우는 동안에는 사소한 화를 다루는 것부터 시작하는 것이 현명하다.

연습 4.7 이것이 바로 있는 그대로의 모습이다

두 눈을 감아라. 가슴으로 의식의 초점을 보내라. 폐 안으로 들어가서 잠시 호흡을 느껴보라. 폐 밖으로 나오면서 호흡을 알아차려라. 이것을 스스로 상기하라. 이것이 바로 있는 그대로의 모습이다. 이것은 내가 선택한 것이 아닐 수 있으나 그게 바로 있는 그대로의 모습이다. 나는 그것이 무엇이든 있는 그대로 받아들일 수 있다. 있는 그대로의 것을 부인하는 일은 나의 에너지를 소비하는 일이 된다. 그것의 목적이나 의미를 이해하지 못한다 할지라도 나는 그것이 꼭 일어날 필요가 있었던 것으로 받아들일 수 있으며, 실제로 그렇게 할 것이다.

격한 감정들이 밀려온다는 느낌이 들 때 이 마음챙김 연습을 1분만 실천하라. 이 연습은 판단 없이 어떤 상황이나 사건을 수용하는 방향으로 나아가도록 도와준다. 하루에 여러 차례 연습을 하면 좋다. 존 카밧-진(Jon Kabat-Zinn, 2008)은 『어디에 가든 거기 당신이 있다』(Wherever you go, there you are)에서 이것이 가장 좋은 연습이라고 말한 바 있다. 마음챙김 수행은 간단하지만 그다지 쉽지는 않다. 이 연습은 당신이 격한 감정으로 한껏 달구어진 자동적인 경로를 내달리기 전에 자신의 행동을 알아차리도록 가르쳐준다. 연습을 하면 할수록 에너지를 더 건강한 방식으로 쓰게 되므로 평온한 하루를 보낼 수 있다.

어째서 수용이 그토록 중요한가? 무언가를 부인하면서 누군가와 다투고 논쟁할 때에는 지금 이 순간이 아무런 의미가 없기 때문이다. 이런 식으로 시간을 보낼 수도 있지만 그것은 에너지 낭비일 뿐이다. 이것이 바로 있는 그대로의 모습이다. 하루에도 여러 번씩 어쩌면 시간마다 계속 스스로에게 이것을 상기시킬 필요가 있다. 우리는 일상생활 도중에 자주 좌절감을 느낀다. 자신이 원하는 것을 얻지 못하고 심지어 자신에게 꼭 필요하다고 생각하는 것도 얻지 못한다. 우리 내면에 있는 무언가가 지금 있는 그대로의 것을 거스르는 방향으로 결정을 내린다. 지금 이 순간에는 뭔가 잘못이 있어서 잘못된 부분을 바꾸고, 개조하고, 다른 무언가로 변형시켜야만 한다고 결정해 버리므로, 좋은 기분을 유지하려면 결정대로 따라야 하는 것이다. 우리는 소진되는 순간까지도 에너지를 쥐어짜서 자신이 선택한 색상으로 세상을 다시 칠할 수 있는 경우에만 자신이 괜찮을 거라고 믿는다. 그런데 이 모든 좌절감과 노력의 최종 결과는 무엇인가? 우리는 대체로 더 크게 좌절하고 더 적은 에너지를 얻을 뿐 어떤 평온함도 얻지 못할 것이다.

에크하르트 톨레(Eckhart Tolle, 2004)는 『지금 이 순간의 힘』(The Power of Now)에서 조금이라도 가치를 지닌 상황에 대하여 다음 세 가지 반응이 가능하다고 말한다 — 그 상황을 떠나는 것, 그 상황을 바꾸는 것, 그리고 그 상황을 수용하는 것. 물론 이 말에는 오직 수용하는 것만이 정답이 아닌 경우도 있다는 의미가 담겨 있다. 삶의 무언가를 바꾸는 데 에너지 투입이 필요한 순간도 존재한다. 그런데 근본적 수용을 수행해야 할 순간을 어떻게 알 수 있는가? 이 질문은 우리를 마음의 평화를 비는 '평온의 기도'로 이끌어간다.

평온의 기도

이 기도는 알코올 중독 자조 모임인 12단계 프로그램에서 규칙적으로 사용된다.

> 신이시여! 어쩔 수 없는 것은 받아들이는 평온함을 주시고,
>
> 어쩔 수 있는 것은 바꾸는 용기를 주시고,
>
> 그리고 이를 구별하는 지혜도 주소서.

많은 사람들이 이것을 '완벽한 기도'라고 말한다. 당신에게 어떤 방식이 적합하든 이 기도문을 사용하면 삶에 큰 도움이 되는 수용과 변화 사이의 균형을 잘 유지할 수 있다. 이 기도문은 강력한 자기진정 테크닉이기도 하다.

　기도문을 큰 소리로 스스로에게 읽어줘라. '신이시여'라는 단어에서 불편감을 느낀다면, 편안한 단어로 바꾸어라. 자신에게 의미가 있는 구절로 새롭게 만들어도 좋다. '나는 마음의 평온을 찾고 있다'라고 바꾸거나, '바꿀 수 없는 것도 수용할 수 있음을 기억하게 하시고, 바꿀 수 있는 것은 바꿀 용기를 발견하게 하시며, 그 차이를 구분할 수 있게 하소서'라고 바꾸어 말해도 좋다. 중요한 것은 안에 담겨 있는 메시지를 상기하는 것이다. 기도문을 완벽하게 외워서 말하지 않아도 된다.

　종이 한 장을 꺼내서 이 기도문을 적어라. 기도문을 바꾸겠다는 결심이 서면 자신이 원하는 식으로 바꾸어 써도 좋다. 종이 전체를 기도문으로 채워라. 마커와 크레용과 색연필 그리고 그 밖의 여러 도구를 사용해서 눈에 잘 띄게 꾸며라. 이 기도문을 벽이나 냉장고, 욕실 거울, 컴퓨터 모니터 등 눈에 잘 보이는 곳에 붙여 놓아라. 잘 접어서 지갑이나 수첩 또는 자동차 안에 넣어두어도 좋다.

　이 기도문을 아침마다 큰 소리로 자신에게 읽어줘라. 잠들기 전에도 기도문을 읽어라. 당신은 머지않아 기도문을 암기할 것이고, 정말로 필요한 순간이 되었을 때는 기도문을 술술 말할 수 있

을 것이다. 이 기도문은 주로 혼란한 교통과 악천후, 또는 타인의 행동으로 인해 자기통제력을 잃고 좌절에 빠질 때 매우 유용한데 그런 순간에 당신이 할 수 있는 최상의 행동은 그것을 수용하는 것이다. 물론 올바르게 통제할 수만 있다면 그것을 바꾸는 데 주의 초점을 두어야 한다. (예를 들어 건강에 나쁜 행동에 몰입하는 주변 사람들을 돌볼 때는 변화시키는 방식을 사용해야 한다.) 당신이 할 수 있는 최상의 행동은 자신의 가치를 기억하고 그 가치와 일치하는 방향으로 행동을 취하는 것이다.

존 이야기

존은 게임 중독으로 집을 날렸다. 두 자녀는 모두 대학에 들어가서 멀리 떠나버렸는데. 찾아올 집이 사라졌기 때문에 자녀들과 훨씬 더 멀어지게 되었다. 어느 날 밤에 존은 직장에서 심한 스트레스를 받고는 자신도 모르게 옛날에 살던 동네로 차를 몰고 갔다. 옛날 집 앞에 차를 세워 놓고는, 새로운 집주인이 제대로 돌보지 않아 어지럽혀진 앞마당을 바라보면서 마음에서 고통과 분노가 솟구치는 것을 알아차렸다. 이 집에 큰 자부심을 갖고 있었던 것이다!

뭔가 압도당하는 느낌이 든 순간, 존은 평온의 기도를 기억해내고는 사물함에서 기도문 쪽지를 꺼내 들고, 큰 소리로 읽었다. 다시 평온함이 찾아올 때까지 가만히 숨을 들이쉬고 내쉬면서 자신에게 기도문을 읽고 또 읽어주었다. 존은 이 집이 자신의 집이 아님을 수용해야 했고, 자신은 이 사실과 관련해 할 수 있는 게 아무것도 없으며, 그냥 내맡겨야 한다는 것을 알아차렸다. 이어서 존은 아내와 함께 거주하고 있는 작은 아파트를 떠올렸고 낡은 건물에서 살아간다는 수치감과 절망감 때문에 자부심을 느끼지 못했다는 생각에 이르렀다. 그리고 이것이 바로 자신이 '바꿀 수 있는 것'이라는 결심을 하게 되었다.

존은 종이 한 장을 꺼내서 지금 사는 곳을 좀 더 좋게 만들 수 있는 방법들을 간단히 써내려갔다. 그의 아이디어는 집에 페인트칠을 하고, 카펫을 깔고, 거실에 화분을 갖다 놓고, 창문에는 꽃을 놓아두는 것이었다. 또한 아내에게 아파트에 좀 바꾸고 싶은 게 있는지 물어보기로 마음먹었다. 마지막으로 존은 자녀들과 관련해, 옛날 집에서 쫓겨난 이후 스스로를 아이들로부터 점점 더 멀어지게 했다는 것을 생각해냈고, 다음 주말에 아이들에게 전화를 하기로 마음먹었다. 그날 밤 존은 평온함을 느끼면서 집으로 돌아왔다. 마음을 짓누르던 무거운 무엇이 가슴에서 떨어져 나가는 것 같았다.

🕯🕯🕯

투쟁, 도피, 그리고 떠오르기

우리가 투쟁-도피 반응을 언제 이야기했는지 기억하는가? 이번에는, 힘든 상황에 처할 때 사용할 수 있는 세 번째 선택에 대해 말하려고 한다. 이것은 '떠오르기(FLOAT)'라고 불린다. 이 개념은 당신이 처해 있는 도전적인 상황 위로 떠오르는 순간을 포착하고, 반응이나 판단 없이 지금 진행되고 있는 일을 관찰하는 것이다. 문제에 즉각적으로 반응하지 않으면서 오히려 그 문제 위로 떠오를 수만 있다면 꽤 유용한 기법이 될 것이다. 이 떠오르기 기법을 쉽게 익힐 수 있는 방법이 있다.

F는 "침묵을 유지할 수 있는 조용한 장소를 찾아라."(Find your silent place)의 F이다. 위기나 갈등의 와중에서도 마음이 쉴 수 있는 조용한 장소가 존재한다. 이렇게 고요한 장소로 가면 편안히 숨을 쉬고 마음을 다잡을 수 있는 기회가 생긴다.

L은 "판단을 내려놓으라."(Let go of judgement)의 L이다. 앞서 배워 알고 있듯이, 자기 자신이나 타인에 대한 판단에 묶여 있으면 지금 이 순간에 머물지 못하도록 방해받기 쉽다. 판단을 내려놓는 일은 중독적인 행동에서 장기적 회복이라는 목적지로 당신을 데리고 갈 현재 진행 중인 기법이다.

O는 "자신의 생각을 관찰하라."(Observe your thoughts)의 O이다. 앞 장에서 이미 이 연습을 시작했을 것이다. 우리는 당신이 자신의 생각을 관찰하기를 바라고, 또한 어떤 생각이든 그것이 영원히 지속되지 않는다는 것을 알아차리기 바란다. 생각은 왔다가 가버린다. 이것을 이해하면 믿을 수 없을 만큼 큰 힘을 얻게 된다.

A는 "주변의 일을 자각하라."(Awareness of your environment)의 A를 의미한다. 이 도구를 이용하면 주위에서 일어나고 있는 것을 더 잘 알아차리게 된다.

T는 "경험에 감사하라."(Thankful for the experience)의 T를 나타낸다. 모든 경험에는 배워야 할 교훈이 들어 있다. 무엇을 경험하든 그것에 화를 내지 않고 오히려 감사하기로 마음을 먹는다면 어떻게 될까? 우리 주변에서 일어나는 일에 감사하는 것은 삶의 도전과 맞설 수 있는 새로운 능력을 개발하는 데 필요한 또 하나의 퍼즐 조각이다.

이제 떠오를 준비가 되어 있는가?

떠오르기 활동지

이 활동지는 새로운 떠오르기 기법을 배우는 데 도움을 줄 것이다. 힘든 상황에 처해 있을 때 이것을 사용하면 좋다. 힘겨운 상황을 경험하기 전이나 경험한 이후에도 이 기법을 사용할 수 있다. 지금 떠오르기 연습을 실행해보고 날마다 연습하라. 이 떠오르기 기법을 당신의 기법 도구에 넣어두어라.

조용한 장소 찾기. 자신만의 조용한 장소를 발견하기 위해 어떤 도구를 사용할 것인지 선택하고, 그 옆에 체크 표시를 하라. 이어서 자신만의 고유한 아이디어를 2개 찾아서 목록에 새로 첨가하라.

_____ 나는 상대방의 부정적인 코멘트에 즉각 반응하지 않기로 다짐한다.

_____ 나는 반응을 하기 전에 물을 한 모금 마시겠다.

_____ 나는 내가 아무 말도 하지 않으면서 얼마나 오래 앉아 있을 수 있는지 알아보려 한다.

_____

_____

판단 내려놓기. 판단이 지나가도록 하기 위해 사용할 도구를 선택하고 문장 옆에 체크 표시를 하라. 자신만의 아이디어를 2개 찾아서 도구 목록에 새로 첨가하라.

_____ 나는 나 자신을 지나치게 비난하지 않으려고 노력하겠다.

_____ 나는 오늘 타인에 대한 비난을 기꺼이 멈추겠다.

_____ 나는 일단 그 사람을 믿어보려고 한다.

_____

_____

자기 생각 관찰하기. 자신의 생각을 관찰하기 위해 당신이 사용할 도구를 선택하고 그 옆에 체크 표시를 하라. 자신만의 아이디어를 2개 찾아서 도구 목록에 새로 첨가하라.

_____ 나는 가만히 앉아서 나의 다음 생각이 무엇인지 지켜보겠다.

_____ 나는 나 자신의 생각과 다투는 일을 기꺼이 피하겠다.

_____ 나는 무서운 생각으로부터 멀리 달아나지 않겠다.

_____

주위 알아차리기. 주위에서 일어나는 일을 잘 알아차리기 위하여 사용할 도구를 선택하고 그 옆에 체크 표시를 하라. 자신만의 아이디어를 2개 찾아서 도구 목록에 새롭게 첨가하라.

_____ 나는 방 주위를 주의 깊게 살펴볼 수 있다.

_____ 나는 벽에 걸린 사진에 주의의 초점을 둘 수 있다.

_____ 나는 지금 앉아 있는 의자 팔걸이의 느낌을 느낄 수 있다.

_____ _____

_____ _____

경험에 감사하기. 자신의 경험에 감사함을 나타내기 위하여 당신이 사용할 도구를 선택하고 그 옆에 체크 표시를 하라. 자신만의 아이디어를 2개 찾아서 도구 목록에 새로 첨가하라.

_____ 나는 도와준 모든 사람들에게 감사할 것이다.

_____ 나는 친구의 경청 능력에 고마워할 것이다.

_____ 나는 당신이 내 가족을 지지해준 데 감사하다고 말할 것이다.

_____ _____

_____ _____

훌륭하다! 떠오르기 활동지를 날마다 계속 사용하라. 새로운 마음챙김 기법이 몰라보게 향상될 것이다.

결론

이번 장에서는 보다 나은 삶의 균형을 이루도록 도와줄 수 있는 몇 가지 마음챙김 기법을 배웠다. 균형감과 평온함을 찾는 일은 평생의 수행이다. 언젠가는 평온함을 경험하게 되는 순간이 찾아오고, 자신이 균형 잡힌 상태로 되돌아왔음을 확신하는 순간이 올 것이다. 이 기법을 연습하면 할수록 이런 균형의 순간들이 더 자주 나타날 것이다. 당신은 그동안 추구해온 마음의 평화를 찾을 것이다. 그리고 마침내 중독에 굴하지 않으면서 평화를 얻게 될 것이다.

{ 토니 가족은 지금 어떻게 지내고 있나? }

토니와 카르멘은 둘 다 상상 속의 사자들에 추격당한다는 개념에 공감했다. 이들은 스트레스를 받을 때 뇌와 몸에서 벌어지고 있는 것을 이해하면 도움이 된다는 것을 이미 알고 있었다. 즉 스트레스 상황에서 자신들의 반응이 정상적이라는 것을 아는 것만으로도 조금 덜 위축되었다. 부부는 이번 장에 소개된 연습을 함께 실천하기로 다짐했고, 매일 밤 별도의 시간을 할애해 마음챙김 연습을 하면서 각자 어떻게 느끼는지 나누는 시간을 가졌다.

카르멘은 특히 평온의 기도가 마음에 들어서 매일 아침과 밤에 기도를 올렸다. 카르멘은 삶이 통제력을 벗어났다는 느낌이 들 때마다 신경을 편안하게 하고 안정감을 유지하기 위해서 이 기도문을 사용했다. 심지어는 미술 재료를 직접 사서 티나의 도움을 받아 가며 기도문 포스터를 만들기도 했다. 부부는 포스터를 2층 홀에 매달아 놓았고, A. J.의 옛날 방 앞에도 걸어두었다. 토니는 기도하는 것을 중시하지 않았으나 집 안에 걸어 놓은 포스터는 좋아했다. 거기에는 의미를 두었다.

이번 장에서 토니가 가장 좋아하는 부분은 떠오르기(FLOAT) 활동지였다. F·L·O·A·T 다섯 글자를 사용하기 때문에 각각의 과정을 기억하는 데 도움이 되었다. 이런 식으로 하면 일의 속도를 늦출 수 있고, 스트레스가 밀려올 때 어떻게 대처해야 하는지 알 수 있어서 예전과는 달리 큰 변화를 만들어낼 수 있었다. 토니는 술을 마시지 않고도 마음을 진정시킬 수 있는 방법을 갖게 되었다는 데 큰 평화를 얻었다. 별도로 시간을 내서 마음챙김 훈련을 하는 것이 늘 좋지는 않았지만, 이 연습이 변화를 가져올 것임을 잘 알고 있었기에 기꺼이 시간을 내곤 했다. 생각해보면 좋은 일들은 쉽게 이루어지지 않는 법이다. 토니는 1장에 나온 '느끼지 않기' 계약에 대해 다시 생각했다. 그리고 더 편하게 살기 위해서 처음에 알코올을 사용하게 되었던 순간도 다시 떠올려보았다. 알코올 섭취는 오히려 더 많은 고통을 가져왔을 뿐이었다. 이제 토니는 자기 자신과 새로운 계약을 하고 있는 중이다. 토니와 카르멘 부부는 밝은 미래를 위해 전념하고 있다.

이것으로 워크북의 1부가 끝났다. 지금까지 당신은 훌륭한 기본 기법들을 구축해왔다. 각 기법들은 마음의 평화를 유지해주고, 고통스러운 감정이 일어나는 순간에 좋은 선택을 할 수 있도록 도와줄 것이다. 이제 2부로 나아갈 준비가 되었다. 2부에서는 본격적으로 상실감과 중독 문제를 조사하고 대처해볼 것이다. 당신은 이미 치유 과정 속에서 큰 진전을 이루었다!

2 | 상실감 바라보기

5장

상실감

당신의 연민에 자기 자신이 스며들어 있지 않다면 그 연민은 불완전하다.
– 잭 콘필드Jack Kornfield

삶이 여러 개의 방으로 이루어진 대단히 크고 훌륭한 저택이라고 상상해보라. 모든 방은 제각기 독특하고 아름답다. 이 저택에는 파티를 열 수 있는 방과 작업실이 여럿 있으며, 쉴 수 있는 휴게실도 여러 개 있다. 또한 전망 좋은 침실과 자쿠지 욕조를 가진 욕실도 여러 개 있다. 모든 방은 아주 밝고 깨끗하며, 당신이 좋아하는 물건으로 가득하다. 당신은 자유롭게 이 방 저 방을 다니면서 전경들을 구경하고 냄새와 색상을 즐길 수 있다. 이것은 마치 당신의 삶이 시작되는 순간에 펼쳐졌던 것과 같은 이미지이다.

하지만 천천히, 고요하게 이 저택 안에서 어떤 일이 벌어진다. 상실감이 찾아온 것이다. 이것은 이미 여러 차례 다양한 모습으로 당신을 찾아왔다. 당신이 알고 있는 죽음의 모습뿐만 아니라 상실된 우정의 모습으로, 잃어버린 일의 모습으로, 그리고 배반당해 잃어버린 신뢰의 모습으로 나타났다. 한편 이런 상실감과 더불어 강한 감정들이 나타나는데 그 감정들을 견뎌내는 것이 너무 힘들어서 차라리 그것들을 피하려고 했다. 이런 느낌들에 쓰러지고 싶지 않았기 때문에 당신은 그것들을 멀리 밀쳐내려고 노력했다. 마치 모든 상실감이 아름다운 저택의 방 안에 내동댕이쳐진 듯했다. 게다가 당신은 그 방의 모든 창문을 널빤지로 막고, 전깃불을 모두 껐으며, 문도 다 잠가버렸다. 자신의 상실감을 방 안에 꽁꽁 가둬버린 것이다.

당신은 살아가면서 여기 십여 개의 암울하고 감춰진 방들에 공간을 내준 셈이다. 그리하여 차

츰차츰 아름다운 저택의 부속 건물과 마루들이 모두 폐쇄되고 널빤지로 막히고 말았다. 삶의 일부, 다시 말해 바로 자기의 일부분이 갇혀버린 것이다. 그래서 당신은 지금 문이 온통 자물쇠로 채워져 있어서 감히 안으로 들어갈 엄두도 낼 수 없는 저택의 어느 작은 방에 감금되어 있을지 모른다.

이 책의 한 가지 목표는 자물쇠가 채워진 방의 문을 차례로 하나씩 열고 들어가는 것이다. 이 책은 당신이 상실감을 애도하는 과정을 거치면서 한 걸음 한 걸음 앞으로 나이기도록 이끌 것이다. 그 결과, 당신은 마침내 자신의 삶을 자유롭게 영위할 수 있고, 안에 아주 큰 고통을 간직하고 있는 잠긴 문에 저항하지 않으면서 삶이 제공하는 모든 것을 경험할 수 있게 된다. 상실감을 애도하는 모든 과정은 각각의 방문으로 들어가는 방법이고, 거미줄을 청소하는 방법이며, 가구의 먼지를 털어내고 마룻바닥을 청소하는 방법이 될 것이다. 이 워크북을 통해 배운 마음챙김을 비롯한 여러 기법들을 활용해 당신은 아름다운 저택의 방에 있는 창문들을 발견할 것이며, 신선한 공기와 햇빛을 이 어두운 공간 속으로 끌어들일 수 있다.

자유의 공간으로 가기 위해서는 약간의 작업이 필요한데, 앞에서 이미 그런 작업이 이루어졌다. 당신은 새롭고 좀 더 나은 생활양식으로 나아가기 위하여 무엇이든 기꺼이 할 수 있다는 것을 지금껏 보여주었다. 이번 장에서는 자신의 상실감과 맞닥뜨리는 도전적인 작업을 시작하게 된다. 당신은 과거의 경험 속에서 상실감을 찾아내 그것을 종이에 써내려가고 탐사할 것이다. 당신의 상실감은 지금 밝은 빛으로 드러나고 있는 중이다. 그럼 시작해보자!

상실감의 정의

이번 장의 뒷부분에는 여러 종류의 상실감 목록이 있다. 언뜻 보면 이 목록이 의미 없는 것처럼 보인다. 이는 당신이 그런 경험을 할 때 그것을 '상실감'으로 여기지 않았기 때문이다. 고통을 겪고 있고, 삶이 혼란스럽게 느껴진다는 것은 알았지만 '상실감'이라는 단어는 떠오르지 않았다. 그 이유는, 상실감이 사건을 이해하는 아주 독특한 방법이기 때문이다. '상실'이라는 단어를 듣게 될 때 당신은 대체로 죽음에 대해 생각한다. 하지만 당신의 삶의 과정 속에는 여러 번의 중대한 상실이 존재한다. 이것이 진실이다.

상실감을 정의하는 좋은 방법이 있다. 무엇인가에 '굿바이'라고 말할 때마다 상실에 대해 생각해보라. 생각보다 많은 관계에 대해 '굿바이'라고 말할 수 있을 것이다. 가령 옛집과 일자리, 학교, 마을에 대고 '굿바이'라고 말할 수 있다. 자신이 결코 프로 야구선수나 콘서트를 열 수준의 피아니스트가 될 수 없다는 것을 깨달았을 때 그 꿈에게 '굿바이'라고 말할 수도 있다. 당신은 아주 어린 나이에 자신의 결백에 대해 '굿바이'라고 말하도록 강요받을지 모른다. 누군가 혹은 무엇인가가 트라우마를 일으켜 당신에게서 어린 시절을 빼앗아갔을지도 모른다. 이것이 바로 상실이다. 이것이야말로 분노하는 거대한 상실의 괴물이다. 당신은 결혼 생활에 '굿바이'라고 말할 수 있고, 유치원으로 가는 어린아이 또는 대학으로 떠나는 자녀에게 '굿바이'라고 말했을지 모른다. 어쩌면 당신은 새로운 일을 찾기로 마음먹었으나 걸려오는 전화가 없어서 그런 희망에 '굿바이'라고 말했을 것이다.

　미처 의식하지 못했더라도 사실은 이 모든 경험이 상실이며, 당신에게 정신적 충격을 주었던 것이 바로 상실이다. 이 상실감들은 인정받지 못했던 애도 반응을 당신의 내면에서 일으켰다. 도대체 누가 의식을 치르면서까지 어린 시절의 집에 대해 '굿바이'라고 말하겠는가? 누가 결혼 생활의 상실을 함께 애도해줄 수 있는 친구를 가지고 있겠는가? 당신은 결코 삶의 상실에 대하여 진정으로 슬퍼하지 못했던 것 같다. 어쩌면 슬퍼하고 있으면서도 실제로는 "그게 왜 그렇게 중요하지?"라고 반문했을지 모른다.

상실감이 주는 교훈

이 워크북의 목표는 중독 회복과 웰니스가 오랫동안 유지되도록 안내하는 것이다. 이를 위해서는 현재의 중독성 행동과 그 행동에 영향을 준 최근의 상실 사건들을 살펴보아야 하고, 오래된 상실들을 돌이켜보고 어루만져서 그것들을 치유하는 과정도 필요하다. 여기에서 중요한 것은 바로 '상실은 상실을 악화시킨다'이다. 상실감은 자기 자신 안에 구축된다. 마치 오래된 상처들이 얇은 층의 흉터로 뒤덮여 있는 것과 같다. 그래서 또 다른 상실감이 찾아오면 상처가 다시 덧나게 되어 쓰리고 피나는 일이 되풀이된다. 그러기에 중독의 회복 효과가 오래 지속되려면 무엇보다 상처의 근원이 치유되어야 한다.

　앞서 보았듯이 중요한 상실 중 일부는 어린 시절에 발생했을 가능성이 있다. 어린 시절에 일어난 트라우마와 학대는 여러 형태를 띨 수 있는데, 트라우마는 평온함을 빼앗는 도둑으로 모든 아이들이 마땅히 받아야 할 행복을 송두리째 앗아간다. 어린 시절에 트라우마를 겪었다면 가슴이 찢어질 듯한 상실감으로 고통을 받았을 것이다. 이것은 안전함의 상실이요, 자존감의 상실이며, 주변 세상에 대한 신뢰와 믿음의 상실이다. 당시 너무 어리고 연약했기 때문에 당신에게는 그런 상실을 겪어낼 수 있는 힘이 없었다. 어린 시절에는 자신이 원하는 방식으로 상실로부터 치유될 수 없었다.

중요한 한 가지 과제는 해묵은 상처들을 되돌아보고 어루만져 치유하는 것이다. 그동안은 내면의 아이가 얼마나 슬퍼했는지 몰랐으나 이제는 그 어린아이를 돌볼 힘이 있다. 이제 당신은 삶의 모든 상실과 마주함으로써 중독의 패턴에서 벗어날 수 있는 힘을 갖게 될 것이다.

크리스티나 이야기

크리스티나의 아버지는 알코올 중독 증세가 심해서 크리스티나와 식구들이 보는 앞에서 어머니를 자주 학대했다. 크리스티나는 아래층에서 아버지 인기척이 들리면 자기 침대 밑으로 숨곤 했다. 밤마다 침대 밑에서 잠들어버리는 일이 잦았다. 크리스티나는 이렇게 말했다. "그때 저는 작은 장난감 강아지를 베개로 삼았어요. 아직도 침대 밑의 냄새가 기억나요. 마치 다락방처럼 퀴퀴했어요. 거기에서 잠을 자던 시절에는 몸집이 아주 작았어요. 거기 숨으면 아무도 나를 찾지 못할 거라고 생각했던 기억이 나요. 여덟 살쯤 되니 몸이 커져서 더 이상 침대 밑에 들어갈 수 없었어요. 그게 저의 첫 번째 상실인 것 같아요. 이젠 숨을 곳조차 잃게 된 거죠. 그 이후로는 안전하다고 느낀 적이 한 번도 없었어요. 심지어 아버지가 멀리 이사를 간 후에도요."

크리스티나는 자라서 성공적인 변호사가 되었는데, 이혼 직후 발생한 경미한 자동차 사고로 인해 과거의 문제들이 불거져 나왔다. 그녀는 몇 개월도 안 돼 주치의가 처방해준 진통제인 바이코딘을 과다복용하게 되었다. 과거의 일은 고통스러웠고, 친구 관계는 불편하고 소원해지고 있었는데도 왜 그런지 이 상황을 멈출 수 없었던 것이다. 그녀는 너무 무섭고 압도당해 있었기 때문에 지유의 희망을 안고 상담에 임하게 되었다.

크리스티나는 자신의 상실의 역사를 살펴보면서 연결을 하기 시작했다. 이혼이 촉매제가 되어, 어린 시절의 고통스러운 기억들을 다시 불러냈다. "저는 과거의 모든 것을 깨끗하게 다 잊어버렸다고 생각했어요." 그녀는 말을 이어갔다. "그런데 사실, 이게 당혹스러운데요. 사실은 남편이 이사해 나간 날, 저는 침대 밑으로 기어들어가서 자고 싶은 충동을 느꼈어요. 그리고 실제로 두 달 동안은 손님접대용 침대에서 잠을 잤죠. 거긴 집에서 가장 작은 방이에요. 그곳은 일종의 은신처로, 저는 거기에서 어린 시절에 숨곤 했던 장소로 되돌아갈 수 있었던 것 같아요. 그 다음에는 약물이 저의 은신처가 되었다고 생각해요."

상실감 되돌아보기

삶에서 겪었던 낡고 고통스러운 상실의 경험들을 들춰내 생각한다면 불안과 같은 강한 감정들이 따라 나올 것이다. 어쩌면 이번 장을 통째로 피하고 싶은 마음이 자연스러운 본능일지 모른다. 당신은 속으로 아래와 같은 생각을 읊조리고 있을 것이다.

> 이건 어리석은 짓이야.
>
> 이런 일들은 나를 괴롭히지 않아. 나는 그것들을 전혀 생각도 하지 않거든.
>
> 나는 이 부분을 건너뛸 수 있어.
>
> 이건 모두 과거지사야. 그걸 다시 생각하는 것은 무의미해.
>
> 과거로 되돌아가 모든 내용을 다시 살피는 건 일을 더 악화시킬 뿐이야.

당신의 이런 마음이 놀랍지 않은가? 마음은 자기 임무를 수행하면서 항상 거기에 존재한다. 마음은 계속해서 생각에 생각을 일으키면서 당신을 보호하려고 애쓴다. 2장에서 보았듯이 마음은 최고 관심사를 가슴 속에 담아두고 있지만, 그것은 종종 당신을 잘못된 방향으로 이끌어갈 수 있다. 마음이 이 일을 하지 말라고 말할 때, 그것은 당신에게 잘못된 경로를 전달하고 있을지도 모른다. 마음은 당신이 고통스러운 느낌을 느끼지 않고 오히려 피하도록 돕기 위해 애쓰고 있다. 그러나 기억하는가? '개를 포용하는 것'만이 진정한 치유를 얻는 유일한 길이라는 사실을. 당신은 자신의 감정들을 받아들일 수 있으며, 상실감이 가져다주는 두려움, 슬픔, 분노, 수치감, 가슴앓이 같은 감정들을 모두 겪어낼 수 있다. 그러고도 당신은 여전히 괜찮을 것이다.

다음 연습들을 경험하면서 4장에서 배운 마음챙김 연습들을 꾸준히 실천하라. 자기를 충분히 돌보고, 몸과 마음의 긴장을 건강한 방식으로 풀어라. 마음이 울적하거나 피곤하고 축 가라앉는 느낌이 들 때는 자신을 너무 몰아붙이지 말고 좀 너그럽게 대하라. 지금 하고 있는 도전적이고 중요한 과업을 더 잘할 수 있도록 스스로를 칭찬해주어라. 마음 한 구석에서는 케케묵은 상실을 살펴보는 짓은 그만두라고 말하고 있을지 모른다. 당신은 바로 지금, 예전과는 다른 반응을 선택할 수 있는 좋은 기회를 얻고 있다. 중독 회복을 향해 한 걸음 더 나아가도록 안내해줄 행동을 취하라. 자신이 무엇에 가치를 두고 있는지 명심하라. 맨 처음에 이 여정을 시작했던 이유를 상기하고, 눈앞에 보이는 건강한 삶에 주의의 초점을 두어라.

아래 상실 목록에 대해 생각하라. 아래 항목이 당신의 삶에 큰 영향을 주었든 주지 않았든, 삶에서 겪어온 상실에 체크 표시를 하라.

_____ 실직

_____ 장기긴 실직 상태(정체성, 희망, 목적, 동기, 추진력 등의 상실)

_____ 직장을 그만둠

_____ 승진 혹은 좌천

_____ 부모의 이혼 또는 결별

_____ 이혼

_____ 유산

_____ 불임

_____ 낙태

_____ 입양 보냄

_____ 입양됨

_____ 명성의 상실

_____ 짝사랑

_____ 중요한 로맨틱 관계의 해체

_____ 애완동물의 죽음

_____ 애완동물을 멀리 떠나보냄

_____ 애완동물을 잃어버림

_____ 자대 배치

_____ 체포됨/감옥에 갇힘(자유의 상실)

_____ 형무소 복역

_____ 정신병 발발

_____ 정신질환 입원치료

_____ 마약이나 알코올 치료/중독 입원치료

_____ 심각한 우울증/자살 생각(희망의 상실)

_____ 고등학교 졸업

_____ 대학 졸업

_____ 대학원이나 다른 고등교육기관 졸업

_____ 영적 위기/종교적 믿음의 상실

_____ 유방절제술

_____ 팔다리의 상실

_____ 기동력의 상실(걷거나 움직일 수 없음)

_____ 만성질병(건강의 상실)

_____ 청각 상실

_____ 시각 상실/악화되는 시력

_____ 배반당함, 속음, 조종당함(신뢰의 상실)

_____ 멀리 떠나버린 친구

_____ 연락 두절/관계 소원으로 우정의 상실

_____ 언쟁/갈등에 따른 우정의 상실

_____ 늙어감(젊음의 상실, 에너지의 상실, 건강의 상실)

_____ 신체 기관 또는 신체 관절의 상실

_____ 운전면허의 상실

_____ 무주택/주거 상실

_____ 새 집이나 새 아파트로 이주

_____ 새 마을이나 새 도시로 이주

_____ 새로운 지역으로 이주

_____ 외국에서 살아가기(문화적 정체성의 상실, 원래 문화와의 연결감 상실)

_____ 가정의 상실

_____ 처녀성의 상실

_____ 성적 흥미의 상실

_____ 성적 무능력

_____ 부모의 중독

_____ 부모의 정신 질환

_____ 아버지 결손

_____ 어머니 결손

_____ 군 제대

_____ 학대(안도감 상실, 안전감 상실, 자존감 상실, 신뢰 상실, 정체성 상실)

_____ 신체적 학대

_____ 언어적 학대/정서적 학대/심리적 학대

_____ 성적 학대

_____ 꿈의 상실(늘 꿈꿔왔던 것을 이룰 수 없다는 것을 깨닫게 됨)

_____ 큰 금전적 상실

_____ 트라우마 : 성폭행

_____ 트라우마 : 신체적 폭행 또는 다른 폭력행위

_____ 트라우마 : 자연재해

_____ 트라우마 : 전쟁

_____ 기타 트라우마 : _____

_____ 친한 친구의 죽음

_____ 아버지의 죽음

_____ 어머니의 죽음

_____ 친할아버지의 죽음

_____ 친할머니의 죽음

_____ 외할아버지의 죽음

_____ 외할머니의 죽음

_____ 가까운 가족의 죽음

_____ 형제자매의 죽음

_____ 출가한 형제자매

_____ 배우자의 죽음

_____ 자녀의 죽음

_____ 집 떠난 자녀/대학 기숙사에서 생활하는 자녀

_____ 상담이나 심리치료의 종결

_____ 기타 상실 : _____

_____ 기타 상실 : _____

_____ 기타 상실 : _____

앞에서 실제로 경험해본 상실을 찾아보는 작업을 마쳤다. 이번에는 그 경험들 중에서 당신에게 가장 중요한 상실은 무엇인지 찾아보자. 여기서는 어떤 특정 상실이 당신의 삶에서 얼마나 중요한지 살펴본다. 가령, 달아나서 다시는 집으로 돌아오지 않았던 고양이는 그 주인에게는 매우 고통스러운 상실이 될 수 있다. 한편, 어떤 사람에게는 다른 집으로 이사하는 것이 더욱 고통스러운 상실이 된다. 이 여정에서의 과제는 자신의 상실에 대해 정직하게 성찰하고, 어떤 것이 자신에게 가장 중요한지를 이해하는 것이다.

앞의 상실 목록을 다시 살펴보고, 삶에서 가장 중요했던 상실의 경험을 다섯 가지 선택하라. 아래 공백에 다섯 가지 상실을 쓰고 각각에 간략한 설명을 적어라.

▷ **사례 A**

당신의 상실 : 어머니의 죽음

간략한 설명 : 어머니는 심근 경색이었다. 당시 나는 열여섯 살이었다.

▷ **사례 B**

당신의 상실 : 실직

간략한 설명 : 2년 전에 그들은 나를 다른 데 가지 못하게 붙잡아 놓고 이용했다. 그 후 나는 해고당했다. 그 일은 내가 그동안 가졌던 최고의 직업이었다.

▷ **당신의 반응**

당신의 상실 1 : _____

간략한 설명 : _____

당신의 상실 2 : _____

간략한 설명 : _____

당신의 상실 3 : _____

간략한 설명 : _____

당신의 상실 4 : _____

간략한 설명 : _____

상실감의 영향력 탐색하기

다음 연습에서는 상실로 인해 받았던 영향력을 탐사한다. 당신은 대부분의 사람들처럼 상실의 경험에 따른 고통을 과거 속에 쑤셔 넣고는 빠르게 앞만 보고 나아갔을 것이다. 그리고 그렇게 하기 위해 집 안 여기저기에 그것을 숨겨놓았다. 닫힌 방문들 안에 갇혀 있었기 때문에 그때는 미처 몰랐겠지만, 상실들은 당신의 삶에 강력한 영향을 미쳐왔다. 이제는 상실에 따른 영향력을 인정해야 할 때다. 다음 페이지의 활동지를 채워 넣으면서 생각해보라. 상실에 따른 영향력이 즉각적으로 나타났는가, 장기적으로 나타났는가, 아니면 둘 다였나? 상실의 영향력이 거대하게 느껴졌을 때가 있었는가? 상실의 영향력을 거의 느끼지 못했던 때에는 어떠했는가? 당시에는 미처 알지 못했지만 과거를 되돌아보는 순간, 상실이 삶에 미쳤던 영향력을 이해할 수 있는가?

우선 당신이 상실감을 어디까지 다루었는지 살펴보자. 앞 연습에서 작성한 다섯 가지 상실 목록의 각 항목을 대상으로 아래 10개의 질문에 답하라. 당신이 치유 과정의 어디에 위치해 있는지 알게 될 것이다. 당신에게 의미 있다고 여겨지는 항목의 숫자에 동그라미 표시를 하라. 진술문을 완성한 후 점수에 대한 설명문을 읽어라. 이 문장을 복사해 놓고, 다루려고 하는 각각의 상실에 다시 적용해보면 좋다.

이 상실에 대해 생각할 때, 나는 … 느낌이 든다.

  1. 편안하지만 때로는 약간 슬픈

  2. 상실에 대해 생각하지 않는다.

  3. 무감각한

  4. 압도당하거나 몹시 화가 나는

나는 …에게 이 상실에 대해 말해왔다.

  1. 그것을 알게 됨으로써 이익을 얻을 사람

  2. 상담사, 치료사, 영적 안내자는 물론 사랑하는 사람들

  3. 아주 친한 친구들 또는 가족들

  4. 어느 누구도 나의 상실에 대해 알지 못한다.

상실에 대해 말할 때 나는 …

  1. 때때로 감정적으로 된다. 내가 느끼고 있는 감정을 상대방과 함께 나눈다.

  2. 매우 사무적이다. 어떤 것도 나에게 영향을 주지 않는다.

  3. 상실에 대해 말하지 않는다.

  4. 감정적으로 압도당하고 얼어붙는다.

나는 상실과 관련된 꿈들을 … 꾼다.

  1. 가끔

  2. 전혀 혹은 거의 꾸지 않는다.

  3. 꽤 자주

  4. 거의 매일 밤마다

내가 상실을 겪을 때 나와 아주 가까운 사람들은 …

1. 나에게 상실에 대해 말했고, 그들의 감정과 경험에 대해서도 말해주었다. 또한 내 마음을 표현하는 것이 안전하다는 것을 느끼게 해주었다.

2. 나와 함께 있어 주려고 노력했으나 그들 역시 너무 압도당해 있어 상실을 다룰 수 없었다. 나는 그들의 욕구에 초점을 두었고, 나보다 그들을 보살피는 데 초점을 두었다.

3. 마음의 문을 닫고 상실에 대해 말하기를 피했다. 상실에 대한 나의 느낌이 나 자신에게만 간직되어야 하며, 어쩌면 완전히 잘못된 느낌일지 모른다는 메시지를 나에게 보냈다.

4. 내가 상실감을 겪는 동안 어느 누구도 내 옆에 가까이 있지 않았다.

상실을 경험한 뒤에 나는 …

1. 즉시 행동을 취했다. 나는 무언가를 할 준비가 되어 있다는 느낌이 들었다.

2. 잠시 뒤에 바로 행동을 취했다.

3. 몇 달 뒤에 행동을 취했다. 나는 한동안 어찌 할 바를 모르는 상태였다.

4. 지금껏 어떤 행동도 취하지 않았다.

심각한 상실을 경험해왔지만 지역사회에 뭔가 기여를 하는 것은 …

1. 나에게 중요하다. 나는 타인을 돕는 것을 좋아한다.

2. 중요한 일이지만 우선 좀 더 기다리는 게 좋겠다.

3. 중요하지 않다. 오히려 나는 지역사회의 활동에서 벗어나 있는 게 좋다.

4. 나에게 전혀 중요하지 않다. 그래봐야 무슨 소용인가?

상실을 되돌아보고 이해한 이후 나는 … 의미를 찾을 수 있었다.

1. 제 궤도에 올라 있다는 느낌이 들면서 거의 매일

2. 가끔

3. 대체로 의미를 찾지 못한다. 정말로 나의 상실을 어떻게 이해해야 하는지 모르겠다.

4. 전혀 의미를 찾지 못한다. 나의 상실을 이해할 수 없다.

상실을 되돌아보고 이해한 이후, 나는 나의 가족과 …

1. 가까워졌다. 우리는 자주 접촉한다.

2. 꽤 가까워졌다. 필요할 때는 가족의 지지를 받을 수 있다는 느낌이 든다.

3. 좀 멀어졌다. 우리는 거의 말하지 않는다.

4. 소원해진 상태다. 가족에게 너무 화가 난다.

상실과 관련해서 나는 … 느낀다.

1. 때로 슬프지만 대체로는 평화로움을

2. 깊고 엄청난 슬픔을

3. 자기비난과 책임감, 죄책감, 수치감 또는 회한을

4. 무감각함과 고립감을 느낀다. 모든 것이 암울해 보인다.

각각에 대답한 뒤에는 동그라미 친 숫자들을 더해서 전체 점수를 계산하라. 상실을 해결하는 길이 멀고 험해도 다 잘 될 것임을 명심하라. 당신은 그 작업을 하기 위해 바로 여기에 있는 것이다. 당신은 원하는 목표를 이룰 것이고, 상실 문제를 해결함에 따라 자유를 경험할 것이다. 앞 연습에서 써 놓은 상실에 대한 총점수를 기록하라.

상실 1 점수 : _____

상실 2 점수 : _____

상실 3 점수 : _____

상실 4 점수 : _____

상실 5 점수 : _____

점수 계산하기

10~20점 : 훌륭하다! 당신은 상실감을 아주 잘 다루어내고 있다. 아직 해야 할 일이 좀 남아 있지만, 당신은 꾸준히 상실감으로부터 건강하게 회복되고 있다.

21~30점 : 당신은 상실과 관련된 강한 느낌들과 여전히 다투고 있을 것이다. 상실감이 아직 중요한 영향을 미치고 있으므로 이에 대한 작업을 더 해야 한다.

31~40점 : 상실감이 아직 해결되지 않았기 때문에 불필요한 고통과 투쟁이 많이 일어난다. 그것을 다시 잘 살펴보고, 앞으로 나아가라.

다음 페이지의 활동지를 꼼꼼히 채우면서 상실감이 어떻게 영향을 미치는지 정확히 알아내라. 특히 8장의 마음챙김 애도는 상실감을 다룰 수 있는 많은 도구를 제공한다.

위의 다섯 가지 상실 가운데 한 가지를 선택하라. 앞의 퀴즈에서 얻은 점수를 기반으로 가장 심각한 상실 문제부터 시작하는 것이 좋을 것이다. 스스로 선택한 상실이 삶에 끼칠 수 있는 영향과 관련해 떠오르는 아이디어를 적어라. 이 활동지를 복사해두면 좋다. 이 연습을 통해 앞서 목록에 적어 넣은 다섯 가지 중요한 상실 각각에 대한 하나의 시트가 완성된다. 일기를 쓰는 것은 선택사항으로, 이는 생각과 느낌을 확장시킬 수 있는 좋은 수단이다.

당신의 상실 : _____

당신의 상실이 삶의 다음 영역에 끼치는 영향력을 생각해보라.

영성 : _____

_____

_____

사회적 삶 : _____

_____

_____

관계에 대한 아이디어 : _____

_____

_____

학교 혹은 업무 기능 : _____

_____

_____

음식 섭취 혹은 수면 : _____

_____

_____

가정 생활 : _____

_____

_____

기분 : _____

_____

_____

안도감과 안전감 : _____

_____

_____

자기 자신을 어떻게 보는가 : _____

_____

_____

상실감과 연결되기

우리는 삶을 되돌아보고 자신이 겪었던 상실들을 찾아내고 숙고하면서 상실들 사이의 연결성을
이해할 수 있다. 다음 연습에서 중요한 점은 상실을 다루어왔던 방식들의 유사성을 살펴보고 상
실에 반응했던 방식들 중에서 어떤 공통적인 패턴을 찾아보는 것이다.

연습 5.5 상실에 대한 당신의 반응

1. 당신은 상실을 경험하면서 주변 사람들에게 어떤 식으로 반응하는가?

_____

_____

_____

2. 당신은 상실을 경험할 때 어떤 방식으로 자신을 돌보는가? 혹시 여기에 특별한 작업이 필요한가? 자기돌봄을 실행할 수 있는 방법들에 대하여 성찰해보라.

_____

_____

_____

3. 중독성 행동이나 감정회피 전략처럼 상실에 대한 당신의 반응이 또 다른 상실로 이어진 경우가 있는가?

_____

_____

_____

4. 상실에 대해 생각할 때 떠오르는 가장 강력한 느낌들은 무엇인가?

_____

_____

5. 현재의 상실에 앞서 발생한 상실로부터 미해결된 슬픔이 나타날 수 있다. 어떤 식으로 이런 슬픔이 나타나는지 알고 있는가? 상실이 상실을 어떻게 악화시키는지 성찰해보라.

_____

_____

_____

_____

결론

지금까지 삶에서 중요한 영향을 미치는 상실의 경험들을 찾아내 조사하고 숙고해왔다. 당신은 이런 상실감이 밖으로 확연히 모습을 드러냄에 따라 약간의 안도감을 느낄 수 있다. 또는 자신이 준비가 부족하고 불안정한 상태라 중독성 행동에 빠질 위험이 있다고 느꼈을지 모른다. 그렇다 하더라도 절대 포기하지 말라! 지금까지 배워온 도구들을 사용해서 스스로를 도우라. 상담사나 지지 그룹을 찾아가서 별도의 안내를 받아라. 당신은 올바른 궤도에 올라와 있다. 당신은 상실감을 해결함으로써 평화로움과 편안함을 누릴 것이다. 다음 장에서는 더 많은 연결이 이루어지는데, 이것을 통해 삶 속에서 형성된 중독과 상실의 패턴에 큰 통찰력을 얻을 것이다. 당신은 자기 자신에 대한 가르침과, 상실과 중독에 대한 탄탄한 이해를 기반으로 땅 위에 굳건히 서게 된다. 이것은 3부에서 변형적 치유 작업을 하는 데 훌륭한 토대가 될 것이다. 힘을 내서 계속해보자!

{ 토니 가족은 지금 어떻게 지내고 있나? }

토니와 카르멘은 이번 장을 시작하기를 주저했다. 부부는 이번 장이 주로 낡은 상실 경험들을 되돌아보는 것임을 알고는 그냥 건너뛰면 어떨지 잠시 고민했다. 둘 다 이번 장의 요점을 알 수 없었다. 해묵은 상실 경험들이 도대체 아들의 죽음과 무슨 관련이 있단 말인가? 하지만 부부는 이 책의 과정을 그냥 믿고 어려운 작업을 계속하기로 마음먹었다. 그리고 이번 연습을 한 지 얼마 되지 않아 각자의 삶에서 가장 중요한 상실의 경험들을 숙고하면서 강한 감정들이 수면 밑에서 막 떠오르는 것을 느낄 수 있었다.

카르멘에게 가장 중요한 과거의 상실 경험은 유방절제술이었다. 카르멘은 상실을 다루는 '상실 영향력 활동지'를 채우면서 그것이 자신에게 얼마나 큰 영향력을 지속적으로 끼쳤는지를 알고는 충격을 받았다. 이들의 결혼 생활에는 소리 없는 거리감이 생기고 있었다. 부부는 오랫동안 잠자리를 하지 않았다. 카르멘은 한쪽 가슴을 잃은 뒤에 남편과 잠자리를 할 때마다 불편감과 수치감을 느꼈다. 남편도 배척당하는 느낌이 들었겠지만, 이런 느낌들에 대해서 단 한 번도 토니에게 말한 적이 없었다. 남편이 이런 감정적 대화에 익숙하지 않다고 짐작하고 자기 마음만 다독였을 뿐이다. 카르멘이 이런 화제를 끄집어냈더라도 토니는 그것을 대수롭지 않게 여겼을지 모른다. 그렇게 되었다면 카르멘의 마음은 어땠을까? 그래서 그녀는 인터넷 쇼핑에 더 많은 시간을 보내게 되었고, 잠자리에 들 때 남편이 먼저 잠들기를 바라곤 했다. 카르멘은 자신의 삶에 나타나는 강박적인 쇼핑이 거기에 뿌리를 두고 있다는 것을 마침내 깨달았다. 아들이 죽었을 때도 그녀는 비슷한 방식으로 상실에 반응했다. 카르멘은 자신의 느낌을 믿으면서 남편을 신뢰하지 않았고 남편에게 상처받지 않으려고 그를 멀리했다. 그리고 쇼핑을 이용해서 이런 허전함을 채우려 했다. 하지만 쇼핑이 해준 것이라고는 느낌을 더 외롭고 더욱 무섭게 만들어버리고, 빚만 잔뜩 남겨 놓았을 뿐이다.

토니 역시 이번 장을 경험하면서 많은 것을 깨달았다. 연습 과정이 유쾌하지는 않았다. 토니는 잊고 싶은 삶의 경험들에 대해 생각하고 글을 쓰면서 그 경험들을 정확하게 끄집어내는 데 주의를 두었다. 그동안 어느 누구에게도 절대 말하지 않았던 과거의 경험들을 여러 관점에서 숙고해보았다. 토니는 자신이 자주 화를 느끼고 좌절감과 짜증을 느낀다는 것을 알게 되었다. 어느 날 밤 토니는 티나에게 잔소리를 해서 울려 놓고는 저녁 식사 후에 늘 하던 가족 산책마저 거부했다. 이렇게라도 하지 않았으면 그날 밤 맥주 한 박스를 사기 위해 차를 몰고 가게로 갔을 것이다. 하지만 현명하게도 토니는 분명히 뭔가 큰 일이 진행되고 있다는 것을 알아차릴 수 있었다. 지금까지 잘 해왔지만, 해묵은 상실들을 다시 떠올리다 보니 어린 자녀에게 고함을 지르고 말았다. 도대체 토니의 내면에 무슨 일이 일어난 것인가?

토니는 심호흡을 하고 워크북을 펼쳐들었다. 그리고 자기가 가장 피하고 싶었던 경험과 관련 있는 '상실 영향력 활동지'의 빈칸을 완전히 채워 넣었다. 그날은 당시 여섯 살이던 토니가 보는 앞에서 아버지가 어머니를 때렸던 날이었다. 토니는 경찰이 와서 아버지를 체포했던 사건이 떠올랐다. 이 일이 있고 나서 아버지는 집을 떠났고, 이후에는 가끔씩 전화를 통해서만 소식을 전했을 뿐이다. 아버지의 심한 음주와 난폭함에도 불구하고 토니는 아버지를 아주 많이 사랑했다. 토니는 아버지가 자신을 항상 각별한 존재로 대해 주셨다고 믿었다. 토니를 데리고 함께 운동 경기를 보러 갔던 사람이 아버지였고, 크고 푸른 트럭 앞좌석에 토니를 태우고는 술집으로 달려가곤 했던 사람이 바로 아버지였다. 아버지가 집을 떠난 뒤에 토니는 여자들로 가득한 집에 남겨진 유일한 남자였다. 마치 지금과 같은 상황이었다. 이런 경험을 되돌아보면서 토니는 이것이 아들의 죽음 이전까지 자신이 겪었던 최악의 고통임을 알게 되었다. 토니는 그동안 아들의 인정을 받으려고 무척 노력해왔으나 아들은 이미 이 세상을 떠났다. 이번에는 아내마저 점점 멀어진다는 느낌이 들면서 또 다른 상실을 겪게 될 것 같은 공포감이 느껴졌다. 어쩌면 카르멘은 이번 기회에 그를 완전히 떠날지 모르고, 그렇게 되면 토니는 아버지로서, 남편으로서 완전히 실패하고 말 것이다. 이런 최악의 두려움이 현실이 된다면 어찌 되는 것인가? 가정을 완전히 잃게 되는 것인가?

음주는 잠시 이런 두려움을 무감각하게 만들어주었다. 그러나 어린 시절 가족을 갈가리 찢어놓았던 것이 음주였고, 지금 아내와 딸로부터 멀어지게 하는 것도 바로 음주인 것이다. 이러한 연결성을 알아차리면서 토니는 행동의 동기를 얻게 되었고, 앞서 배운 기법들을 점검하고 마음챙김 연습을 수행하는 데 많은 시간을 쏟았으며, 일기를 쓰면서 배운 것을 실제로 탐색해보았다. 비로소 토니는 스스로 자신의 회복을 책임질 수 있으며, 삶의 상실 경험들에 더 이상 지배당할 필요가 없다는 것을 깨달았다. 이 모든 것을 살펴보는 일은 고통스러웠으나 바로 여기에 희망도 존재했다. 토니는 오랜 세월에 걸쳐 차단되어 있었던 마음의 방들에서 서서히 벗어나고 있었다. 그는 방을 더 좋게 꾸며나갔다.

6장

중독

> 탐색한다는 것은 질문자가 되는 것과 다르지 않다.
> — 샘 킨Sam Keen

지금까지 이 책을 통하여 중독성 행동을 개선하기 위해 노력하고 또 숙고해왔다. 이제는 당신이 정말로 '중독 상태'인지 확인해보려 한다. 아마 몇 가지 의문이 생겼을 것이다. 당신은 자신의 문제와 관련해 자신에게 잘못이 있으나 결국에는 스스로 문제를 잘 통제해낼 거라고 생각할 수 있다. 그런데 자신의 행동이 중독이라는 것을 어떻게 알 수 있을까? 중독이란 정말로 무엇을 의미하는가?

이번 장은 중독이 실제로 무엇인지 이해하는 시간이다. 당신은 자신의 행동들 가운데 중독의 형태를 보일 수 있는 행동들을 가려낼 것이다. 또한 이러한 중독성 현상의 과정을 도식화하고, 중독이 어떻게 전개되고 또 어떻게 악화되는지를 자세히 살펴볼 기회도 가질 것이다. 당신의 중독이 언제 어떻게 시작되었는지 알고 싶지 않은가? 당신은 언제부터 상황이 나빠지게 되었는지 어렴풋이 알고 있을 것이다. 이제 중독이 시작된 시점부터 중독에 깊숙이 빠지게 되기까지의 경로를 파헤쳐보자.

때로 당신은 자신의 문제를 해결하기 위해 애쓰면서 한 가지 중독 행동을 또 다른 중독 행동으로 변환시켰을지 모른다. 이것은 아주 흔히 일어나는 일이다. 당신이 변환시켰던 몇몇 행동들은 건전한 방식으로 시작되었을 것이다. 〈엑스맨〉에 나왔던 등장인물 '미스틱(Mystique)'을 기억하는가? 그녀는 '변장술사'로서 매우 위험한 인물이었다. 그녀는 자신의 모습을 마음대로 다른 사람의 모습으로 바꿀 수 있었기 때문에 적들은 그녀가 다가오는 것을 전혀 눈치챌 수 없었다. 마치 이런 변장술사처럼 중독성 행동들은 교묘하고 영리하게 이루어지므로 자신의 중독을 잘 다루게 되는 순간, 그것은 완전히 다른 모습으로 바뀔 수 있다. 그것은 친절하고 새로운 친구의 모습으로 당신의 문 앞에 서 있을 수 있다. 당신은 이것이 오랫동안 싸워왔던 바로 그 적이라는 것을 미처 알아채지 못한 채 오히려 그것을 환영할지 모른다. 이런 이유로 중독성 행동을 모두 글로 묘사하면서 분명하게 이해하는 것이 좋다. 중독성 행동 패턴, 곧 중독의 주요 행동과 전략을 잘 이해할수록 그 패턴을 인식하고 뒤이어 나타날 것에 잘 대비하고 예측할 수 있다. 호기심을 가져라. 이번 기회를 활용하여 자신의 행동을 좀 더 이해하라. 이것은 가장 좋은 치유 방법 중 하나이다. 이제 다음 여정을 시작해보자!

중독의 정의

당신은 중독에 대하여 충분한 정보를 얻었을 것이다. 요즘에는 중독 및 중독성 행동과 관련한 TV 쇼 프로그램이 지나치게 많아서 오히려 중독이나 중독성 행동에서 벗어나기가 매우 힘들다. **중독**(addiction)이란 어떤 물질을 사용하려는 강박적 필요이며, 자신과 타인에게 미치는 부정적인 결과에도 불구하고 고통스러운 행동을 계속하려는 강박적인 필요이다. 당신은 **내성**(tolerance)이 무엇인지 알고 있을 것이다. 내성이 생기면 더 많은 약물을 원하게 되고 고통스러운 행동을 점점 더 많이 하고 싶어진다. 당신은 금단 증상을 경험했을지 모른다. **금단**(withdrawal)이란 약물을 사용하지 않겠다거나 괴로움을 일으키는 행동을 하지 않겠다는 결정에 따른 심리적 · 신체적 영향력을 경험하는 것을 의미한다. 중독 문제를 가진 대다수 사람들은 관계와 가정, 일, 학교에서 어려움을 겪고 있다. 법적으로 어려운 상황에 처해 있을 수도 있다. 브렌다의 이야기를 통하여 더 분명히 이해해보자.

브렌다 이야기

두 아이를 가진 이혼녀인 브렌다는 의상 디자이너로 일한다. 상사가 그녀를 불러 앉혀 놓고 그녀 때문에 지난 3개월 동안 많은 주문을 놓쳤다고 얘기하기 전까지는 자신에게 정말로 알코올 문제가 있다는 것을 조금도 생각하지 못했다. 지난주 9시 미팅에 늦게 도착했을 때 한 클라이언트가 그녀의 입에서 술 냄새가 난다고 볼멘소리를 하면서부터 상사는 브렌다에 대해 걱정을 하게 되었다. 상사가 어떻게 된 일인지 물었을 때 브렌다는 당혹스럽고 화가 났다. 브렌다는 문제되는 건 하나도 없다고 말하면서 사무실 밖으로 나와버렸다.

브렌다는 삶이 점차 자신의 통제 범위를 넘어서고 있는 안타까운 현실을 잠시 떠올려보았다. 이혼은 치명적이었다. 브렌다는 전남편과 함께 살고 있는 아이들이 너무나 보고 싶었던 나머지, 슬픔을 덜어 주리라는 기대감에 조금씩 술을 마시기 시작했다. 그녀는 주변의 모든 사람들에게 화를 냈고, 전남편과 상사는 물론 음주 문제를 털어놓았던 친한 친구에게도 화를 내곤 했다. 2주일 전에는 음주운전 소환장을 주었던 경찰관에게조차 화를 냈다. 브렌다는 책상 서랍에 잘 숨겨두었던 보드카 한 병을 꺼내 들고는 누가 지켜보지 않을까 사무실 주변을 힐끗 살폈다. 그러고 나서 따뜻한 블랙커피가 반쯤 남아 있는 머그잔에 보드카를 가득 채워 넣었다.

당신도 브렌다처럼 삶의 문제들에 압도되는 듯한 느낌을 가질 수 있다. 때로는 다른 문제들이 보태지면서 문제가 더 커지기도 한다. 브렌다에게 문제는 알코올이다. 당신에게는 알코올 문제가 없을지 모르지만 알코올 이외의 다른 중독성 행동으로 어려움을 겪게 될 수 있다.

그러면 '중독 확인하기' 연습에 약간의 시간을 할애해보자. 다음 페이지의 목록은 우리가 벗어나려고 애쓰는 대표적인 물질들이다. 활동지를 채워 넣어라. 중독성 행동을 탐사하는 여정이 한 걸음 더 진전될 것이다.

중독 확인하기 활동지 : 알코올, 마약, 카페인

아래 목록에 있는 대표적인 약물을 너무 많이 사용할 경우 중독 상태가 될 수 있다. 자신에게 해당하거나 자주 사용해 온 물질에 체크 표시를 하라.

알코올

_____ 맥주

_____ 와인

_____ 위스키

_____ 기타 주류 제품

_____ _____

카페인

_____ 커피 또는 차

_____ 소다수

_____ 에너지 드링크

_____ 카페인 함유 흥분제 및 통증 완화제

_____ 기타 카페인 제품

_____ _____

환각제

_____ 엑스터시

_____ LSD

_____ 버섯

_____ PCP

_____ 케타민

_____ 기타 환각제

_____ _____

흡입제

_____ 아질산염

_____ 솔벤트 또는 스프레이

_____ 페인트 또는 자동차 연료

_____ 기타 흡입제

_____ _____

마리화나

_____ 팟 또는 하시시

니코틴

_____ 담배

_____ 시가

_____ 씹는 담배

_____ 코 담배

_____ 파이프 담배

_____ 니코틴 껌 또는 니코틴 패치

아편제

_____ 아편

_____ 헤로인

_____ 스피드볼

_____ 기타 아편 제품

_____ _____

통증완화 처방약

_____ 옥시콘틴

_____ 퍼코댄

_____ 데메롤

_____ 바이코딘

_____ 다르본

_____ 기타 통증완화용 처방약

_____ _____

진정제

_____ 바비튜레이트

_____ 퀘일루드

_____ 넴뷰탈

_____ 세코날

_____ 아미탈

_____ 도리덴

_____ 기타 진정제

_____ _____

처방 수면제

_____ 달마인

_____ 레스토릴

_____ 할시온

_____ 앰비엔

_____ 소나타

_____ 루네스타

_____ 로제렘

_____ 베나드릴

_____ 기타 수면제

_____ _____

신경 안정제

_____ 바리움

_____ 리브륨

_____ 자낙스

_____ 아티반

_____ 기타 신경안정제

_____ _____

스테로이드

경구 스테로이드

_____ 아나드롤

_____ 옥산드린

_____ 다이아나볼

_____ 윈스트롤

주사용 스테로이드

_____ 데카-듀라볼린

_____ 듀라볼린

_____ 데포-테스토스테론

_____ 이퀴포이즈

각성제

_____ 코카인

_____ 암페타민

_____ 메탐페타민

_____ 에페드린

_____ 기타 각성제

_____ _____

주의력 문제에 사용되는 처방약

_____ 애더럴

_____ 콘서타

_____ 덱세드린

_____ 사일러트

_____ 프로비질

_____ 기타 주의력 제품

_____ _____

위 약물 목록 가운데 하나 이상에 체크를 한 뒤, 다음 단계로 가서 중독 여부를 확인해보라. 다음 페이지의 '중독 증상 체크리스트'를 작성해보면 자신이 중독인지 아닌지 알 수 있다.

중독 증상 체크리스트 : 알코올 또는 마약

다음은 알코올 또는 마약 중독의 증상 및 증후를 보여주는 목록이다. 자신에게 해당하는 증상 옆에 체크 표시를 하라.

1. _____ 알코올이나 마약 사용을 끊거나 줄이려고 노력하지만 잘 되지 않는다.

2. _____ 좋은 기분을 느끼기 위해 알코올이나 마약의 양을 늘려야 한다(내성).

3. _____ 성급하게 한 잔의 알코올이나 마약을 얻으려 한다(좀이 쑤시고 들떠 있고 간절히 바람).

4. _____ 알코올이나 마약을 섭취하는 동안 또는 그 이후 기억을 상실한다.

5. _____ 몰래 알코올이나 마약을 사용하거나, 사용하고 싶은 욕구가 높아진다.

6. _____ 알코올이나 마약을 사용한 데 대해 변명을 늘어놓는다.

7. _____ 혼자 있을 때 약물을 사용하고, 사용한 증거는 모조리 감춘다.

8. _____ 가족과 친구들이 알코올이나 마약에 대해 우려를 드러낼 때 이들을 피한다.

9. _____ 사교 모임에서 사람들이 섭취하는 양 이상으로 알코올이나 마약을 섭취한다.

10. _____ 골치 아픈 문제들을 잊기 위해 알코올이나 마약을 사용한다.

11. _____ 알코올이나 마약 사용으로 인해 재정, 법, 건강, 가정, 일의 영역에서 문제가 커진다.

12. _____ 알코올이나 마약을 사용하지 않고는 사교 모임을 즐길 수 없다.

13. _____ 다른 활동에 대한 흥미는 사라지고, 알코올이나 마약에 탐닉하고 싶은 욕구가 커진다.

14. _____ 알코올이나 마약의 영향을 받는 상태에서 일을 처리하고는, 나중에 수치스러워하고 후회한다.

15. _____ 알코올이나 마약을 사용하기 위해서 맡고 있는 중요한 책임을 다하지 않는다.

16. _____ 알코올이나 마약을 손에 넣기 위해서라면 어떤 것이라도 기꺼이 한다.

17. _____ 다른 사람들과 자신의 중독 문제에 대해 이야기할 수 없다.

18. _____ 중독 문제의 심각성에 대해 부인한다.

19. _____ 음식물을 알맞게 섭취하지 않는다.

20. _____ 자신의 위생 상태를 스스로 돌보지 않는다.

21. _____ 안전하지 않은 성관계나 몽롱하거나 술 취한 상태의 운전 등, 자신 또는 타인에게 피해를 줄 수도 있는 위험한 행동을 한다.

점수 계산하기

앞 목록에서 체크 표시한 개수를 세어보라. 체크한 증상 및 증후 숫자 : _____

10개 이상의 증상과 증후에 체크를 했다면, 약물과 알코올 때문에 상당한 스트레스를 경험하고 있을 가능성이 높다. 이 워크북에 있는 자원을 활용해서 스스로를 도우라. AA나 NA같은 알코올 자조 모임에 참여해 별도의 지지를 받아도 좋을 것이다.

9개 이하의 증상 및 증후에 체크를 했다 하더라도, 알코올이나 약물이 어느 정도 문제를 일으키고 있다고 보아야 한다. 하지만 지속적으로 대처 작업을 하면 건강을 회복하고 대처 기법을 향상시키는 데 진전이 있을 것이다.

이 목록을 살펴보면서 어떤 느낌이 들었는가? 알코올이나 약물이 삶을 통제해온 방식들을 되돌아보면서 마음이 무척 불편했을 것이다. 한편으로, 지금까지 일어난 불미스러운 일들을 만회하기 위해 열심히 노력하고 있다는 점에서, 중독성 행동으로 인해 삶에서 겪었던 사건들을 되돌아보고 알아차리면서 기분 좋은 느낌이 들었을지 모른다. 어쩌면 삶이 또다시 최악의 방식으로 통제권 밖에 놓이거나 수습할 수 없게 될까봐 두려움을 느꼈을지도 모른다. 사건들이 최악의 상황에서 어떻게 진행되었는지 떠올려보면서 지금 중독에서 회복되고 있다는 점에 고마워할 수도 있다. 아마도 이 모든 감정들을 혼합적으로 느끼고 있을 것 같다.

알코올, 마약과 더불어 때로는 **행동들**이 경고 신호의 원인이 될 수 있다. 스스로 멈추기 힘들다고 생각하고 있는 어떤 행동이 삶에 부정적인 결과마저 일으킨다면, 바로 지금 그 행동을 좀 더 자세히 살펴보아야 한다. 다음 연습은 '중독 확인하기 활동지 : 고통을 일으키는 행동들'이다. 아래 열거된 행동들을 잠시 살펴보면서 이런 행동을 얼마나 자주 하고 있는지 생각해보라. 이런 행동을 한 뒤에 부정적인 결과를 경험하고 있는가? 이 연습을 할 때는 특히 자신에게 정직해야 한다는 점을 명심하라.

고통스러운 행동들을 지나치게 많이 실행할 경우에는 중요한 문제점들이 수면 아래로 감춰질 수 있다. 아래 열거된 문장들을 살펴보고 해당하는 항목 옆에 체크 표시를 하라.

_____ **과식**. 배고프지 않거나 충분히 배가 부른데도 음식물을 섭취하고, 자신에게 이롭지 않은 음식을 너무 많이 섭취하며, 남모르게 섭취한다.

_____ **섹스**. 여러 상대와 성행위를 하거나 방문 매춘부나 섹스 영화관을 이용한다. 성적 충동을 만족시키기 위해 창문으로 타인의 행동을 훔쳐본다(관음증).

_____ **음란물**. 부부나 이성 관계에 부정적인 결과를 주는데도 음란물을 강박적으로 본다. 이런 행동을 줄이거나 멈출 경우, 우울감과 불안감 또는 분노를 느끼게 된다.

_____ **도벽**. 상점의 물건이나 다른 사람의 물건을 훔친다. 이런 행동을 들키지 않고 그냥 넘어갈 때 순간적으로 기쁨을 누린다. 이것은 당신의 감정을 다루는 것을 회피하기 위한 한 가지 방법이다.

_____ **지나친 운동**. 부상당하거나 에너지가 소진될 정도로 운동한다. 다른 책임감을 지키려다 보니 운동에 강박적으로 매달린다. 운동하지 않을 때는 우울해지고 불안감을 느낀다.

_____ **지나친 쇼핑**. 돈이 없는데도 불필요한 물건들을 구매한다. 비슷한 물건을 여러 개 사고, 타인을 위해서도 구매한다. 대인관계와 가정경제에 나쁜 영향을 주는데도 아랑곳하지 않고 구매한다(온라인 쇼핑 포함).

_____ **도박**. 도박 행동이 금전 및 대인관계에 심각한 문제를 일으킨다는 사실을 알고 있음에도 강박적인 행동을 멈출 수 없다.

_____ **과로**. 강박이 될 정도로 일한다. 쉬기로 되어 있는데도 일을 멈출 수 없고, 일에 대한 생각도 멈출 수 없다. 건강, 수면, 대인관계를 희생시켜 가면서까지 여러 일을 떠맡아 한다.

_____ **컴퓨터 및 컴퓨터 게임의 과다 사용**. 학업, 일, 대인관계, 수면, 위생 혹은 건강 등을 희생시켜 가면서 컴퓨터를 사용한다. 컴퓨터를 사용하지 않을 때에는 짜증, 불안, 우울감 같은 금단 증상이 나타난다.

_____ **과다한 TV 시청**. 식구나 친구의 부정적 피드백에도 불구하고 주로 혼자서 여러 시간 TV를 시청한다. 대부분의 자유 시간을 TV를 보면서 보낸다. TV 앞에서 잠을 자고 먹고 한다. TV 시청 시간을 줄이면 대체로 우울감과 불안과 분노의 감정이 증가한다.

잠시 당신의 행동을 성찰해보았다. 이번에는 당신의 중독 증상이 얼마나 심각한지 알아보자. 이 순간 자신에게 정직한지 다시 한 번 살펴보라. 당신은 지금 성공적인 삶에 방해가 되고 있는 행동들을 찾아내고 있는 중이다.

아래에 고통을 주는 행동들의 증상 및 징후 목록이 있다. 이 가운데 당신이 지닌 증상들을 찾아 체크 표시를 하라.

1. _____ 문제 행동을 끊거나 줄이려고 노력하지만 잘 되지 않음

2. _____ 기분 좋게 느끼는 문제 행동의 빈도 증가(내성)

3. _____ 문제 행동을 하기 위해 급박하게 준비함(몸이 근질근질하고, 가만히 있지 못하고, 간절히 하고 싶어 하는 느낌)

4. _____ 몰래 문제 행동에 접근하고, 그것을 하고 싶은 욕망이 증가함

5. _____ 문제 행동을 하는 것에 대하여 변명 늘어놓기

6. _____ 혼자 있을 때 문제 행동을 하기, 또는 그 행동에 대한 모든 증거를 감추기

7. _____ 가족과 친구들이 문제 행동에 우려를 드러낼 때 이들과의 접촉을 피하기

8. _____ 그 행동을 다시 시작하기 위해서 지지모임을 그만두고 싶어 함

9. _____ 자신의 문제들을 잊기 위해 문제 행동을 하기

10. _____ 문제 행동 결과에 따른 재정, 법, 의료, 가족 그리고/또는 일과 관련된 문제들

11. _____ 다른 활동들에 대한 흥미 상실, 문제 행동을 하려는 욕망의 증가

12. _____ 문제 행동을 했던 것 때문에 훗날 수치심을 느끼고 후회함

13. _____ 문제 행동을 하기 위하여 중요한 책임을 소홀히 함

14. _____ 문제 행동을 다시 하기 위해 어떤 일이든 기꺼이 하려고 함

15. _____ 다른 사람들에게 문제 행동에 대해 말할 수 없음

16. _____ 고통을 주는 문제 행동을 계속하는 것의 심각함을 인정하지 않음

17. _____ 적절하게 음식을 섭취하지 않음

18. _____ 자기 자신 또는 자신의 위생 상태를 제대로 돌보지 않음

19. _____ 안전하지 않은 성관계 등 자신과 타인에게 해를 줄 수 있는 일인데도 위험을 무릅쓰고 하기

20. _____ 문제 행동을 멈추는 것과 관련해 다른 사람들에게 거짓말하기

점수 계산

당신이 체크한 숫자를 세어보라. 체크한 증상 및 증후 숫자 : _____

　　10개 이상의 증상과 증후에 체크를 했다면, 문제 행동으로 인해 상당한 스트레스를 경험하고 있을 가능성이 높다. 이 워크북에 있는 자원을 활용해서 스스로를 도우라. 또한 이 책을 사용하는 한편, 12단계 회합에 참석해서 별도의 지

지를 얻을 수도 있다. 익명의 자조 모임에는 식이장애를 위한 모임(Overeaters Anonymous), 성적 문제 행동을 위한 모임(Sex Anonymous), 도박 행동을 위한 모임(Gamblers Anonymous) 등이 있다.

9개 이하의 증상과 증후에 체크를 했다고 해도 당신의 행동은 여전히 문제를 일으킬 것이다. 하지만 지속적으로 대처 작업을 하면 건강을 회복하고 대처 기법을 향상시키는 데 진전이 있을 것이다.

위 연습을 통해 자신의 중독 증상에 대해 보다 정확하게 알게 되었을 것이다. 어쩌면 자신의 행동에 대해 솔직한 태도를 보인 것이 이번이 처음이었을지 모른다. 결과를 지면으로 볼 수 있기 때문에 이런 행동들이 실제로 자신을 괴롭히고 있다는 것을 쉽게 확인할 수 있다. 이런 행동들은 당신을 오랫동안 괴롭혀왔을 것이다. 이제 4장에 있는 마음챙김 연습 가운데 한 가지를 실행해 보자. 마음챙김 연습들은 판단 없이 지금 이 순간에 현존하도록 도와줄 것이다.

지금까지 많은 연습을 하면서 중독성 행동의 연대표를 작성할 만큼 충분한 준비를 해왔다. 아래 연습은 중독이 언제 시작되는지 이해하는 데 도움을 준다.

중독성 행동의 연대표

이번 연습에서는 과거로 거슬러 올라가 자신의 중독 과정을 돌이켜보게 된다. 당신의 중독성 행동은 해결해야 할 하나의 '문제'로 시작된 게 아니었음을 기억하라. 오히려 그것은 하나의 **해결책**으로 시작되었을 것이다. 지금은 이 행동이 문제시되었던 순간을 되짚어볼 수 있는 좋은 시점이다. 이것은 중독이라는 질병이 어떻게 삶에서 진행되어왔는지 이해하도록 도와준다. 책의 뒷부분에서 이 연대표를 사용하면 5장에서 찾아낸 상실 경험들과 중독 경로 사이에 견고한 연결고리가 구축될 것이다.

나쁜 일이 일어난 때가 몇 살인지 정확히 기억하지 못해도 괜찮다. 다만 최선을 다해 알아내려고 노력하기만 하면 된다. 아래 항목 중 경험하지 못한 항목들은 빈칸으로 놔두고 편안한 마음으로 다음 문장으로 이동하라. 아래 사례를 참조하면 도움이 된다. 이 사례에서 데이브는 마흔네 살이다.

▷ **사례 : 데이브의 중독성 행동 연대표**

중독성 행동 : 흡연

당신이 처음으로 그 중독성 행동에 대해 듣고, 보고, 인식했던 나이 : 3세. 부모의 흡연

당신이 처음으로 그 행동을 했던 나이 : 11세

당신이 규칙적으로 그 행동을 하기 시작했던 나이 : 13세

당신이 날마다 그 행동을 하기 시작했던 나이 : 14세

그 행동으로 인해 발생했던 일과 그 당시 나이 : 16세 : 담배 피운다고 야단 맞음, 17세 : 미성년자라서 담배 사느라 애를 먹었음, 21세 : 대학 야구팀에 들어가지 못했음(이미 심장의 건강이 악화되어 있었음), 36세 : 고혈압 진단을 받음, 42세 : 폐기종 초기 증상이 나타남

삶의 문제에 대처하거나 도망치기 위해 그 행동을 사용하기 시작했던 나이 : 18세

당신의 행동에 대해 누군가 처음으로 우려를 표현했던 때의 나이 : 24세 : 여자 친구가 내 기침을 걱정했고, 끊임없이 담배 냄새가 난다고 투덜거렸음

그 행동에 의존하고 있다는 것을 느꼈던 나이(그 행동을 할 수 없게 되었을 때 가만히 있기 힘들고 불편함을 느꼈던 때의 나이) : 14세

그 행동을 끊거나 줄이려고 했던 시도들 및 그 당시 나이 : 21세, 24세, 28세에 끊으려고 노력했음

다른 중독성 행동으로 전환했을 때의 나이 : 28세 : 파이프 담배를 시도해보았음, 30세 : 니코틴 껌을 시도해보았음

그 행동에 대한 치료를 받게 되었을 때의 나이(중독 재활치료, 심리치료, 의학적 치료 등) : 35세 : 최면치료를 받았음, 42세 : 금연을 도와줄 것으로 기대되는 의약품을 섭취했음

그 행동을 절제했던 횟수 및 그 당시 나이 : 24세 : 2개월간 금연했음, 42세 : 6개월간 금연했음

재발했을 때의 나이 : 25세, 42세

맨 밑바닥까지 내려갔던 때의 나이(중독성 행동을 더 이상 견뎌낼 수 없어 멈춰야 한다는 확신이 듦, 심장마비, 의학적 문제, 또는 중요한 관계의 상실이나 상실 위협과 같은 심각한 결과가 생김) : 44세(지금), 때때로 가슴 통증, 기침이 매우 심해짐. 아내는 내가 아이들 옆에서 담배 피우는 것을 원하지 않음. 나 또한 그것을 원하지 않음

▷ 당신의 중독성 행동 연대표

중독성 행동 : _____

당신이 처음으로 그 중독성 행동에 대해 듣고, 보고, 인식했던 나이 : _____

당신이 처음으로 그 행동을 했던 나이 : _____

당신이 규칙적으로 그 행동을 하기 시작했던 나이 : _____

당신이 날마다 그 행동을 하기 시작했던 나이 : _____

그 행동으로 인해 발=생했던 일과 그 당시 나이 : _____

_____

_____

_____

삶의 문제에 대처하거나 도망치기 위해 그 행동을 사용하기 시작했던 나이 : _____

당신의 행동에 대해 누군가 처음으로 우려를 표현했던 때의 나이 : _____

그 행동에 의존하고 있다는 것을 느꼈던 나이(그 행동을 할 수 없게 되었을 때 가만히 있기 힘들고 불편함을 느꼈던 때의 나이) : _____

_____

그 행동을 끊거나 줄이려고 했던 시도들 및 그 당시 나이 : _____

_____

_____

다른 중독성 행동으로 전환했을 때의 나이 : _____

_____

_____

그 행동에 대한 치료를 받게 되었을 때의 나이(중독 재활치료, 심리치료, 의학적 치료 등) : _____

_____

_____

그 행동을 절제했던 횟수 및 그 당시 나이 : _____

_____

_____

재발했을 때의 나이 : _____

_____

_____

맨 밑바닥까지 내려갔던 때의 나이(중독성 행동을 더 이상 견뎌낼 수 없어 멈춰야 한다는 확신이 듦, 심장마비, 의학적
문제, 또는 중요한 관계의 상실이나 상실 위협과 같은 심각한 결과가 생김) : _____

_____

_____

또 다른 중독 행동으로의 변환

지금까지 보았듯이 많은 유혹이 기분과 행동을 변화시키는 데 영향을 미친다. 하나의 중독에서 다른 중독으로 변환하는 것은 고통스러운 문제를 다루는 것을 회피하기 위한 일반적인 현상이다. 많은 사람들에게서 이런 현상이 나타난다. 변장술사의 교묘한 방법들을 기억하는가? 처방약 덕분에 회복되고 있다는 강한 느낌이 들기 시작하는 바로 그 순간, 자신이 온라인 도박이나 담배에 중독되어 있다는 것을 발견하게 된다. 자신이 좋아하는 중독성 행동을 포기할 때에는 무언가 놓치는 것 같은 느낌이 들 수 있다. 또한 하나의 텅 빈 공간이 존재할 때에 자신을 달랠 수 있는 다른 무언가로 그곳을 채우려고 애쓰는 것은 매우 자연스러운 일이다. 지금까지 해온 힘겨운 작업 덕분에, 기존의 중독성 행동을 내려놓은 결과 생긴 공간이 또 다른 중독성 행동으로 대체되는 일은 일어나지 않는다.

웰니스로 가는 여정

1장에서는 자신의 느낌에 압도당하지 않으면, 도피처로서 중독성 행동에 의지하지 않고서도 감정을 안전하게 느낄 수 있다는 것을 알게 되었다. 또한 성가신 개를 포용하는 법도 배웠다. 2장에서는 마음이 무엇에 따라 좌우되는지 배웠다. 마음은 자신을 안전하게 보호해주려고 노력하지만 대체로 스트레스를 일으키는 생각들로 가득 차 있다. 또한 2장을 통해 습관적 반복 사고를 이해하게 되었고, 이런 생각이 어디에서 오는지 충분히 살펴보았다. 3장은 한 걸음 더 나아가서 중독성 행동에 대한 생각을 시작하도록 도와주었다. 4장에서 배운 마음챙김 기법은 중독성 행동으로 되돌아가지 않으면서 스트레스에 대처하고 치유하는 데 많은 자원을 제공했다. 이제 당신은 텅 빈 공간을 채워 넣기 위한 아이디어를 얻고, 건강하지 못한 행동들을 바꾸기 위한 긍정 행동들을 배우게 된다. 시도해볼 수 있는 새로운 행동들이 생긴다면, 그 공간을 채우기 위해 알코올이나 약물 또는 다른 중독성 행동을 선택할 필요는 사라질 것이다.

생각과 느낌을 분명하게 알아차리는 것이 특히 중요한데, 이는 또 다른 중독성 행동을 찾으려는 뇌에 일침을 가할 것이다. 인간의 뇌에는 즐거움은 찾고 스트레스는 피하려는 기능을 가진 회로들이 겹겹이 들어 있는 까닭에 우리는 이 책에 마음챙김, 곧 마음의 균형을 이루는 기법을 포함시켰다. 중독으로부터 회복되는 일은 한평생 진행되는 일이기 때문에 중독성 행동들을 전환하고 자신을 돌볼 계획을 미리 세워보는 것은 유익한 일이다.

질병 대 약점

중독은 마치 행동조절 능력을 상실한 질병과 유사한 것으로 간주된다. 행동조절 능력이 부족하면 정신적·육체적 손상으로 이어지고, 사회적 상황에 직면해서 수용가능한 방식으로 행동할 수 있는 능력이 손상될 수 있다. 중독은 본질적으로 더 악화되기 마련이다. 직장과 학교에서의 문제들, 가정의 상실, 친구와의 문제, 법률 문제, 건강 문제처럼 부정적인 결과를 일으키는데도 당신은 중독성 행동을 계속 유지할지 모른다. 중독성 행동 때문에 어떤 부정적인 결과가 발생한 적이 있는가? 지금 여기에서 솔직하게 자기성찰의 순간을 가져보라. 생각의 가장 일반적인 결함 중 한 가지는 부인이다. 당신은 자신에게 문제가 있다는 것을 믿지 않았던 때가 있는가? 만약 그렇다면 당신만 그런 것이 아니다. 이것은 중독 증상 중 한 가지이다. 자신에게 문제가 있다고 믿지 않는다면, 문제 행동을 멈추겠다고 결심할 가능성이 낮아진다. 이것은 악순환을 일으키므로 중독성 행동을 멈추도록 도와주는 일은 큰 의미를 지닌다.

그건 그런 식으로 시작되지는 않았다

중독성 행동이 해결해야 할 '문제'로 시작되지는 않았을 것이다. 처음에는 당신의 행동이 재미와 위로를 주었다. 당신은 유사한 행동을 하고 있던 다른 사람들과 좋은 관계를 맺었을 것이며, 다른 사람들과 함께 있으면서 더 편안해지는 느낌이 들었을 수 있다. 혼자 마음속으로 '나는 이런 행동을 하는 나 자신이 좋다'고 생각했을지 모른다. 이런 행동이 삶의 작은 스트레스나 그다지 작지 않은 스트레스에 대처하는 데 도움을 준다고 생각했을 수 있다. 그래서 일이 벌어진 것이다. 친구들은 각자의 삶에 맞춰 앞으로 나아갔지만, 당신은 꼼짝 없이 갇혀버린 것이다. 로버트의 이야기를 들어보자.

로버트 이야기

로버트는 학교에서 촉망 받는 육상선수였다. 고등학교 1학년 때 부모님이 이혼을 하셨는데, 그 전까지는 부모님과 두 여동생이 매번 그가 뛰는 경기를 보러 왔었다. 하지만 이혼 이후 대학을 마칠 때까지 아버지와 함께 살았기 때문에 어머니와 여동생들을 많이 만나지 못했다.

대학 1학년 때에는 트랙 경기에서 많은 상을 받았다. 로버트는 주말마다 함께 달리기 연습을 할 친구들이 있었고 인기도 있었으나 수줍어하고 다소 불안해했다. 달리기를 하는 동안에는 기분이 좋았으므로, 불안에 도움이 될 거라는 생각에 하루에 3차례 달리기를 하기로 했고, 실제로 하루에 거의 4시간 이상 잠을 자지 않고 달리기를 했다. 그리고 이것이 효과를 보이지 않자 이번에는 달리기 속도를 가지고 실험했다. 또한 대학의 학생건강센터에 가서 가짜로 ADHD 진단을 받아냈다. 애더럴(주의력결핍장애용 의약품)을 얻기 위해서였다. 이후 로버트는 낮에는 속도를 내서 달리고, 밤에는 애더럴을 먹으면서 하루에 5~6시간을 달렸다.

친구들은 걱정했지만 로버트는 자신에게 문제가 있다고는 생각하지 않았다. 로버트는 가족들이 달리기 경주에서 응원해주었던 그 시절로 되돌아갈 수 있기를 남몰래 소망했다. 그는 이제 막 자신의 문제들로부터 벗어나고 있으나 충분하다는 느낌은 들지 않았다. 로버트는 스물한 살에 대학을 그만둔 이후 아버지와 함께 집 안에 틀어박혀 있는 상황이었다. 스물두 살부터는 거리에서 애더럴을 투입하고, 거의 매일 코카인을 사용했다. 그는 세 가지 종류의 직업에서 해고당했다. 이제 그는 군에 입대할 생각이며, 정말로 모든 것을 깨끗이 정화하고 싶어 한다. 하지만 어떻게 해야 할지 알지 못한다.

치유 : 최적의 시간은 언제인가?

"언제 나의 회복 여정을 시작해야 하는가?" 이것은 백만 달러짜리 질문이다. 이런 질문을 자신에게 이미 여러 차례 던졌을지 모른다. 무기력하게 느껴지는 날도 있고, 화가 나고 죄책감이 드는 날도 있으며, 때로는 괜찮은 날도 있을 것이다. 무기력하고 화가 나고 죄책감이 드는 날에는 '나는 지금 당장 변화를 해야만 해'라고 마음속으로 생각했을지 모른다. 하지만 그런 느낌은 점차 희미해지고, 다음 날을 그럭저럭 보내기 일쑤다. 하루하루를 어떻게 느끼고 있든지 삶에서 변화를 이룰 만큼 충분한 정보를 갖기로 결심한다면 어떻게 될까? 자신을 위해 뭔가 다른 것을 원한다고 결심한다면 어떻게 될까? 자신의 정신적 · 신체적 건강을 돌보기 위해서는 전념하는 게 필요하다. 오랜 세월 동안 가족, 친구, 일 또는 학교를 최우선에 두어왔을지 모르나 이 순간부터는 자기 자신을 최우선에 두어야 한다.

다음 페이지에 있는 '웰니스 스크립트'를 읽고, 회복 과정에서 자신을 최우선에 두는 연습을 하라. 이 스크립트 이외에도 연습에 도움을 줄 수 있는 자료들이 있다. 수 패턴 테올(Sue Patton Thoele)이 쓴 『마음챙김 여성 : 평온함과 균형감과 열린 마음을 위한 부드러운 마음챙김 연습』

(The Mindful Woman : Gentle Practices for Restoring Calm, Finding Balance, and Opening Your Heart)이 바로 그런 자원이다. '웰니스 스크립트'는 자신을 위해 읽어주어야 하는 글이다. 이것을 큰 소리로 읽고 나서 자신에게 5분간의 침묵을 선물로 주어라.

연습 6.6 웰니스 스크립트

> 나는 이제 나 자신을 존중하고 보살펴줄 것이다. 나는 가치 있는 사람이다. 나 자신을 친절하게 대하도록 허락해줄 것이다. 나는 사랑받고 보호받고 있다. 자신을 먼저 돌보기 위해서는 용기를 내야 한다. 나는 그런 용기를 가지고 있다. 나는 그만한 가치가 있다. 자신을 돌보게 되면, 다른 사람을 위해서 나를 드러내는 것도 허용될 것이다. 자신을 돌보게 되면 나의 분노와 응어리와 상처의 감정들이 저절로 사라지게 될 것이다. 부정적인 감정들이 사라진 뒤에는 진정한 자기가 남을 것이다. 나의 진정한 자기는 주의와 보살핌을 필요로 한다. 나는 내가 필요로 하는 것을 나 자신에게 줄 수 있는 능력을 가지고 있다. 지금 나에게는 친절이 필요하다. 자신에게 친절해지면 정신적·신체적으로 좋은 건강을 얻게 된다. 나는 이제 좋은 정신적·신체적 건강을 유지하고 활용할 수 있다. 나는 정신적·신체적으로 좋은 건강을 가질 만한 자격이 있다. 나는 기분 좋은 상태를 유지하기 위해 전념한다. 나는 기분 좋은 상태의 혜택을 누린다.

영감을 주는 또 다른 책으로는 달라이 라마가 쓴 『달라이 라마의 내면 평화 단상』(The Dalai Lama's Little Book of Inner Peace)이 있다.

결론

'중독 확인하기' 활동지를 사용하면 중독 상태를 빠르고 솔직하게 평가할 수 있다. 당신은 다수의 중독 물질과 다수의 고통스러운 행동에 체크했을지 모르나 이것은 건강하게 대처하면서 회복 과정을 보살필 기회인 셈이다. 상실에 따른 스트레스와 반응은 알코올이나 약물의 사용을 유도하고 다른 중독성 행동을 일으키는 대표적인 유발 요인들이다. 이 장에서 실행한 작업은 회복 여정에서 매우 중요하다. 당신은 중독이 무엇인지 잘 알게 되었고, 자신의 행동을 자세하게 탐사해보았으며, 어떻게 하나의 중독성 행동에서 또 다른 중독성 행동으로 변환되는 일이 생길 수 있는지도 알아보았다. 중독성 행동 연대표는 언제 중독성 행동이 시작되었는지를 알아내는 데 도움이 되었다. 5장에서 이미 했던 작업과 6장에서 얻은 정보를 통하여 자신의 중독성 행동과 과거의 상실 경험을 서로 연결할 준비를 마친 것이다. 다음 장에서는 상실과 중독을 연결함으로써 퍼즐 조각들을 하나로 결합해보려고 한다.

{ 토니 가족은 지금 어떻게 지내고 있나? }

카르멘과 토니는 이번 장을 통해서 중요한 과제를 달성하려고 했다. 이는 의심의 여지없이 자신들의 행동이 중독적이었다는 점을 인정하는 것이었다. 부부는 대화를 하면서 자신들이 정말 중독 상태인가에 의문을 품어왔다는 것을 서로 인정하였다. 아마도 그동안의 상황이 그다지 나쁘지 않았고, 자기 자신을 나름대로 통제할 수 있다고 믿었던 것이다. 하지만 중독성 행동에 대해 많은 것을 배우게 되면서 부부는 모두 "그래 맞아. 이런 행동들—토니에게는 음주 행동, 카르멘에게는 강박적 쇼핑 행동—은 오래전에 통제력을 벗어났어."라는 결론에 이르게 되었다. '중독 증상 체크리스트'를 통하여 이런 행동들이 적잖은 스트레스를 일으켜왔다는 것이 명확하게 드러났다. 그리고 이러한 결과에도 불구하고 음주와 과도한 온라인 쇼핑을 통해 자신들의 느낌과 생각을 계속 감춰왔다는 것이 체크리스트를 통해 분명해졌다.

이런 사실과 마주한다는 것은 놀랄 만한 일이다. 이것이 바로 중독이다. 하지만 여기에는 다소의 위안도 존재한다. 카르멘과 토니는, 중독성 행동이 자신들을 원하는 곳으로 데리고 갈 것처럼 말했으나 사실은 스스로를 속이고 있었다. 토니는 알코올 중독이 정말로 질병인지 아니면 그저 나약한 상태인지 스스로에게 질문했고, 도피하기 위해 술을 마시는 것이 단순한 나약함이 아니라는 것을 알 수 있었다. 토니는 자기 자신과 카르멘을 훨씬 잘 이해하게 되었다. 삶에서 중독이 의미하는 바를 온전히 이해한 뒤에 부부는 회복을 진정으로 받아들이고, 자신들을 올바른 삶의 궤도 위에 올려놓을 수 있었다.

7장

상실감과 중독의 연결

삶은 용기에 따라 수축되거나 확장된다.
– 아나이스 닌Anaïs Nin

5장과 6장에서는 이 순간까지 이어진 중독의 경로와 삶의 상실 경험들을 탐색했다. 용기를 발휘해서 과거의 상실들을 들춰내고 자신의 행동들 중 어떤 부분에서 중독 성향이 나타나는지 살펴보았다. 그 과정이 쉽지는 않았지만, 당신은 이제 건강과 웰빙에 이르는 길로 나아가고 있다. 불행히도 많은 사람들은 이 길을 선택하지 못하고 있다. 중독에서 회복되기로 결정하는 데는 큰 용기가 필요하다. 그런 마음의 결심을 따라가는 일은 힘겨운 도전들과 수차례의 싸움, 혼란, 그리고 어떤 고통도 겪어내겠다는 것을 의미하고, 삶의 포기가 아닌 더 나은 삶을 원한다는 것을 의미한다. 이런 치유 과정에는 자기 자신과 치유 과정에 대한 믿음, 그리고 지속적인 노력이 필요하다.

이번 장에서는 삶의 상실을 중독성 행동에 연결시키고, 그 반대로도 연결시켜보는 중요한 작업을 할 것이다. 이 작업이 왜 그렇게 중요한가? 당신이 그것을 알아차리든 알아차리지 못하든 연결성은 거기에 존재해왔다. 그리고 이러한 연결성이 숨겨져 있을 때에는 중독성 행동이 당신에게 훨씬 더 많은 힘을 행사한다. 이렇게 생각해보자 ─ 당신이 적과 싸우고 있다면, 그 싸움은 앞이 잘 보이는 상황일 것인가, 아니면 기습적인 공격 상황일 것인가? 상실과 중독 사이의 연결이 명확해질 때 그것에 맞설 준비를 더 잘하게 된다. 그러나 연결 상황이 계속 모호하다면 그것은 계속해 공격을 퍼붓고 지속적으로 조종을 하여 당신의 결심을 제멋대로 몰아갈 것이다.

상실-중독의 순환

당신이 맞서고 있는 '적'은 상실-중독의 순환이다. 상실이 당신을 중독으로 몰아가고, 중독이 더 많은 상실로 이어질 때 상실-중독의 순환이 발생한다. 이번 장에서 알게 되겠지만 지금껏 당신을 가둬 두었던 것이 바로 상실-중독의 순환 사이클이다. 당신이 지금까지 이 책의 내용을 열심히 학습해온 이유는 당신의 삶을 이끌어온 이러한 순환 방식이 마음에 들지 않았기 때문이다. 중독 순환 방식은 매우 영악해서 무너뜨릴 수 없는 상대처럼 보일지 모른다. 하지만 그것이 무엇에 따라 좌우되는지 알고, 나아가 그것의 움직임을 알게 된다면 그것을 쉽게 격퇴할 수 있다. 이런 순환이 당신을 계속 따라다닐 수 있으나, 더 이상 영향력을 행사하지는 않을 것이다. 당신의 삶에서 결정을 내리는 사람은 바로 당신 자신이다.

상실은 어떻게 중독으로 이어지는가?

상실은 개개인의 삶에서 강력한 감정을 불러일으킨다. 상실을 겪거나 상실 경험을 떠올릴 때는 슬프고, 무기력하고, 우울하고, 겁먹고, 흥분되고, 외롭고, 압도되는 것 같은 느낌이 들 수 있다. 1부에서 보았듯이 중독성 행동은 감정을 회피하려는 시도이다. 이제 슬픔, 비탄, 비통함, 분노, 두려움, 스트레스 같은 감정들이 감내하기 어렵고 부자연스럽다는 것을 알게 되었다. 당신은 이런 느낌들을 느끼면 안 된다고 믿었고, 혹시라도 그런 것들을 느꼈을 경우에는 절대로 그 느낌을 남에게 보여주거나 느낌에 '깊이 머물러서는' 안 된다고 생각해왔다. '느낀다'는 것을 나약하다는 의미로 받아들였고, 자신의 느낌을 느끼도록 내버려둔다면 그 느낌이 자신을 압도당하게 하고 삶을 제대로 영위하지 못하도록 방해할 것이라고 믿고 있었다. 그래서 이런 느낌을 느끼는 것을 피하기로 마음먹었던 것이다.

어떻게 해서라도 자신에게 나타나는 느낌을 느끼지 않으려고 노력해왔으나 이는 매우 소모적이고 에너지를 고갈시킬 것이므로 실패할 수밖에 없다. 당신은 이런 식으로 느낌을 피해오다가 어느 시점에 이르러 효과가 있어 보이는 것을 찾아낸다. 그것이 바로 중독성 행동이다. 당신은 이런 행동을 통하여 잠시나마 더 좋은 느낌을 갖게 되었을지 모른다. 어쩌면 전혀 어떤 것도 느끼지 못하는 상태가 되었을 것이다.

1장에서 살펴본 '느끼지 않기' 계약을 기억하는가? 이것은 마치 자신의 중독성 행동들과 계약을 맺은 것과 같다. 당신은 이런 행동들이 삶을 떠맡도록 내버려두는 데 동의했다. 이렇게 함으로써 느끼고 싶지 않던 강한 감정들을 피해갈 수 있었으나, 자신이 그 당시 무엇을 상실하고 있었는지는 조금도 알 수 없었다. 당신은 그저 좋은 느낌을 느끼고 싶었을 뿐이었다. 그러나 지금까지 당신은 이 '느끼지 않기' 계약의 작은 글자 부분(역주 : 계약자에게 불리한 조건 등을 기록한 주의 사항)을 경험해왔다. 중독성 행동은 당신의 삶을 조금씩 빼앗아왔다. 이것은 우리를 상실-중독 순환의 다음 단계로 이끌어간다.

중독은 어떻게 상실로 이어지는가?

직접 경험을 해보았다면 잘 이해하겠지만, 중독은 모든 유형의 상실을 초래한다. 중독성 행동을 하는 순간, 상실을 촉진하는 방식으로 살고 있는 셈이다. 배우자나 파트너는 중독성 행동 때문에 당신 곁을 떠났는지도 모른다. 이러한 행동으로 부모, 친척, 자녀, 친구와의 관계에 상실이 일어날 수 있다. 중독성 행동은 이들을 떨쳐내기 위하여 당신 스스로 선택한 것일 수도 있다. 혹은 당신이 더 이상 중독으로 고통 받는 것을 지켜보고 싶지 않아 그들이 먼저 당신의 곁을 떠난 것인지도 모른다.

음주운전 때문에 운전면허증을 '상실'할 수 있다. 철창신세를 지게 되어 자유를 상실할 수도 있다. 약물, 섹스, 도박, 쇼핑 등에 중독되어 있다면, 자동차나 집을 잃을 만큼 큰 돈을 낭비했을지 모른다. 어느 순간에 이르면 직장을 잃을 가능성도 있다. 주변에 약물을 남용하는 사람들이 많다면 당신은 많은 친구들을 중독이라는 질병으로 죽게 하고 있는지도 모른다. 약물이나 알코올의 영향을 받고 있을 경우에는 더욱 쉽게 큰 해를 입을 수 있다. 신체적으로 성적으로 공격받고 폭행당할 수도 있다. 5장에서 배웠듯이 이런 트라우마들 역시 매우 심각한 상실이다.

중독이 삶을 지배하고 있을 때는 흔히 당신이 생각할 수 있는 모든 문제가 생길 수 있다. 그밖의 어떤 것도 이것만큼 중요하지는 않다. 당신은 사람과 소유물과 미래의 희망 같은 것들을 하찮게 여기면서 삶에서 멀어지게 된다. 건강과 안전은 뒷전으로 밀려나고, 당신의 고유한 가치들은 방치되어 버린다.

이 모든 상실의 경험들은 어떻게 귀결되는가? 무엇보다 중독으로 숨어버리고 싶은 강한 충동이 일어나게 된다. 5장에서 보았듯이 상실은 상실을 더 악화시킨다. 상실은 스스로 구축된다. 상실의 경험들은 해묵은 상실의 고통을 촉발하고, 여러 감정이 쌓이면서 감정을 회피할 가능성이 갈수록 높아진다.

물론 여기에는 다른 측면이 존재한다. 상실로 인하여 중독성 행동이 더 많이 일어나기보다는 오히려 회복 욕구가 촉발되는 경우가 가끔 생기기도 한다. 이 책을 선택해서 당신의 삶을 변화시키기 시작한 것은 바로 상실 또는 상실의 위협이었을지 모른다. 상실은 중독에 맞서게 하는 가장 위대한 동기부여자일 수 있다. 이것이 사실이라면 상실 그 자체를 다루는 일은 믿기 어려울 만큼 중요한 일이다. 예전에도 이런 식으로 동기를 부여받았으나 여전히 중독성 행동에 머물러 있었을지 모른다. 동기는 우리 여정의 핵심 요소지만, 그것만으로는 충분치 않다. 만약 그것으로 충분했다면 당신은 오래전에 중독성 행동을 멈췄을 것이다. 진정한 치유와 장기 회복을 경험하려면 중독의 밑에 놓여 있는 것을 다뤄내야만 한다. 그것은 바로 상실과, 상실이 일으키는 감정들이다. 상실에 의해 촉발된 감정들이 어떻게 중독성 행동들로 이어졌는지 살펴보는 것은 상실-중독의 순환에서 벗어나 삶을 통제할 수 있는 진짜 핵심이다.

키스 이야기

키스는 20년 동안 간헐적으로 필로폰 중독과 싸워왔다. 처음으로 필로폰을 사용했던 시기는 20대 초반의 군복무 시절이었다. 8년간의 군복무 이후, 지금까지 더 많은 양의 필로폰을 사용하고 있는데, 필로폰을 투입할 때의 느낌이 너무나 좋기 때문이었다. 다른 어떤 것도 마음을 어루만져줄 수 없었으나 필로폰을 할 때면 결코 상처 받지 않을 것 같은 기분이 들었다. 그러나 키스는 지금, 필로폰이 삶에서 일으킨 일들을 증오한다. 그는 여러 차례 직장을 잃었고, 늘 자리에 누워 있었고, 아이들과 거리감이 있었으며, 아내 또한 우울감에 시달리고 있었다. 키스는 모든 사람을 향해 화를 품고 있었고, 오직 마약을 하는 사람들과 함께 시간을 보낼 뿐이었다.

이건 진정으로 원하는 삶이 아니었다. 물론 20년의 세월을 거치면서 여러 차례 필로폰을 끊고 제정신을 차린 적이 있었다. 무려 3년이나 맑은 정신을 유지하기도 했다. 그런데 어느 순간 다시 필로폰을 사용하게 되면서 자신도 모르게 갑자기 이웃사람의 집에 있는 자신을 발견하곤 했다. 필로폰 없이도 좋은 삶을 살아왔고, 그렇게 오랫동안 제정신을 유지해오지 않았던가! 그런데 무슨 일로 다시 중독에 빠지게 된 것인가?

키스는 무기력하고 혼란스러운 기분이 들었기 때문에 마지막 호소 수단으로 심리치료를 받게 되었다. 키스는 치료를 받으면서 연대표를 통해 중독성 행동을 그려보았다. 중독이 심해졌던 순간들을 되돌아보고, 무기력한 느낌이 들었던 재발 현상들을 되돌아보았다. 또한 삶에서 겪은 여러 상실을 치유하기 위해 상실의 경험들을 찾아내는 힘겨운 작업도 수행했다. 그리고 이를 통해 대부분의 재발 현상이 이른 봄철에 발생했다는 것을 처음으로 알아차렸다. 어린 시절에 유일하게 믿었던 사람인 할머니가 뜻밖의 죽음을 당하셨던 해에 중독이 재발했다는 사실도 깨달았다. 바로 그 즈음, 자신의 곁을 떠나고 싶어 했던 아내를 비난하는 등 아내와의 다툼이 더 잦았다는 것도 알게 되었다.

키스는 상실-중독의 순환이 어떻게 자신의 삶을 지배하고 있는지 알아차리기 시작했다. 할머니의 상실이 어찌할 바를 모를 만큼의 강력한 감정들을 불러일으켰는지 이해할 수 있었다. 마찬가지로, 아내를 잃을지 모른다는 두려움이 자신을 한층 더 중독으로 내몰았으며, 이런 행동으로 결국에는 아내를 상실하게 될 가능성이 높아졌다는 것을 알아차릴 수 있었다.

키스는 심리치료에 열심히 참여하면서 상실-중독 순환이 자신의 삶을 통제해왔던 방법들에 대해 분명하게 인식하였다. 그는 새롭고 긍정적인 대처 기법을 배웠고, 마음챙김을 수행하기 시작했다. 회복에 이르는 여정은 느리게 이루어졌으나 새로운 생활양식에 자신의 모든 것을 다 바쳤고, 그 결과 오랫동안 온전한 정신을 유지할 수 있었다. 더구나 앞으로도 여러 해 동안 정신을 맑고 선명하게 지켜줄 수 있는 평화로움과 고요함을 얻게 되었다.

상실과 중독 연대표

당신도 키스와 비슷한 작업을 함으로써 삶을 조절할 수 있다. 상실-중독 순환과 그것이 당신에게 미친 영향을 진정으로 이해하려면 과거의 경험을 되돌아보고 전체 삶 속에서 상실과 중독이 어떻게 연결되어왔는지 살펴볼 필요가 있다. 상실과 중독 연대표를 자세하게 그려보면 그것이 어떻게 연결되는지를 이해할 수 있다.

활동지 왼쪽에 상실 경험을 쓰고, 각각의 상실을 경험했던 시기의 나이를 적어라. 가장 먼저 경험했던 것부터 차례로 적어라. 기억할 수 있으면 나이 옆에 당시의 계절과 날짜도 적어 넣어라. 정확히 기억나지 않으면 추측이라도 괜찮다. 할 수 있는 만큼 많은 정보를 기입하라. 연습 5.1 '상실 체크리스트'를 참조하면 도움이 될 수 있다. 연대표에 얼마나 많은 상실의 경험을 포함하느냐는 자신에게 달려있다. 가장 좋은 선택은 연습 5.2 '상실 찾아내기'에서 주목했던 최소한 5개 이상의 주요 상실들을 포함시키는 것이다.

활동지 오른쪽에는 당신의 중독과 관련해 일어난 중요한 사건들을 기록하라. 첫 번째 노출 경험부터 적어라. 각 사건이 일어났을 때의 나이를 적고, 알고 있으면 날짜도 적어라. 상실 경험을 기록했을 때처럼 최선을 다해 기록하라. 완벽하게 하느라 스트레스를 받는다면 도움이 되지 않을 것이다. 스트레스가 있다면 잠시 눈을 감고 심호흡을 한 뒤에, 과정을 신뢰하면서 이 연습을 계속하라. 이 활동을 위해서는 연습 6.5 '중독성 행동 연대표'를 다시 살펴보는 것이 좋을 것이다. 당신은 지금, 자신의 중독이 강화되는 것을 알게 된 순간 또는 중독이 재발했던 순간을 되돌아보고 있다.

나이/날짜	상실 경험	나이/날짜	중독 사건

상실과 중독 연대표 성찰하기

앞페이지의 연습이나 일기장에 작성한 중독과 상실 연대표를 보면서 성찰해보라. 아래 질문들을 가이드로 사용하라. 그런 다음에 떠오르는 생각이나 아이디어가 있으면 무엇이든 기록하라.

1. 어떤 상실 경험들이 처음 실행했던 중독성 행동과 연결되는가?

_____

_____

_____

_____

2. 처음 중독성 행동을 시작했을 때 피하려고 노력했던 감정들은 무엇이었는가?

_____

_____

_____

_____

3. 중독성 행동의 '결과'로 어떤 상실들이 발생했는가?

_____

_____

_____

_____

4. 중독성 행동을 멈추거나 줄이기 위한 동기로 상실을 사용해본 경험이 있는가? 그렇게 했다면, 그것은 어떻게 작용했는가?

_____

상실감과 중독의 연결

_____

_____

_____

5. 중독성 행동이 악화되거나 재발했을 때 자신의 어떤 패턴을 알아차렸는가?

_____

_____

_____

6. 중독과 상실 연대표에 대하여 다른 생각이나 아이디어가 있다면 적어보라.

_____

_____

_____

_____

상실 기념일

상실과 중독 연대표를 완성하고 성찰 질문들에 답을 하면서 당신은 자신의 상실과 중독성 행동이 연결된 방식을 잘 이해하게 되었을 것이다. 다음 단계는 당신의 상실 기념일을 찾는 것이다. 상실 기념일은 자신의 상실 경험을 기억해낼 수 있는 가능성이 가장 높은 순간이다.

상실과 중독 연대표를 실행함으로써 발견하게 될 한 가지 패턴은, 자신이 특정한 시기에 중독성 행동을 할 가능성이 높다는 사실이다. 이것은 상실 기념일이 당신이 아직 다루어내지 못한 강력한 감정과 비탄을 불러냈기 때문이다. 당신은 이런 느낌들과 함께 머물러 있기보다는 오히려 가장 일반적인 감정 회피 방식인 중독 쪽으로 휘말려 들어갔을 것이다. 중독성 행동을 조절하기 위해 할 수 있는 가장 강력한 것 중 한 가지는 당신의 상실 기념일들을 기록하는 것이다. 이번 장에서는 상실 기념일과 그것을 다루는 방법에 대해 살펴본다.

케이시 이야기

케이시는 해병대에서 전역하기 전에 이라크에서 세 차례 파견 근무를 했다. 케이시는 한 전투에서 가장 친한 친구 토미를 잃었다. 토미는 신병훈련소에서부터 서로 알고 지내던 사이로, 형제와도 같은 존재였다. 둘은 모든 어려움을 함께 겪으면서 친형제보다도 더 가깝게 지냈었다. 친구를 잃고 매우 힘들었지만 케이시는 이 일을 극복하려고 노력했다. 자신에게 맡겨진 일을 수행하려고 애쓰면서 열심히 근무했다.

케이시는 마지막 파견지에서 귀국한 지 몇 개월 뒤에 아내와의 사이에 문제가 생겼다는 것을 알게 되었다. 아내는 케이시가 전보다 화를 더 잘 내고, 갑작스럽게 버럭 짜증을 내고, 밤마다 몸을 뒤척이고, 잠을 자면서 큰 소리를 지른다고 이야기했고, 그가 어떤 곳도 가고 싶어 하지 않는다며 불평을 했다. 아내를 행복하게 해주고 싶었으나, 군집해 있는 사람들과 커다란 소음들이 케이시를 자꾸 심한 혼란에 빠뜨리고 있었다. 케이시는 끊임없이 아기의 안전을 확인하고 모든 문을 다시 잠그는 등 불안감 속에서 생활했다. 그리고 이런 느낌들을 어떻게 다뤄야 하는지 몰랐기 때문에 급기야 대마초를 피우기 시작했다. 거의 날마다 대마초를 피웠다.

몇 달 뒤에 케이시는 아내의 뜻에 따라 분노를 비롯한 여러 증상들에 대해 상담을 받았고, 그 결과 외상후 스트레스장애 진단을 받았다. 그는 자신의 외상후 스트레스장애와 아내가 자신에게서 알아차린 변화 사이의 연결성을 이해하게 되었다. 이것이 도움은 되었지만 대마초를 끊는 일은 여전히 어려웠다. 케이시는 대마초를 통하여 자신의 스트레스와 분노에 대한 해결책을 찾았다고 느껴왔기 때문에 대마초를 끊고 싶다는 확신을 갖지 못했다. 매일매일이 스트레스와 고통뿐이라면 얼마나 힘들까? 그러던 어느 날, 마침내 케이시는 해병대의 용기와 강인함을 되살려 중독을 극복할 기회를 잡았다. 케이시는 마음챙김 수련을 하면서 삶의 균형감과 안녕감을 얻었다. 또한 상실의 힘에 대해 배웠고, 진정한 치유 과정을 시작했다. 친구 토미의 죽음뿐 아니라, 그보다 앞서 일어났던 삶의 상실 경험들을 다시 떠올려볼 수 있었다.

어느 날, 케이시는 치료사에게 불현듯 심한 짜증과 분노의 감정이 나타나서 너무나 힘든 한 주를 보냈다고 털어놓았다. 케이시는 말했다. "제가 선생님께 드리려는 말씀은요, 그러니까 그냥 모든 사람에게 화가 났어요. 아내, 이웃, 거리의 낯선 사람들에게조차도. 심지어 아기도 평상시보다 더 크게 울어대는 것 같았고요. 그게 저를 미치게 했어요. 제 자신이 마치 산산이 부서진 비행기 잔해 같았죠. 얼마 되지 않아, 대마초를 한 대 피워 물어야겠다는 생각이 머릿속을 스치고 지나갔어요. 선생님도 아시겠지만 그저 약간의 대마초만 있으면 상황을 조금이라도 무디게 할 수 있으니까요. 이 모든 분노와 좌절이 느닷없이 나타난 것 같은 느낌이 들었어요. 대마초가 없으면 안 되는 그런 놈이라는 생각을 하기 시작했어요. 그저 화난 멍청이 같다는 생각과, 다시 마약을 하면 더 좋아질 거라는 생각도 했죠. 선생님께 이런 말을 하는 게 너무 싫지만, 제 딜러 넘버를 찾기 위해 오래된 캘린더를 실제로 뜯어냈어요. 하지만 제가 한 것에 대해 주님께 감사해요. 왜 그런지 아시겠어요? 제가 그렇게 하지 않았더라면 절대로 연결성을 알아채지 못했을 테니까요. 날짜를 보았더니 그날이 바로 토니의 생일이었던 거예요. 그동안은 그 날짜를 전혀 기억하지 못했었거든요. 조금도 생각하지 못했죠. 하지만 이것을 깨달았을 때 모든 일이 이해가 되었어요. 제 안의 무언가가 토미에 대해 생각하고, 토미를 그리워하고 있었던 거예요. 빌어먹을, 토미가 아직 이 세상에 있었더라면 그날 그에게 말했을 겁니다. 생일날에 함께 비행기를 타고 제 아들을 만나러 가자고. 이런 생각이 들다니 참 희한한 일이었죠. 토미는 결코 제 아이를 만나지 못할 것이니까요."

평소 같았으면 자신의 감정을 숨기려는 충동에 굴복해 한동안 중독에서 헤어나지 못했을 것이다. 하지만 케이시는 운 좋게도 상실 기념일들의 치료 효과를 터득하게 되었다. 케이시는 상실 기념일들이 슬그머니 다가와서 회복을 방해하기 위해 소란 피운다는 것을 자각했고, 이런 알아차림으로 그 주에는 중독과의 전투에서 승리를 거두었다.

다음은 상실 기념일에 관한 몇 가지 사례이다.

- (사고, 이사, 이별, 이혼, 트라우마, 사랑하는 사람의 죽음 같은) 상실 사건이 일어난 날짜
- 생일
- 휴일(종교적 휴일, 추수감사절, 어버이날, 현충일, 재향군인의 날 등)
- 결혼기념일 또는 관계를 기념하는 날
- 상실 경험이 있었던 사람과 관련 있는 날짜들(상대방을 만났던 날, 기억에 남을 만한 특별한 시간이나 사건)

상실 기념일 준비하기

케이시는 처음에 상실 기념일에 제대로 대처하지 못했다. 그것이 다가오고 있다는 것을 미처 깨닫지 못했다. 그래서 난데없이 강하고 괴로운 감정들이 잇달아 나타났을 때, 이런 감정들과 그것에 뒤따르는 생각들로 인하여 다시 중독에 빠지고 말았다. 하지만 연결성을 알아내고 자신이 상실 기념일을 다루고 있다는 것을 깨닫고, 토미에 대한 그리움에서 생긴 고통의 진정한 근원을 돌이켜봄으로써 그것을 극복하고 건강한 방식으로 상실을 애도할 수 있었다. 결국 케이시는 감정 회피와 약물 사용으로 되돌아가서 그 감정들에 압도당하거나 통제되도록 내버려두지 않았다. 오히려 그런 감정들을 헤치며 당당하게 앞으로 나아갔다.

상실 기념일을 준비하는 첫 번째 단계는 그것이 언제 나타나는지 알아차리는 것이다. 우선 어떤 특정한 달과 연결되는 상실 기념일들을 찾아보라. 아래 캘린더를 사용해서 가능한 모든 상실 기념일을 써보라. 할 수 있다면 구체적인 날짜를 포함시켜라.

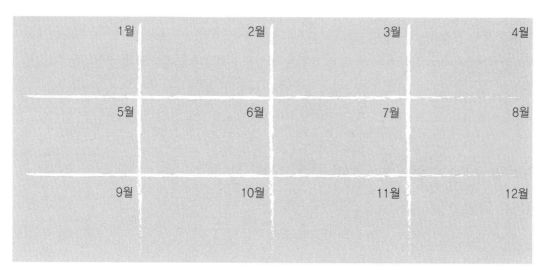

특정한 계절과 연결되는 모든 상실 기념일을 기록하라. 그 달이 몇 월인지 정확하지 않더라도 찾아보라.

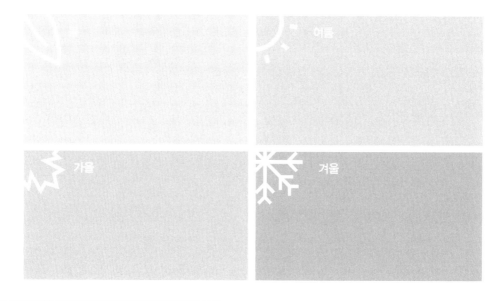

구체적인 방아쇠

상실 기념일을 활용하면 각각의 경험 속에 고유하게 들어 있는 특정 방아쇠를 찾아낼 가능성이 높아진다. 구체적인 방아쇠는 삶에서 경험한 바 있는 상실을 떠오르게 한다. 아래 사례를 살펴보자.

새뮤얼 이야기

새뮤얼은 면도 크림 냄새가 강하게 났던 한 교사에게 성추행을 당했다. 사건 이후에도 때때로 면도 크림 냄새는 성인이 된 새뮤얼에게 여전히 강력한 감정을 불러일으켰다. 그런 감정이 일어날 때마다 그는 몇 시간이고 계속해서 인터넷 포르노그래피를 지켜보고 있는 자신의 모습을 발견했다.

패트리샤 이야기

패트리샤는 한밤중에 심한 사고를 당한 적이 있다. 그 뒤, 어두운 고속도로를 달릴 때마다 마주오는 자동차의 불빛은 두려움과 공황상태를 야기했다. 패트리샤는 밤 늦게 운전을 하고 집으로 돌아올 때면 마리화나를 피우거나 과량의 바륨을 흡입했다. 집을 나서기 전에 이런 행동을 한 경우도 있었다.

엔리케 이야기

지금은 한 가정의 가장인 엔리케는 일곱 살이었을 때 삼촌이 심장병으로 죽는 것을 지켜보았다. 어느 날 아이들이 거실에서 놀고 있을 때 한 아이가 갑자기 땅으로 고꾸라지는 것처럼 행동했다. 이것을 본 순간 엔리케는 격분하고 말았다. 그는 아이들을 향해 당장 방으로 들어가라고 고함을 질렀고, 뒷마당에서 밤새 맥주를 들이켰다.

베티 이야기

베티가 다섯 살이었을 때 엄마가 조부모와 함께 가족의 곁을 떠나 8개월 동안이나 집에 돌아오지 않았던 적이 있다. 베티는 친구나 가족 중 누가 휴가를 떠날 때마다 불안하고 흥분되는 느낌이 들었다. 베티는 이럴 때마다 자신의 휴대전화를 꺼놓고는 몇 시간이고 온라인 도박에 빠지곤 했다.

중독성 행동을 일으켰던 구체적인 방아쇠에는 어떤 것들이 있는가? 시각적인 모양이거나 냄새, 감각, 소리 또는 사건들이 방아쇠가 될 수 있다. 구체적인 방아쇠를 알아차리는 일은 상실-중독 순환에서 벗어나는 데 큰 힘이 될 것이다. 아래 활동지를 사용해서 떠올릴 수 있는 모든 구체적인 방아쇠를 기록하라.

구체적인 방아쇠 : _____

_____

그것과 관련된 상실 : _____

_____

구체적인 방아쇠 : _____

_____

그것과 관련된 상실 : _____

_____

구체적인 방아쇠 : _____

_____

그것과 관련된 상실 : _____

_____

구체적인 방아쇠 : _____

_____

그것과 관련된 상실 : _____

구체적인 방아쇠 : _____

그것과 관련된 상실 : _____

구체적인 방아쇠 : _____

그것과 관련된 상실 : _____

상실 기념일들을 탐색하는 일은 예민한 부분일 수 있다. 당신은 고통스러운 경험을 상기시키는 것으로 가득 찬 캘린더를 원하지는 않을 것이다. 또 다음과 같은 생각이 들 수도 있다―이게 정말 해답인가? 매순간 이런 것에 대해 생각해야만 하는가? 중독으로부터 회복되기 위해 상실 경험들에만 계속 사로잡혀 있어야 하는가?

물론 그렇지 않다. 특정한 상실 기념일이나 구체적인 방아쇠에 대비하기 위해서 항상 자신의 상실 경험들에 주의를 묶어둘 필요는 없다. 치유 과정이 계속 진행됨에 따라, 마치 끊임없이 보초를 서는 것 같은 느낌 없이도 상실 기념일이나 구체적 방아쇠가 다가오는 순간을 알아차리는 방법을 알게 될 것이다.

엘리자베스 이야기

엘리자베스는 중독 재활치료를 마친 뒤에 심리치료를 받으러 왔다. 그녀는 항불안 의약품인 자낙스와 알코올을 수년간 과다 복용해왔다.

엘리자베스는 말했다. "선생님도 무서운 영화가 어떻게 전개되는지 아시죠. 사람들은 킬러가 어디에 숨어 있다가 나타나는지 알고 있죠. 거기엔 긴장된 분위기가 있어요. 저는 그 순간을 견딜 수가 없어요. 칼날 끝에 서 있는 느낌이거든요. 과거에 제가 바로 그랬죠. 어떤 일이 다가오는 순간을 알지 못하는 게 아니라, 오히려 무언가를 안다는 게 문제였어요. 이 모든 느낌이 느닷없이 저를 공격했던 거예요. 이건 말로 표현할 수 없을 만큼 저의 상실 기념일들과 구체적인 방아쇠를 이해하는 데 아주 큰 도움을 주었어요. 할아버지한테 처음 성추행을 당했을 때는 크리스마스가 코앞에 있었어요. 때로는 생강 쿠키의 냄새가 저를 그 기억으로 데리고 가죠. 이제는 심하게 스트레스를 받거나 침울해지거나 가라앉는 느낌이 들 때마다 심호흡을 할 수 있어요. 필요하면 백 번도 할 수 있죠. 그리고 저에게 벌어지고 있는 것을 관찰해봐요. 그러면 저의 기념일들과 방아쇠들에 더 잘 대처할 수 있고, 제 자신도 잘 돌볼 수 있게 되지요. 폭풍우에 마구 흔들리는 배 같은 느낌이 들지 않아서 너무 고마워요. 이 모든 것을 이해하게 되면서 저는 땅 위에 다시 굳건히 서게 되었어요."

결론

지금까지 해온 것을 다시 살펴보자. 1장에서는 회피해온 감정들을 살펴보았고, 2장에서는 생각이 왜 문제인지 알아보았고, 3장에서는 행동들에 초점을 두고, 가치 있는 삶에 대한 명확한 그림을 그려보았다. 4장에서는 마음챙김을 소개하면서 판단 없이 마음을 관찰하는 법을 배웠다. 그리고 5장과 6장을 통해서는 상실의 경험과 중독성 행동을 찾아내는 작업을 했다. 이번 장에서는 상실 기념일들과 구체적인 방아쇠를 정확하게 찾아내서 그것과 자신의 중독 사이의 연결점을 찾아보았다.

지기 자신에 대한 이해가 근본적으로 더 깊어지고 있다. 마음이 작동하는 방법과 자신이 감정에 반응해온 방법을 배우고, 자신의 방아쇠가 무엇인지도 배웠다. 지금까지 이 모든 연습을 해온 이유는 무엇인가? 이런 것들을 알아차리는 것이 왜 그렇게 중요한가?

알아차림은 당신에게 힘을 준다! 알코올 중독 자조 모임인 AA 세계본부(AA World Services, 2002)에서 발간한 『AA: 빅북』(Alcoholic Anonymous: The Big Book)은 알코올을 '교활하고, 당혹스럽고, 강력하며'(58~59) '미묘한 적'(85)이라고 부른다. 중독이 강하고 영리한 적일 수 있다는 것은 옳은 말이다. 당신은 아주 오랫동안 애를 쓰며 이 적과 싸워왔을 것이다. 이 일은 때로 매우 절망적으로 보였을 것이다. 눈으로 볼 수 없는 적과 싸운다는 것은 참으로 끔찍한 일이었고, 그 싸움은 좋은 방향으로 진행되지 않았다. 그런데 당신이 지금까지 해온 모든 연습과, 마음으로 숙고해온 이 책의 모든 문장들은 바로 그 적을 시야에 들어오게 한다. 이제는 적이 잘 보이고, 적의 전투 계획조차 알아차릴 수 있다. 과거에 제멋대로 조종해왔던 습관적 반복 사고들은 더 이상 당신을 조종할 수 없다. 당신은 게임이 어떻게 진행되는지 알고 있고 당신의 감정들은 더 이상 당신을 제압할 수 없다. 당신은 그것들이 어디에서부터 오고 있는지 알고 있으며, 자신이 그것들을 수용할 수 있다는 것도 알고 있다. 상실 경험들은 삶을 더 이상 이리저리 흔들어댈 수 없다. 당신은 그것들을 광명의 빛으로 데리고 나왔다. 당신은 치유되고 있으며 중독은 더 이상 당신을 구속하지 못한다. 혹시 적과 계속 싸우게 되더라도 과거에 그랬던 것처럼 적의 손아귀에 무기력하게 넘어가지는 않는다. 중독이 당신에게 어떤 짓을 저지르고 있는지 알고, 하늘이 무너져도 솟아날 구멍이 있음을 알게 된다. 당신은 알아차림을 통하여 이 싸움에 승리하기 위해 필요한 힘을 얻을 것이다.

이제 상실 기념일들이 언제 발생하는지, 그리고 어떤 구체적인 방아쇠들이 중독성 행동을 향해 나아가도록 촉구하는지 알 수 있는 든든한 토대가 생겼다. 다음 장에서는 마음챙김 기법을 강화하는 데 전념한다. 여기서는 감정과 경험을 수용하고 받아들이기 위해 새롭고 효과적인 대처 기법들을 배울 것이다.

{ 토니 가족은 지금 어떻게 지내고 있나? }

이번 장에서 토니와 카르멘은 각자의 방식으로 작업을 해나갔다.

카르멘은 자신의 중독 행동과 두 가지 중요한 상실 경험인 유방절제 수술과 아들의 죽음 사이에 있는 연결성을 찾아가면서 마음의 평화를 얻었다. 자신의 상실-중독 순환을 명확히 이해함으로써 강력한 통제력을 느낄 수 있었다. 때때로 내면의 다툼이 계속되겠지만, 적어도 눈에 보이지 않는 미지의 적과는 더 이상 싸움을 하지 않을 것이다. 카르멘은 남편과의 관계 회복을 위해 많은 생각을 하였다. 고통이나 상처받기 쉬운 상태에 있을 때마다 남편을 멀리하며 자신의 감정을 회피했던 행동은 결혼 생활에 오히려 더 큰 거리감을 만들어낼 뿐이었다. 카르멘은 중독성 행동 방식이 어떻게 상실을 촉진하는지 배우면서 깊은 생각을 하게 되었다. 카르멘의 중독 행동은 남편을 훨씬 더 멀어지게 했다. 상황이 바뀌지 않는다면 중독은 그녀가 그토록 가치를 둔 결혼 생활을 상실시킬 수 있었다. 하지만 카르멘은 상실-중독 순환과 맞서 싸울 준비가 되어 있다는 느낌이 들었고, 실제로 상실-중독 순환이 승승장구하도록 내버려두지 않았다. 그녀는 이미 삶에서 중요한 변화를 이끌어내고 있었고, 결혼 생활에 진정한 변화를 만들어내기 위해 준비했다.

토니가 이번 장에서 가장 도움을 받았던 것은 상실 기념일들과 구체적인 방아쇠들을 찾아냈던 것이다. 토니는 시간을 갖고 워크북에 있는 캘린더를 채워 넣으면서 속수무책으로 중독이 재발되던 해에 일어났던 일들을 분명히 알게 되었다. 힘겨운 순간들이 닥치기 전에 그런 순간들이 다가오고 있음을 미리 알아차릴 수 있다는 것은 아주 중요한 영향을 미쳤다. 토니는 아들의 죽음 기념일이 전체 가족을 감정적으로 고양시킬 수 있다는 것을 알아내고는, 그런 순간을 맞이해 자신과 가족을 지지해줄 수 있는 방법들을 생각하기 시작했다. 토니는 상실 애도를 돕기 위해 아들에 대한 기억을 추념할 수 있는 방법들과 자기돌봄 전략들을 고려해보았다. 이런 식으로 상황을 능동적으로 바라보면서 토니는 힘을 받는 느낌이 들었다. 이와 더불어 토니의 음주 욕구는 점차 줄어들었다.

3 | 치유를 향해 나아가기

8장

마음챙김 애도

앞장에서는 상실과 중독 사이의 연결성에 대해 살펴보고, 삶의 상실 경험들을 성찰해볼 기회를 가졌다. 이것이 쉽지는 않았으나 상실과 중독성 행동 사이의 연결을 밝히는 데는 무척 도움이 되었다. 이런 연결성 속에서 어떤 놀랄 만한 패턴들을 밝혀내고, 하나의 특별한 상실 기념일이 어떤 중독성 행동을 촉발했다는 것을 알아차렸을 수도 있다. 연결성에 대한 자각은 중독 치유 여정에서 매우 중요하다.

이번 장에서는 마음챙김과 수용에 대해 좀 더 탐구해본다. 여기서는 상실 경험들이 사라져가는 데 주의를 두고, 고요하고 무반응적인 자기의 새로운 토대를 구축하게 될 것이다. 새로운 출발을 한다는 데 흥미가 생기지 않는가? 여기서 몇 가지 마음챙김 연습이 소개될 것이다. 물론 저항에 대해 말하지 않고서는 마음챙김을 완전하게 설명할 수 없다. 변화되고 싶지 않은 느낌, 또는 **지금 당장**은 변화되고 싶지 않다는 느낌이 드는 것은 지극히 당연하다. 아주 사소한 변화에도 저항감을 드러내는 사람들의 이야기를 읽게 될 것이다. 다른 사람들의 마음에서 일어나는 저항을 알아차릴 수 있는가? 타인의 저항을 알아낼 수 있다면, 자기 안에서 일어나는 저항을 알아차리는 여정도 잘 해낼 것이다. 저항에 대한 해독제는 **회복탄력성**이다. 회복탄력성은 당신의 일부분으로, 당신은 지금껏 역경의 순간을 겪으면서 회복탄력성을 만들어왔다. 우리는 모두 역경의 세월을 경험했고, 또한 그 세월을 헤쳐 나갈 수 있는 힘을 가지고 있다. 이번 장은 자신의 개인적인 회복탄력성을 알아차리고 구축할 수 있도록 도와줄 것이다. 이번 장도 토니 가족과 함께 치유 여정을 한다. 지금쯤 이들이 살아가는 이야기에 관심을 갖게 되었을 것이다. 이제 시작해보자.

캐롤라인 이야기

쉰네 살의 회계원인 캐롤라인은 가죽 카우치에 앉아서 심리치료사를 마주보고 있었다. 그녀는 "이게 도움이 될지 의심이 들어요. 정말이지 심리치료는 믿을 수 없어요."라고 말했다. 첫 번째 회기였다. 캐롤라인은 한 번도 심리치료를 받아본 적이 없었는데 5주 전에 일어난 심각한 자동차 사고 때문에 이곳에 처음 오게 되었다. 트럭이 뒤에서 그녀의 차를 들이받으면서 에어백이 얼굴 부위에서 터졌고, 캐롤라인은 앰뷸런스를 타고 응급실로 실려 오게 되었던 것이다. 에어백이 목숨은 살렸지만, 큰 상처를 입혔다. 얼굴에 흉터가 남았으나, 다행히 어깨 인대 손상과 목의 통증과 부서진 갈비뼈의 통증에서는 많이 회복되었다.

캐롤라인은 아직 직장으로 복귀하지 않았다. 그녀는 도로에서 운전하는 것을 두려워했다. 지난주에는 의사를 만나러 가기 위해 운전하려 하는 순간 공황발작이 일어나서 주차장 한 곳에 차를 대고 두려운 느낌이 사라질 때까지 한참을 기다려야 했다.

사소한 일들이 그녀를 괴롭히고 있었다. 남편은 그녀를 지지해주려 애썼으나 오히려 남편에게 심하게 짜증을 냈다. 25년간 행복한 결혼 생활을 해왔던 이들로서는 참으로 이상한 일이었다.

캐롤라인은 낮에 혼자서 집에 머물곤 했는데, 친구와 자녀로부터 걸려온 부재중 전화에 회답도 하지 않았다. 사고가 나기 전에는 생동감이 넘치고 사교적이었으나, 지금은 자주 화를 냈고, 혼란스러워했다. 전에는 술을 마시면서 친구들과 교제했으나, 지금은 날마다 오후 1시에 홀로 와인 병 따는 것만 고대하고 있었다. 그녀는 코르크 마개가 '퍽'하고 빠지는 소리가 좋았다. 그녀는 매일 와인 한 병을 혼자서 마시고는 남편이 보지 못하게 빈 병들을 감추었다. 남편의 생각을 배려하기는커녕 남편과 논쟁하느라 지쳐 있었고, 논쟁을 한 뒤에는 진통제를 먹어야 했다. 논쟁을 하는 동안에는 목의 통증이 더 심해지는 것 같았다. 그녀는 어제 통증 약을 새롭게 처방받고는, '의사는 언제까지 나에게 계속 새로운 처방전을 줄까?'라는 궁금증이 들기도 했다.

캐롤라인은 자동차 사고 이후 익숙했던 삶이 사라져버린 듯한 느낌이 들었다. 그녀는 자신이 누구이며, 어떻게 과거의 자기로 되돌아갈 수 있는지 알지 못했다. 끊임없이 사고에 대해 말하고, 날마다 벌이고 있는 암묵적인 싸움에 대해 말하는 데 수치심을 느꼈기 때문에 심리치료를 받으러 들어올 때보다 치료를 끝내고 나갈 때 오히려 더 불안해했다. 다음 주에 오기로 약속을 하면서도, 마음속으로는 다시 오지 않겠다고 다짐하곤 했다. 주차장에 세워둔 자동차에 앉아서 그녀는 생각했다. "아무것도 소용이 없어."

다음 주가 되었을 때 캐롤라인은 결국 다시 심리치료를 받으러 가기로 마음먹었다. 지난 회기 이후 마음이 더 혼란해졌지만 그냥 가기로 결심했다. 치유되려면 시간이 좀 필요하다는 것을 알게 된 것이다.

상실감에 대처하기

당신도 캐롤라인처럼 삶에서 중요한 상실을 경험해왔을 것이다. 캐롤라인을 상처 받게 하고 화나게 하고 위축시켰던 것은 심각한 자동차 사고였다. 그녀는 예전의 자기를 상실했으며, 자신이 알지 못하는 누군가와 함께 내버려졌다는 느낌에 힘들어했다. 당신은 캐롤라인처럼 혼란스럽고 불쾌한 느낌들에서 벗어나기 위해 알코올이나 약물을 사용했을 수 있다. 4장에서는 마음챙김의 기본을 배웠고, 그 기법도 조금 실행해보았다. 앞에서 배웠던 마음챙김 기법들을 다시 떠올려보고 잠시 실천해보라. 이번 장에는 앞서 배웠던 마음챙김 기법 이외의 새로운 연습들이 추가될 것이다. 특히 무언가 또는 누군가에 대한 상실 사건과 관련하여 도움을 줄 수 있는 마음챙김 기법들에 중점을 두려고 한다.

방금 배웠듯이 캐롤라인은 자동차 사고의 트라우마를 경험하면서 과거와는 다른 느낌을 갖게 되었다. 이제 당신이 관찰자가 되어볼 차례이다. 몇 분간 시간을 내어 다음 페이지에 있는 질문에 답하라. 다른 사람이 상실에 어떻게 대처했는지 살펴봄으로써 자신의 대처 방식을 더 잘 성찰할 수 있을 것이다.

자동차 사고 뒤에 캐롤라인이 상실했던 것들을 적어라.

_____

_____

_____

_____

캐롤라인이 대처하기 위해 했던 일들을 적어라.

_____

_____

_____

_____

캐롤라인이 잘 대처하는 데 도움이 될 수 있는 것들을 적어라.

_____

_____

_____

_____

당신이 자신의 상실들에 대처하기 위해 해왔던 것들을 적어라.

_____

_____

_____

_____

아주 훌륭하다. 이제 캐롤라인이 어떻게 상실을 경험하고 대처하기 위해 애써왔는지 알게 되었다. 이런 경험을 토대로 당신은 자기 안에서 이것을 잘 관찰할 수 있을 것이다.

무력감에 대처하기

스위스의 정신의학자 칼 융(Carl Jung)은 다음과 같은 유명한 말을 남겼다. "저항하는 것은 지속된다." 저항은 무언가를 수용하기를 거부하거나 그것이 거기에 존재하지 않은 것처럼 행동할 때 생긴다. 융은 흥미로운 것을 알아차렸다. 그는 내면의 무언가에 저항했던 사람들이 오히려 그것 때문에 계속 괴로움을 당한다는 것을 발견했다. 실제로 융은 실험을 통해 저항을 하면 할수록 저항이 더 커지고 강력해진다는 것을 알아냈다(Jung, 2006). 일반적으로 저항의 패턴은 다음과 같은 과정으로 진행된다 — 한 사람이 문제에 저항을 할 때, 문제는 그대로 거기에 남아 있게 된다. 그는 그 문제에 한층 더 저항하고, 그러면 문제는 더 커지고 불거진다. 문제의 수용을 거부하면 고통이 더 커진다. 이런 사이클을 이해할 수 있는가? 당신에게 이런 일이 일어난 적이 있는가? 때로는 어떤 것도 효과가 없는 것처럼 느껴질 수 있다. 연습 8.2는 문제를 무시할 때 어떤 일이 일어나는지 이해하도록 도와줄 것이다. 우리는 문제에 정면으로 직면할 때 어떤 일이 생기는지도 탐사해볼 것이다. 이제 당신을 괴롭혀온 문제에 초점을 맞출 시간이다.

당신이 무시하기로 마음먹었던 문제를 한 가지 적어라.

_____

_____

_____

_____

그 문제를 무시했을 때 어떤 일이 생겼는지 적어라. 그 문제를 무시한 결과는 무엇이었는가?

_____

_____

_____

_____

_____

문제를 수용했다면 어떤 일이 벌어졌을지 적어라. 자신의 문제를 수용한 결과는 어떠했는가?

_____

_____

_____

_____

_____

우리는 모두 느끼고 싶지 않은 것들에 저항해왔다. 저항을 일으키는 주요 느낌 중 한 가지는 수치감이다. 캐롤라인은 자신이 더 이상 스스로를 통제할 수 없다는 사실이 수치스러웠다. 수치 감을 느끼지 않으려고 무진 애를 썼으나 다시 금이 가기 시작했다. 그런데 이상한 일이지만, 자신의 진짜 느낌을 수용하는 것보다 오히려 느낌을 숨기는 것이 에너지를 더 소진시켰다. 캐롤라인이 다시 심리치료를 받으러 온다면, 그녀를 도와줄 수 있는 일은 그냥 그녀와 함께 조용히 방안에 머물러 있는 것이다. 조용히 앉아 있는 일은 말하기는 쉬우나 실행하기는 그다지 쉽지 않다. 침묵은 캐롤라인에게 감정의 홍수를 불러일으킬 수 있다. 자신에게 무슨 일이 일어날 것인지 찾을 수 있는 가장 좋은 방법은 아래의 연습을 하는 것이다.

연습 8.3 시냇물에 나뭇잎 떠나보내기

주의를 산만하게 하지 않을 조용한 장소를 찾아서 의자에 편안히 앉아라. 양손은 펴서 무릎 위에 놓고, 양 발이 마룻바닥에 잘 밀착되어 있는지 살펴보라. 가부좌를 해서 마루 위에 앉아도 된다. 앉는 방식은 그다지 중요하지 않다. 처음에는 5분 정도 이 연습을 한다.

두 눈을 편안하게 감아라. 마음속에서 생각이 일어나도 괜찮다. 생각이 일어나는 것은 자연스러운 마음의 일이다.

한 번에 하나씩 생각이, 마치 시냇물을 따라 떠내려가는 낙엽처럼 지나쳐 흐르도록 내버려두어라. 시냇물 아래로 떠내려가는 나뭇잎을 마음으로 그려보라. 나뭇잎이 보이는가? 나뭇잎은 어떤 색인가? 크기는 어떠한가? 처음에는 비판적인 생각들과 불쾌한 느낌들이 떠올랐을 가능성이 매우 높다. '이건 어리석은 짓이야.'라는 생각이 들었을지 모른다. 생각이 나뭇잎처럼 밑에서 떠올라 시냇물 아래로 흐르게 하라. '나는 해야 할 일이 많아. 그런데 왜 여기 이렇게 앉아 있는 거지?' 떠오른 나뭇잎은 시냇물 아래로 떠내려가고 있다. '이건 내 인생에서 가장 긴 5분이야.' 각각의 생각은 저마다 고유한 나뭇잎이 된다. 각각의 느낌도 저마다 고유한 나뭇잎이 된다. 생각과 느낌에 해당하는 나뭇잎들이 무수히 존재한다. 한 번에 하나씩, 각각의 생각과 느낌이 고유한 나뭇잎 위에 올라타서 떠내려가게 하라. 생각이 시냇물 아래로 떠내려가게 하는 데는 단순한 재미가 있다. 각각의 생각은 자유롭게 움직인다. 나뭇잎의 움직임을 방해하는 장애물은 전혀 없다. 강물은 부드럽게 흐르고 있다. 나뭇잎에 실린 생각과 느낌은 하나씩 하나씩 시냇물을 따라 떠오르고 흘러내려간다.

매일 한두 차례 이 연습을 하라. 처음에는 5분 동안 하라. 나뭇잎을 떠오르게 해서 시냇물에 흘려보내는 기법을 사용하는 것을 잊지 말라. 자신에게 가장 효과적인 시간대를 선택하라. 하루가 시작되는 아침이 최적의 시간인가? 직장에서 매일 5분간 이 연습을 할 수 있는가? 저녁 시간이 연습하기에 좋은가? 매일 5분간 앉아서 한 달 동안 연습을 하면 어느새 10분까지 연습 시간을 늘릴 수 있게 된다. 너무 서두르지 말라. 날마다 5분씩 연습을 하는 것만으로도 변화가 시작된다는 느낌이 들 수 있다. 명심하라. 흘려보내야 할 생각과 느낌을 담은 나뭇잎이 많다는 것을.

'근본적인 수용' 상기하기

'시냇물에 나뭇잎 떠나보내기' 연습을 하면 마음이 고요해진다. 우리는 이미 4장에서 판단 없이 세상에 존재하는 방법인 근본적인 수용에 대해 배웠다. 이제는 사물을 있는 그대로 수용하는 것에 대해 좀 더 생각해보자. 근본적으로 수용하라는 말이 이상하게 들릴 수 있다. 당신은 이렇게 생각할지 모른다. "어떻게 내가 무언가에 미쳐 있다는 것을 수용할 수 있는가? 내가 무언가에 수치스러워한다는 사실을 어떻게 수용할 수 있단 말인가?" 맞다. 처음에는 이런 생각이 이상해보일 수 있다.

캐롤라인의 이야기로 되돌아가보자. 캐롤라인은 자동차 사고로 인해 혼란스러웠고 화가 났으며 마음에 상처를 받았다. 자신의 이런 경험과 느낌을 수용할 수 있었더라면 처음에는 아마도 묘한 느낌이 들었을 것이다. 한 단계 더 나아가보자. 만약 당신이 좋아하지 않는 자기의 어떤 부분을 수용할 뿐만 아니라 포용할 수 있었더라면, 당신에게는 어떤 일이 벌어졌을까? 당신의 일부분이 선물로 포장되어서 당신에게 되돌아왔다면 어떻게 되었을까?

> 여기에 '혼란함'이라는 선물이 있다. 나는 이 '혼란함'이라는 선물로부터 나 자신에 대해 무엇을 배울 수 있을까?

> 여기에 '마음의 상처를 경험함'이라는 선물이 있다. 나는 '상처를 경험함'이라는 선물을 통해 나 자신에 대해 무엇을 배울 수 있을까?

> 여기 '분노'라는 선물이 있다. 나는 '분노'라는 선물을 통해 나 자신에 대해 무엇을 배울 수 있을까?

당신은 더 이상 자신의 느낌에 저항하지 않으면서 그것을 포용하고 있다. 당신은 지금 무엇을 알아차리는가? 그 느낌들이 갈수록 커지는가 아니면 작아지는가? 그 느낌들이 다루기 쉬워지는가 아니면 어려워지는가? 자신의 느낌들에 대항해 싸우지 않는 것에 어떤 느낌이 드는가? 당신은 자신에 대해 약간의 연민을 느끼거나, 친절함이 오래 지속되는 것을 느낄 수 있다. 혹은 자신이 자기 이외의 모든 사람들을 친절하게 대하고 있다는 걸 알아차릴 수도 있다. 자신의 감정 세계에 '선물'을 주는 다음 연습을 통하여 더 깊은 수용에 이르게 될 것이다.

연습 8.4 자기 자신에게 주는 선물

당신을 괴롭혀온 한 가지 문제나 상황에 대하여 잠시 성찰해보라. 아마 당신은 과거에 이 문제나 상황을 겪으면서 파괴적이거나 중독적인 행동을 경험했을 것이다.

1. 그 당시 일어났던 문제나 상황을 적어라.

_____

_____

_____

_____

_____

2. 그런 문제나 상황에 대한 당신의 느낌을 적어라.

_____

_____

_____

_____

_____

3. 위에서 나타난 느낌 목록을 사용해서 다음 문장을 완성하라.

나는 _____ 라는 선물을 나 자신에게 준다.

나는 _____ 라는 선물을 나 자신에게 준다.

나는 _____ 라는 선물을 나 자신에게 준다.

4. 선물 시각화하기 : 느낌 목록을 만들어보았으니, 이제는 그 메시지를 명확히 자각하기 위하여 시각화를 활용해볼 시간이다. 두 눈을 편안하게 감아라.

아름답게 포장된 선물 한 가지를 마음에 떠올려라. 종이로 포장된 선물을 보면서 당신의 얼굴에는 미소가 떠오른다. 좋으면 계속해서 미소를 지어라. 두 손으로 그 선물을 들어서 당신 앞에 가만히 놓아라. 그러고 나서 조용히 선물에게 말하라. "고마워." 이제 두 눈을 지그시 감은 채 천천히 포장 종이를 벗겨내면서 선물을 열기 시작하라. 뚜껑을 열고 안을 들여다보라. 무엇이 보이는가? 그것이 바로 당신의 느낌이다. 그것은 분노이거나 혼란, 위축감, 슬픔 혹은 비탄일 수 있다. 이제 느낌들을 멀리 던져버리거나 어떤 반응을 하지 말고, 그저 그 느낌들을 품어 안아라. 바로 그거다! 그것들은 바로 당신의 것이다. 그것들을 수용하고 받아들여라. 두 눈은 감은 채로 자신에게 감사하고 또 감사하라.

이 연습의 목적은 감정적 갈등에서 벗어나 자신의 감정을 수용하고 더 나아가 포용하는 자세를 취하는 것이다. 이것은 다툼에서부터 평화, 그리고 힘으로 나아가는 과정이다. 여기서 힘은, 개인적인 여정에서 더 잘 느끼고 더 잘 대처하기 위해 필요한 하나의 중요한 특성이다. 이제는 개인적인 회복탄력성의 형태로 존재하는 힘에 대해 살펴보자.

개인적인 회복탄력성

이 책을 읽기 시작하면서 당신은 웰빙에 전념해왔으며, 삶을 향상시키기 위해 분명한 동기를 부여받았다. 이번 장의 목적은 회복탄력성과 관련해 알았던 것을 다시 한 번 상기하고, 이 지식을 어떻게 자기 자신에게 적용할지 생각해보는 것이다.

다음 페이지에 있는 퀴즈에 대한 당신의 응답이 '때때로'일 경우에는 '예'에 체크해야 할지, '아니요'에 체크해야 할지 선택하기 쉽지 않을 것이다. 그저 최선을 다해서 지금 이 순간 가장 잘 맞을 것 같은 응답을 선택하면 된다.

우리는 미국홀리스틱건강협회(American Holistic Health Association, 2003)의 동의를 받아 아래 열 가지 질문을 이 책에 수록했다. 시간 여유를 갖고 아래 질문에 솔직하게 답하라. '예' 혹은 '아니요' 중 한 곳에만 동그라미 표시를 하라. 이 퀴즈를 끝낸 뒤에는 개인적인 회복탄력성 목표를 세 가지만 적어라.

1. 당신은 이제 막 시작될 하루를 위해 열정을 갖고 잠에서 깨는가?　　　　　예　　　아니요

2. 당신은 하고 싶은 일을 하는 데 필요한 에너지를 충분히 가지고 있는가?　　　예　　　아니요

3. 당신은 편안하게 자주 웃는가?　　　　　예　　　아니요

4. 당신은 삶의 어려운 도전들에 대하여 자신감 있게 해결책을 발견하는가?　　　예　　　아니요

5. 당신은 자신이 가치 있는 존재이고 인정받는다고 느끼는가?　　　예　　　아니요

6. 당신은 다른 사람들의 가치를 인정하고 그들이 그렇다는 것을 알도록 도와주는가?　　예　　　아니요

7. 당신은 온정 있고 배려해주는 친구들이나 가족이 있는가?　　　예　　　아니요

8. 당신은 일상적인 선택을 통해 당신이 원하는 것을 얻는가?　　　예　　　아니요

9. 당신은 자신의 몸과 긍정적인 관계를 맺고 있는가?　　　예　　　아니요

10. 당신은 날마다 고요한 순간들을 즐기는가?　　　예　　　아니요

출처 : American Holistic Health Association(ahha.org) booklet Wellness from Within: The First Step(2003).

　이 질문 모두에 '아니요'라고 대답했다면, 축하를 보낸다. 변화가 필요한 영역들을 찾아낸 것이기 때문이다. '아니요'라고 답한 것 중 한 가지를 살펴보면서 당신의 부정적인 반응들을 행동으로 전환하라. 자신에게 도움을 줄 수 있는 방법을 찾아낼 수 있는가? 예를 들어 당신이 1번 질문에 '아니요'라고 대답했을 경우에 당신은 선뜻 그것을 하나의 개인적인 회복탄력성 목표로 전환시키겠는가? 이것을 목표로 설정할 의지가 있다면, 당신의 노트에 변화를 만들어내기 위한 계획을 기록하라. 이것은 목표일 뿐 아니라 목표에 이르기 위한 방법들에 대한 구체적인 계획이다. 이것은 곧 하나의 목표이자, 하나의 행동 변화이다.

마음챙김0김애도

(계속)

상실감 애도하기

우리는 모두 '상실감'을 간직하고 있다. 이것은 변화하고 싶지 않은 우리의 일부분이다. 이것은 불편함 속에서도 제법 편안할 수 있는 당신의 일부분으로, 적어도 이 불편함은 친숙하다. 하지만 색다른 무언가를 시도해보는 것은 낯선 일이 될 것이므로 구태여 긁어 부스럼 만들 일이 뭐 있겠는가? 속담 그대로, 잠자는 개는 그대로 놔두는 게 좋을지 모른다. 하지만 진정한 평화를 느끼려면, 자기 자신에게 도전해야 한다. 이것이 당신이 취할 수 있는 다음 단계이다. 로날드 알렉산더(Ronald Alexander, 2008, 53)는 『현명한 마음, 열린 마음』(Wise Mind, Open Mind : Finding Purpose and Meaning in Times of Crisis, Loss, and Change)에서 '모든 변화에는 상실이 포함된다'

고 언급했다. 하나의 상실을 다루는 일은 더 많은 상실과 연루된다. 그리고 결국에는 당신의 반응하는 태도가 바뀌게 될 것이다.

마음챙김은 개인의 힘을 증진시킨다. 마음챙김 애도의 목적은 상실에 대한 당신의 관점을 바꾸는 것이다. 곧 당신은 고요해지고 주의 초점을 유지하고 쓸데없는 반응을 멈추게 된다.

어린 시절, 잠자리에 드는 문제와 관련해 부모님과 다툰 적이 있는가? 당신은 부모님과 함께 있고 싶었고, 그랬더라면 어떤 것도 놓치지 않았을 것이다. 당신은 긴 하루를 보내면서 지쳤어도 온전히 깨어 있고 싶어 했다. 애정 어린 표현으로 당신은 이른바 '수면 전사'라고 불리는 존재였다. 당신은 수면이 아무리 자신에게 좋은 것일지라도 잠자리에 드는 것에 저항했던 것이다. 여기에서도 똑같은 원리가 적용된다. 그대로 내맡기면 자연적인 고요함이 일어난다. 하지만 대다수 사람들은 이것과 싸우고 싶어 한다. '고요함의 전사', 다시 말해 고요함과 싸우는 사람이 되지 말라. 새로운 고요함이 당신의 삶에 들어오도록 약간의 공간을 만들어줘라.

연습 8.6 ‘고요함의 전사’가 되지 말라

어쩌면 당신은 이 글을 읽으면서 낄낄거리며 웃었을지 모른다. 당신은 실제로 '고요함의 전사'였을 것이다. 비밀은 새어버렸다. 상황이 잘 돌아가는 것을 볼 때마다 당신은 남몰래 이렇게 생각한다. '언젠가는 이 평온함이 끝나겠지.' 생각들은 당신을 많이 위로해주지도 않으면서 자동적으로 부정적인 상태가 되어버린다. 현실적으로 당신은 이 워크북을 활용하고 연습을 해왔기 때문에 하루 종일 평온함을 유지했을지 모르지만, 결코 성공했다고 인정하지는 못할 것이다. 당신은 햇빛이 눈부신 청명한 날에 늘 어두운 구름을 찾아다니는 그런 유형의 사람이다. 당신은 '고요함의 전사'가 될 요소를 갖추고 있다.

이미 모든 게 잘 돌아가고 있다. 내면의 다툼을 느낄 때마다 다음 문장을 되풀이하라. '이미 모든 게 잘 되고 있다.' 힘든 하루를 보내고 있을 때는 언제든 이 연습을 하라. 중요한 사건이나 미팅을 앞두고 이 문장을 되풀이해 말하라. 술을 마시고 싶은 충동, 약물을 사용하고 싶은 충동, 또는 건강하지 못한 과거의 행동 패턴으로 돌아가고 싶은 충동이 들 때마다 이 문장을 되풀이하라. 과거의 고통스러운 사건의 기억들에 갇혀 있을 경우에도 이 문장을 되뇌라. '이미 모든 게 잘 되고 있다'는 문장은 마음을 고요히 하고 싶을 때 도움을 준다. 이런 문장이 마음속 깊이 자리하고 있다면 내면의 '고요함'을 있는 그대로 받아들일 수 있게 된다.

당신은 이미 '시냇물에 나뭇잎 떠나보내기' 명상에 익숙해졌을 것이다. 앉은 자세로 날마다 5분 명상도 잘 실천하고 있다. 또한 '이미 모든 게 잘 되고 있다'는 문장을 되뇌면서 마음의 고요함에 대한 수용력을 키워왔을 것이다. 이제는 다른 기법을 배워보자. '어휘를 떠올리며 걷기' 연습은 마음을 고요히 만들어주고 가치에 주의 초점을 두도록 도와주는 또 다른 기법이나.

긍정적인 어휘 세 가지를 선택해서 그것들을 의식하면서 걸어라. 예를 들어 '평화', '조화', '웰빙' 세 단어를 선택했다고 하자. 한 걸음 한 걸음 걸을 때마다 각 단어를 생각하고, 반복해서 말하라. 우편함을 확인하러 갈 때 이 단어들을 되풀이하라. 식료품점에 갈 때나 미팅 장소로 계단을 걸어 올라갈 때, 자녀와 함께 길을 걸을 때에도 세 어휘를 되풀이하라. 이 연습을 통해 두 가지를 성취할 수 있다. 첫째, 평상시 이 활동을 하는 동안 마음이 고요하게 유지된다. 둘째, 걸음걸이가 느려져서 지금 이 순간에 머물 수 있게 된다. 또한 이 어휘들은 명상과 기도에 사용된다. 스스로 선택한 어휘와 함께 걷는 연습을 하라. 그러면 당신의 마음은 고요함을 즐길 기회를 얻게 될 것이다.

회복탄력성 강화하기

하루 종일 회복탄력성을 유지하려고 하지만 때로는 마음이 너무 분주하여 그것을 주목하기가 어려울 수 있다. 캐롤라인의 이야기를 다시 살펴보자. 회복탄력성을 찾아내는 기술을 마스터하는 데 도움이 될 것이다. 캐롤라인이 상실의 경험 속에서 회복력을 갖게 되었던 세 가지 경우를 찾아보라.

_____

_____

_____

첫 번째 심리치료 회기에서 캐롤라인은 자신의 느낌을 이해하려고 노력하는 모습을 보여주었다. 심리치료가 무슨 소용일까 의심했지만 결국 심리치료실에 모습을 드러냈다. 그녀는 자신이 공황 상태에 빠졌다는 것을 알아차렸을 때 차를 옆에 세워 놓고 자기 자신을 돌보는 모습을 또한 번 보여주었다. 캐롤라인은 다음 회기에 가지 말까 생각했지만 두 번째 회기에도 나왔다. 그리고 느리지만 조심스럽게 알코올과 진통제 없이 삶을 재구축하는 과정을 시작했다. 이것들은 모두 회복탄력성을 높여주는 행동들이다. 희소식은 이런 회복탄력적 행동들이 그 스스로 구축된다는 사실이다. 일단 한 가지 회복탄력적 행동을 하기만 하면, 또 다른 행동을 계속해서 할 가능성이 높아진다. 이렇게 되면 회복탄력적 근육이 구축되고, 회복탄력적 행동들이 더 강해져서 더 많은 스태미나를 갖도록 도와줄 것이다. 더 많은 스태미나를 만들어낼수록 나쁜 스트레스를 유발하는 생각과 느낌들에 더 잘 대처할 수 있게 된다. 지금까지 배웠듯이 회복탄력성이 높아지면 중독성 행동들에 더 잘 대처할 수 있는 능력을 갖출 수 있다. 이것은 모두 정신적·신체적 건강을 위한 행동 변화 과정에서 새로운 경로를 개발하는 것과 관련이 있다. 당신은 지금 자신의 힘을 재구축하는 과정 중에 있다.

연습 8.8 회복탄력성 실행하기

캐롤라인의 회복탄력성을 찾아내보았으니, 이제는 당신의 회복탄력성을 찾아내는 연습을 해보자. 잠시 지난 하루 혹은 한 주를 생각해보라. 당신이 어떤 상황에서 회복탄력적이었는지 알 수 있는가? 회복탄력성을 발휘한 순간을 알아차릴 수 있다면 중독에서 회복되고 장기적인 건강을 확보하는 데 초석을 마련한 셈이다. 자신의 회복탄력성을 보여주는 다섯 가지 예를 적어라. 아주 사소한 사례들도 중요하다는 것을 명심하라.

결론

이번 장에서는 앞서 학습한 마음챙김을 점검하고, 무조건적 수용과 마음챙김 애도에 대해 새롭게 배웠다. 당신은 이번 연습을 통하여 마음을 고요히 하고 자신의 모든 부분을 수용하는 데 큰 도움을 얻었다. 물론 그것이 항상 쉽지는 않았다. 변화는 이렇게 쉽지 않은 것이다. 다음 장에서는 당신이 이룬 변화의 일부를 가까운 사람들과 함께 나누어보는 기회를 가지려고 한다. 다른 사람들과 나누기 전에, 토니 가족이 어떻게 지내고 있는지 살펴보자.

{ 토니 가족은 지금 어떻게 지내고 있나? }

토니는 이번 장에서 많은 것을 얻었다. 4장을 읽고 나서 마음챙김에 흥미를 가졌고 거기에서 배운 기법을 조금씩 연습해왔다. 연습을 하면 할수록 기분이 좋았고, 그것을 더 잘하고 싶은 마음이 들었다. 중독에 대처하기 위해 마음챙김을 활용하면서 상황이 점점 더 좋아지고 있었다.

토니에게는 한 번에 하나씩 생각을 떠내려가게 하는 시냇물의 나뭇잎을 상상하는 연습이 도움이 되었다. 가끔씩 마음이 너무 많은 생각으로 들끓어서 미쳐버릴 것 같기도 했다. 그러나 워크북 연습을 계속하면서 떠오르는 생각이 지나가도록 놓아두는 것이 점점 더 쉬워진다는 것을 알아차렸다. 지금은 스트레스가 찾아올 때 두 눈을 지그시 감고, 자신을 내맡기면서 5분간의 평화를 갖는다. 토니는 시냇물과, 그 흐름 속에서 나뭇잎들이 가볍게 떠오르는 모습을 시각화할 수 있었다. 게다가 직장에서 그런 연습을 할 수 있는 시간을 스스로 찾아내서 점심시간 혹은 화장실 가는 잠깐의 시간에 짧은 고요함의 순간들을 누릴 수 있었다.

주변 사람들은 금세 토니의 변화를 알아차렸다. 상사는 토니가 뒤늦게 정상에 이를 것 같다고 말해주었다. 한 동료는 토니가 기운을 되찾은 것을 보고는 무얼 했기에 그렇게 좋아졌는지 물었다. 토니는 새로운 기법의 이점을 알아차릴 수 있었고, 이렇게 얻은 추진력으로 더 많은 에너지를 쏟아 마음챙김 기법을 계속 익혀나갔다.

카르멘도 마음챙김과 더 친숙해지는 기쁨을 누렸다. 실제로 마음챙김 연습을 통해 마음의 평화를 느끼게 되면서 한 친구의 요가 수업에 참여할 용기를 낼 수 있었다. 카르멘은 일주일에 두 차례, 화요일 저녁과 토요일 아침에 열심히 요가를 했다. 매주 토요일에는 딸 티나를 요가 수업에 데리고 갔다. 이것은 두 사람이 오롯이 공유할 수 있는 특별한 순간이었다.

카르멘은 가정을 다시 일으켜 세우는 일에 대해 많은 생각을 했다. 그녀는 가정이 전보다 더 강해지고 건강해지기를 바랐다. 이것은 중독성 행동들로부터 멀리 벗어난다는 것을 의미했고, 워크북에 소개된 새로운 기법을 활용하기로 선택한다는 의미이기도 했다. 올바른 선택을 한다는 것이 항상 쉬운 일은 아니었으나, 어떻게든 올바른 선택을 하기 위해 열심히 노력했다. 티나의 미소를 지켜보고, 토니가 손에 맥주를 들지 않고도 편안하게 하루하루를 보내는 것을 지켜보는 일은 카르멘에게 의미 있는 암시가 되었으며, 그녀가 새롭고 밝은 길을 따라 계속 나아가는 데 힘이 되어주었다.

9장

관계 회복하기

당신, 그리고 당신 자신은 이 우주에 있는 다른 누군가만큼
당신의 사랑과 애정을 받을 만한 가치가 있다.
– 부처

중독이라는 질병은 관계를 파괴한다. 당신은 중독과 관련된 비밀을 지키려고 거짓말을 하고, 심한 기분 변화를 드러내고, 분노를 느끼고, 강박적 행동을 하게 될 수 있다. 이 모든 행동은 관계의 친밀감을 짓밟는다. 7장의 상실-중독의 순환에서 보았듯이 중독성 행동을 보이는 삶은 상실, 그중에서도 관계의 상실로 이어지기 쉽다.

이 장은 인생에서 중요한 관계를 형성하고, 강화하고, 재구축하는 데 중점을 둔다. 당신은 이 워크북의 여러 연습을 통해 중독에서 벗어나기 위한 회복의 길을 걸어왔고, 좀 더 밝고 아름다운 삶을 향해 나아가고 있다. 이런 삶은 고립된 채 존재하는 것이 아니며, 오히려 자부심을 가질 수 있는 건강하고 행복한 관계로 가득 차 있다. 지금부터 시작할 인생 여정의 다음 구간은 당신의 사회적 관계를 치유하는 것이다.

중독에서 회복될 때는 더 큰 마음의 평화와 더 건강한 몸, 그리고 삶의 통제감과 안정감이라는 선물을 받게 된다. 물론 이런 선물과 더불어 어려운 도전들도 존재한다. 도전적인 과제들 중 한 가지는 인간관계에서 생기는 문제들을 수용하는 방법을 배우는 것이다. 이 문제들 가운데 일부는 중독적 삶의 안개 속에 감춰져 있을지 모른다. 지금 그 문제들이 형태를 갖추며 가시화되고 있다. 면전에서 자신의 인간관계 문제를 이토록 명확하게 살펴보는 것은 고통스러운 일이 될 수 있지만, 달리 보면 치유될 수 있는 좋은 기회를 얻고 있다는 것을 명심하라. 다시 말해, 현재의 문제들은 지금처럼 고통을 일으킬 필요가 없는 것들이다. 치유는 가능하다.

연습 9.1 공통적인 사회 문제 목록

다음은 중독에서 회복되는 과정에서 경험할 수 있는 공통적인 사회적 문제들이다. 아래 문항 중 경험해본 것이 있다면 숫자에 동그라미를 하라.

1. 친구들과 지인들이 당신이 치유되려고 애쓰고 있는 것과 똑같은 중독성 행동에 몰두하고 있다. 이들과 함께 하는 것이 당신의 회복을 도와주지는 않으나, 이들과의 사이가 멀어진다면 외로움을 느끼게 될 것이다.

2. 중독성 행동에 몰두하지 않을 때에는 사회적 상황에 편안함을 느끼지 못한다. 당신은 회복 도중에 있지만, 때로 사회생활을 제대로 할 수 있을지 의문을 갖는다.

3. 맑은 정신으로 삶에서 일어나는 일을 더 잘 자각하게 되면서 자신의 대인관계가 온전하지 않다는 것을 알게 된다. 당신의 관계는 (한 사람이 다른 사람에게 더 많이 의존하고 있는 식으로) 균형 잡혀 있지 않거나 건강하지 않고 혹은 안전하지도 않다. 진정한 친밀감처럼 보였던 것이 사실은 자신의 중독이 창조해 놓은 환상임을 발견할 수 있다. 자신과 진실로 가까운 사람이 단 한 사람도 없다는 것을 알게 될지 모른다. 중독이 당신의 삶에서 창조해 놓은 엄청난 고독감을 겪게 될 수도 있다.

4. 모든 사람이 당신에게 화가 나 있다. 당신은 삶에서 중요하고 친밀한 관계들을 맺을 수 있지만 그 관계들은 팽팽하게 긴장되어 있다. 중독 증상이 나타날 때 당신은 사람들에게 상처를 준다. 회복 과정을 거치는 동안 다루어야 할 많은 부산물이 존재한다.

5. 어느 누구도 당신을 신뢰하시 않는나. 고용주도, 친구들도, 가족도 모두 당신의 정직성을 의심하고 있다. 갑자기 당신은 자신을 타인에게 입증해야만 하는 위치에 놓이게 된다. 때로는 수치심을 느끼고, 신뢰받지 못해 좌절감도 느낀다.

6. 당신은 중독으로 인해 완전히 고립되어왔다. 회복 과정을 시작하면서 당신은 정말 사회적으로 어떤 지지도 받지 못한다.

이런 상황 중 한 가지 혹은 몇 가지 현상이 회복 초기에 나타날 가능성이 있다. 이번 장에서는 각 문제 상황에 대한 해결책을 제시할 것이다. 당신은 중독성 행동에서 회복됨으로써 지금껏 보아왔던 관계 중 가장 만족스러운 관계로 나아갈 수 있다. 그리고 언제나 그렇듯이 그렇게 되려면 행동이 필요하다.

　방금 동그라미 친 항목들을 살펴보라. 이번 장은 각각의 문제를 풀 수 있는 방법을 가르쳐줄 것이다. 당신은 모든 내용이 나름 가치가 있지만, 자신에게 가장 잘 적용되는 것들에만 주의를 두고 싶을 것이다.

　당신이 어떤 문제를 다루고 있든 상관없이 첫 번째 방법인 '기본적 의사소통 기법'을 읽어보기 바란다. 좋은 관계를 맺고 싶어 한다면 누구든 이 기본 기법을 익혀두어야 한다. 다음 단계는 자신에게 가장 잘 적용되는 부분으로 나아가는 것이다. 여기에 소개된 아이디어들을 성찰해보고 연습 문제들을 완성하기 위해 노력할수록 당신은 더 좋은 결과를 얻을 수 있다.

기본적인 의사소통 기법

사회생활에서 당신을 괴롭히는 것이 무엇이든 간에 기본적인 것을 마스터하는 것이 필수이다. 하고 싶은 말을 어떤 식으로 드러내느냐는 정말로 중요하다. 충분히 연습한다면 다음에 소개될 기본적인 의사소통 기법이 모든 인간관계에서 당신을 도와줄 것이다.

'나' 메시지

가장 좋은 기본 의사소통 기법 중 한 가지는 '나' 메시지를 사용하는 것이다. '나' 메시지로 의사소통을 하면 상대방이 방어적으로 나올 가능성이 줄어들고 의사소통에서 상대의 방어적인 태도가 적어지면 원하는 결과를 얻게 된다. 이런 의사소통의 요령을 배우기 위해 연습을 해보자. 공식은 아래와 같이 매우 간단하다.

당신이 _____ 했을 때 (상대방의 구체적 행동),

나는 _____ 을/를 느낀다/느꼈다(감정 단어,
표 1.1 대표 감정 목록 참조).

왜냐하면 _____ 하기 때문이다(상대를 비난하지 않으면서 당
신을 이런 식으로 느끼게 하는 원인에 대한 설명).

사례 A : "식사하러 오라고 불러도 저녁 식탁에 제때 오지 않을 때, 나는 속상하다. 왜냐하면 시간을 함께 보내는 것이 중요하기 때문이다."

사례 B : "당신이 방향을 잊어버려서 우리가 길을 잃게 되었을 때, 나는 좌절감을 느꼈다. 왜냐하면 편안한 드라이브를 기대하고 있었는데 오히려 싸우게 되었기 때문이다."

연습 9.2 나 메시지 실행하기

아래 문장을 '나' 메시지로 바꾸어 말해보라.

1. "너는 접시를 잘 닦지 못해."

2. "너는 항상 늦어서 나를 너무 화나게 해."

3. "너는 그 남자가 나를 괴롭히는데도 나를 지켜주지 못했어. 너는 나를 제대로 돌봐주지 못해."

4. "당신은 너무 빨리 운전해요. 정말 말도 안 돼요!"

5. "당신은 언제나 내가 당신을 찾아오기를 바라죠. 반대로 당신이 나를 찾아오면 어떨까요?"

당신이 방금 적은 새로운 진술문을 살펴보라. 질책이나 비난 대신에 그런 식으로 말을 들었다면 기분이 어떠했을 것인지 생각해보라.

더 부드러운 감정으로 말하기

1장에서 당신은 자신의 감정을 알아차리기 위하여 힘든 작업을 시작했다. 1장의 연습들은 당신이 진정으로 느끼고 있는 것을 알아차리도록 도와주었고, 한 걸음 더 나아갈 준비를 하게 했다. 이제는 더 부드러운 감정들이 겉으로 드러나는 감정 이면에 놓여 있다는 것을 알아차려야 한다.

『꼭 안아 줘요 : 일생의 사랑을 위한 일곱 가지 대화』(Hold Me Tight : Seven Conversations for a Lifetime of Love)의 저자인 수 존슨(Sue Johnson, 2008)은 지금까지 나온 가장 성공적인 부부상담 형태인 정서중심치료법(emotionally focused therapy, EFT)을 확립했다. 이 치료법은 여러 가지 방법을 이용해 관계의 유대감을 강화한다. 하지만 이 치료의 핵심 방법 중 하나는, 참가자들이 '더 경직된' 감정들 뒤에 숨어 있는 상태에서 빠져나오도록 유도하여 '더 부드러운' 감정으로 서로 소통할 수 있도록 돕는 것이다. 삶에서 분노는 주변 사람들을 방어적으로 만들고 더 멀어지게 만든다. 한편 상처처럼 부드러운 감정들을 표출하면 주변 사람들과 더 친밀해진다. 아래 두 문장에 대한 당신의 반응이 어떠한지 생각해보라.

- "나는 당신에게 너무 화가 나."
- "지금 이 순간 우리에게 일어나는 일을 생각하니 정말 슬퍼."

어떤 진술문이 듣기에 더 편안한가? 더 강하게 방어 자세를 취하게 하는 것은 어떤 문장인가? 어떤 문장이 당신의 마음을 열고 계속 경청하게 하는가? 두 번째 문장은 당신의 마음을 열어서 의사소통을 원활히 하고, 친밀감을 높여줄 확률이 높다.

다음은 경직된 감정과 부드러운 감정 목록이다. 자신의 감정을 솔직하게 관찰해보라. 경직된 감정들 밑에 부드러운 감정들이 존재한다는 것을 알게 될 것이다. 당신은 숨기지 않고 그냥 있는 그대로 화를 냈다고 생각할지 모르지만 내면의 어딘가에서 두려움과 당혹감 또는 상처같은 감정을 발견하게 될 것이다.

당신을 돌봐주는 사람에게 자신의 부족함, 수치감 혹은 상처의 느낌을 솔직하게 말하고 함께 나누면 인간관계에 큰 변화가 이루어진다.

- 부족함 : "나는 때때로 당신에게 많이 부족한 사람이라서 두려워. 당신이 떠날까봐 무섭기 때문에 질투를 느껴."

경직된 감정	부드러운 감정
분노	당혹감
초조함	두려움
비통함	속병/화
방어	상처 받음
시기심	부족함/불충분함
좌절감	불안정함
적대감	배척당함
짜증	슬픔
질투심	수치심
격분	연약함

- **수치감** : "당신이 내가 과거에 했던 중독성 행동에 대해 말할 때 내 목소리가 올라간다는 걸 나는 알고 있어. 그렇게 되면 나 자신이 너무 수치스러워서 문제를 어떻게 해결해야 하는지 몰라 멍해지고 말아. 정말 그래."
- **상처 받음과 배척당함** : "당신이 다른 친구들과 외출할 때 서운한 마음이 들어. 당신이 나와 함께 시간을 보내고 싶어 하지 않는다는 생각이 들어서 나는 정말로 더 외로워져."

물론, 이런 말을 하기가 어려울 수 있다. 이것보다는 그냥 방에서 뛰쳐나가고, 묵살해버리고, 문제되는 사람을 피하고, 가슴으로 말하기보다는 목청껏 크게 소리치는 것이 훨씬 편하게 느껴질 것이다. 당신은 가슴에서 느껴지는 대로 놔두는 것을 두려워한다. 자신이 어떤 반응을 얻게 될지 확신할 수 없고, 실제로 한층 더 상처를 입는다면 어떻게 될까? 하지만 이것은 당신의 선택이다.

진정한 친밀감을 갖는 데는 위험이 뒤따르지만 익숙하게 느끼는 영역에서 벗어나는 것은 더 좋고 더 건강하고 더 충만한 관계를 위한 공간을 만들어줄 것이다. 3장에서 했던 가치 연습을 기억하는가? 그때 당신은 이 세상에서 가장 소중히 여기는 것들을 찾아냈다. 소중히 여기는 것들을 추구할 때에 나타날 수 있는 까다로운 감정들을 수용하는 것은 가치 있는 일이 아닌가? 몇 차례 심호흡을 하고, 마음챙김 연습을 하라. 그러고 나서 애써 억압하는 두려움을 헤치고 나아가라. 거기에는 얻을 수 있는 것들이 아주 많다.

이런 유형의 의사소통이 어렵다고 생각되면, 정서중심치료법 훈련을 받은 심리치료사를 찾아가 상담을 받아보는 게 좋다.

경청이 문제다

당신은 아주 능숙하게 자신을 표현하고 있을지 모르나 그건 단지 대화의 절반에 불과하다. 관계에서 건강한 의사소통을 하려면 경청하는 방법을 학습해야만 한다.

경청이란 다른 사람들이 말하는 것의 일부분만을 골라내서 이해하는 것이 아니며, 사람들이 말하는 동안 반론을 구축해 놓는다는 의미도 아니다. 경청자가 해야 할 일은 다른 사람들의 입장이 어떠하고 그들이 무엇을 느끼고 있는지를 이해하기 위해 최선을 다하는 것이다. 당신이 해야 할 일은 해석을 내리고 결론으로 비약하는 것이 아니라, 상대방이 하고 있는 말을 진정으로 듣는 것이다. 이것을 실천할 수 있는 좋은 방법은 들은 것을 요약해서 상대방에게 되돌려주는 것이다. 이것은 상대방으로 하여금 당신이 잘 경청하고 있다는 것을 알려준다. 다음 단계는 인정해주고 지지를 보내고, 그러고 나서 당신이 배려하고 있다는 것을 상대방이 알도록 추수 질문을 던지는 것이다. 그것은 다음과 같다.

상대방 : 지금 생각해보니, 오늘 아침 주유하면서 계산이 잘못된 것 같아요. 믿을 수 없는 일이지요. 바가지를 쓰게 되다니 너무 짜증나요. 심한 좌절감이 드네요. 누군가를 신뢰할 수 있다고 생각하는 바로 그 순간에 이런 일이 생겼어요! 주유소로 되돌아가서 한판 싸워야 하는지 지금 잘 모르겠어요. 내가 틀릴 수도 있으니 너무 무서워요. 으윽!

당신 : 그러니까 주유소 사람들이 과금을 했을지 모른다고 생각하는군요. 그토록 믿었던 사람들인데요[상대의 말을 간단하게 요약함으로써 당신이 듣고 있다는 것을 상대에게 알려준다]. 그 말을 들으니 나도 화가 나는군요[인정해주기]. 그런데 100% 확신하는 건 아닌가 봐요[다시 요약]. 그건 분명히 힘든 일이에요[인정해주기]. 어떻게 할 생각이에요?[관심과 우려를 보여주는 추수 질문]

위에서 보았듯이 이 대화에서 당신은 지지적이고 주의를 모아 배려하는 경청자의 역할이다. 지금까지 당신은 그 대화를 자신의 삶으로 전환시키지 않았고, 상대방이 느끼고 있던 감정을 떨구어내지 않았으며, 빠르게 해결책을 제공하기 위해 비약하지도 않았다(그렇게 했다면, 감정을 떨구어내려는 것처럼 느껴질 수 있다). 당신에게 말하고 있던 사람은 당신이 자신의 말을 경청하고 있고, 인정하고 있으며, 또한 배려받고 있다고 느꼈을 것이다. 이것이 바로 행복하고 건강한 관계의 기초이다.

이 활동지를 사용해서 훌륭한 경청자가 되는 연습을 하라. 요약하고 인정하고 추수 질문을 하는 데 주의를 집중하라. 앞의 사례를 가이드로 활용하라.

상대방 : "제 상사는 정말이지 엄청 바보예요. 그 사람이 정말 싫어요. 당신도 그 사람이 오늘 저지른 일은 결코 믿지 못할 거예요. 상사가 나를 자기 사무실로 부르더니 제 근무시간을 다시 줄여야 한다고 말하지 뭐예요. 저는 간신히 먹고살 만큼도 벌지 못하고 있거든요. 차라리 저를 완전히 해고해버리는 게 낫지 않을까요? 이제는 정말로, 뭔가 일이 제대로 안 돌아가고 있다는 느낌이 들어요. 하지만 다른 일자리를 찾을 수 없으면 어쩌죠?"

당신 : _____

_____

_____

상대방 : "저는 오늘 어머니를 위해 아주 멋진 선물을 샀어요. 속에 탄생석이 들어간 목걸이예요. 이미테이션이긴 하지만요. 어머니 마음에 들었으면 좋겠어요. 당신도 알다시피 어머니는 지난주에 검사를 받기 위해 입원하셨죠. 검사결과가 나오진 않았구요. 수치가 높아지면 그들은 세상의 모든 검사를 다 할 거예요. 하지만 어머니는 저의 마지막 피붙이거든요. 아셨어요? 우리가 이렇게 멀리 떨어져 산다는 게 너무 싫어요."

당신 : _____

_____

_____

상대방 : "파견 한 달이 지나서야 드디어 제프가 배치되었던 부대에서 돌아오고 있어요. 너무 흥분돼요. 제 생각에 언니가 8월에 잠시 아이들을 돌봐줄 수 있을 거예요. 그러면 단 둘이 함께 여행도 할 수 있게 되구요. 둘이 여행한 지 정말 오래되었거든요. 신혼여행 이후 한 번도 없었네요. 제프도 함께 가기를 바라겠죠. 우선은 잠시 그냥 집에 있고 싶을 거예요. 그걸 이해해요. 모든 것에서 잠시 벗어나 있는 게 정말로 필요하죠. 그래서 며칠 동안은 그 사람은 그 사람대로, 나는 나대로 지내는 것도 괜찮아요."

당신 : _____

_____

_____

경청하고, 요약하고, 인정하고, 추수 질문을 하는 기술을 익혔으니 이번에는 배운 것을 일상생활에 적용해보라. 배우고 익힌 기법을 가지고 실험을 해보자. 이런 식으로 다른 사람들에게 반응했을 때 어떤 일이 일어나는지 지켜보라. 훌륭한 경청자가 되었다고 칭송을 받을지도 모른다.

관계를 위협하는 흑백 사고

기본 의사소통 기법과 관계 향상 기법으로 당신을 도울 수 있는 몇 가지 중요한 아이디어가 있다. 건강한 의사소통을 불가능하게 하는 세력 다툼에서 벗어나려면 다음 구절에 들어 있는 정보를 잘 성찰해보라.

마음이 당신을 어떻게 속이는지 생각하면서 지금까지 겪어온 긴 여정을 되돌아보라. 2장에서 당신은 자신의 습관적 반복 사고를 살펴보았다. 이런 사고들은 어린 시절에 형성되어서 그대로 고착되었기 때문에 비현실적이며 편견에 치우쳐 있다. 어린 시절에는 세상을 아주 단순하게 본다는 점을 상기하라. 곧 어린 시절 당신은 모든 것을 범주화한다. 그리고는 이렇게 범주화하지 않았더라면 거대하고 무시무시했을 세상을 이해하기 위해 그 범주들에 라벨을 붙인다. 당신은 세상만사가—둘 사이의 어떤 공간도 없이—좋은 것과 나쁜 것 중 하나라고 이해한다. 관계에 대한 당신의 생각들은 앞서 본 습관적 반복 사고와 매우 비슷하다. 그것들은 단순하고 부정확할 수 있다. 관계 속에서 할 수 있는 유일한 선택은, 희생자나 책임지는 사람 중 하나거나, 왕따 시키거나 왕따 당하는 것 중 하나거나, 또는 마스터나 지휘관이나 도어매트(역주 : doormat, 다른 사람들에게 당하고도 가만히 있는 사람) 중 하나인 것이다. 인간관계를 이런 흑백의 관점에서 바라볼 때 타인과 성공적으로 관계할 수 있는 당신의 능력은 심각하게 제한된다.

- 힘 있는 vs. 무기력한
- 강력한 vs. 나약한
- 좋은 vs. 나쁜
- 올바른 vs. 잘못된

인간관계를 좋은 사람과 나쁜 사람으로 나누는 흑백논리는 도움이 되지 않는다. 이런 식으로 관계를 와해시킬 경우, 유일한 선택은 다른 사람보다 더 **좋은**가 아니면 덜 **좋은**가에 있을 뿐이다.

다른 사람보다 기분이 덜 좋다는 느낌은 당신의 자존감을 낮추고, 다른 사람들로부터 이용당하게 만들 것이다. 최상의 자기가 되지 못하고, 강하고, 자신감 있고, 가치 있다는 느낌을 갖지 못한다. 이런 느낌을 느끼며 살아가다 보면 우울해져서 언젠가는 중독성 행동을 보일 위험이 있다. 그리고 에너지가 소진된 채 이 상황에서 빠져나오게 되고 자존감을 되찾을 수 있는 유일한 방법은 현재 삶과의 관계를 완전히 정리해야 할 뿐이라고 느끼게 된다.

한편 다른 사람보다 더 좋은 기분을 느끼려면, 자신에 대한 과장된 의식이 생기고 거만해지고 허세를 부리게 될 수 있다. 사람들은 대체로 이런 사람을 가까이 하고 싶어 하지 않는다. 당신은 통제적이고 권위적으로 될지 모르며, 타인으로부터 배울 수 있는 어떠한 기회도 모두 막아버린다. 어느 길이든 당신은 튼튼한 기반 위에 머물지 못하게 된다. 한 사람은 위에 있고, 한 사람은 아래에 있다. 이것은 공평하지 않다. 간단히 말해 당신은 관계를 맺고 있는 상대방과 결코 똑같은 곳을 바라볼 수 없다.

다른 사람들과 진정한 친밀감을 가지려면 대등한 입장을 찾는 게 필요하다. 건강한 친구관계, 가정 혹은 연인관계에서는 주고받음이 있고, 균형이 있다. 흑백 논리에서 벗어나서 그 중간 지점에 더 가까이 갈 수 있도록 공간을 만들어야 한다. 옳은 사람과 그릇된 사람이라는 구분 대신 "좋아, 나는 당신에게 동의하지 않아. 하지만 당신의 입장은 이해할 수 있어."라는 관점이 존재해야 한다. 바로 이런 유형의 의사소통을 통하여 관계가 안정적으로 유지될 수 있다.

결과에 초연하기

이런 순간을 상상해보라. 당신은 이 책과 활동지를 모두 다 읽고 실행에 옮기고, 되풀이해서 연습을 한다. 자신의 모든 에너지를 소통의 대가인 마스터 커뮤니케이터가 되는 데 쏟아붓는다. 그리하여 당신은 지금 여기에 존재하면서 자신이 이 순간을 **훌륭**히 잘 처리해내고 있다는 것을 안다. 당신은 지금 확신에 차 있고, 명확하고 공평하며, 목소리 톤은 부드러우면서도 단호하다. 자기를 비난하지 않으면서 주어진 현실 속에서 자신이 맡은 부분에 대해 책임을 다한다. 당신은 마치 프로처럼 경계를 설정하고 있다. 바로 의사소통을 하고 있는 것이다!

하지만 이상하게도 당신과 이야기하고 있는 상대방은 박수갈채를 보내지 않는다. 그는 자신이 그렇게 명료하고 분명해졌는데도 당신에게 고마워하지 않는다. 그는 마치 당신이 힘겨운 난관에 따른 어려움을 해결해주지 않았다는 식으로 여전히 악을 쓰며 지껄여댄다. 그는 '나' 메시지를 사용하지 않고 있다. 그는 비난 게임(역주 : blame game, 어떤 실패 상황이나 부적절한 결과에 대해 단독 책임을 인정하지 않으면서, 서로를 비난하고 책임을 전가하는 것)을 하고 있다. 그는 표적을 향해 날아가는 화살처럼 분노와 비난을 뿜어내고 있다. 도대체 무슨 일이 일어나고 있는 것인가?

기법을 아무리 잘 습득했더라도 자신이 기대하고 있는 결과를 얻으리라는 보장은 없다. 이것이 진실이다.

이런 상황에 처하면 완전히 다른 사람이 된다. 그는 자신만의 욕망과 요구, 기대감, 상처, 그리고 근심을 갖고서 자기 안의 악마들과 싸우고 있고, 자신의 고유한 문제들을 이해하기 위해 애쓰고 있다. 당신의 내면에서 펼쳐지는 생각과 느낌과 경험만큼 복잡하고 복합적인 무언가가 그의 내면에서 일어나고 있다. 당신은 어떻게든 이 모든 혼돈을 헤치고 나아갔고, 인간이 발휘할 수 있는 모든 고요함과 균형감을 지니고 어떻게 해서든 의사소통해왔을 것이다. 하지만 이 세상의 어떤 의사소통 기법도 완벽한 결과를 예측할 수는 없다. 사람은 원래 예측할 수 없는 존재이기 때문이다.

그러므로 엄청난 실패가 예상될 때, 또는 일을 제대로 하고 있는데 모든 일이 잘못되고 있다고 밝혀질 때에 당신은 어떻게 하겠는가?

어떤 상황의 결과로부터 벗어나는 일이나 다른 누군가에 대한 정서적 혼란에서 벗어나는 일은 분명히 당신이 습득해야 할 가장 어려운 과제이다. 드라마 같은 삶에서 조용히 옆으로 물러나서 그것을 관찰하는 일은 거의 불가능하다. 드라마는 당신을 푹 빠지게 만드는 대단한 재주가 있기 때문이다. 무언가를 고요히 관찰할 수 있는 힘은 마음챙김 수련에 몰두함으로써 경험할 수 있는 가장 놀라운 변화 중 한 가지이다. 당신은 푹 빠지지 않는 빙법을 배우고, 판단 없는 이해와 호기심을 통하여 당신에 대한 타인의 반응을 알아차리면서 가만히 지켜보는 법을 배울 수 있다. 또한 무언가에 푹 빠지는 것이 당신의 실제 모습이 아님을 배울 수 있다. 당신과 관련하여 실재하는 것은 당신이 지금 하고 있는 일이며, 당신이 새로운 기법을 실천하고 있다는 사실이다. 앞에 나타난 결과가 무엇이든 당신은 자신의 행동에 자부심을 가질 수 있다. 결과는 그것과는 비할 바가 아니다.

건강하지 않은 관계 찾아내기

이번에 소개되는 연습은 삶에서 이루어지는 관계를 자세히 살펴보도록 도와준다. 이 연습은 삶의 관계들이 당신에게 도움을 줄 것인지 아니면 피해를 줄 것인지 결정하는 데 도움을 주고, 최고의 행동 방침이 무엇인지 성찰해볼 기회를 줄 것이다. 곧 관계 재구축을 위해 노력해야 하는지, 아니면 관계가 어떻게 되든 거기에서 벗어나야 하는지 숙고해볼 수 있다.

우선 연습 9.4의 목록을 살펴보자. 각 카테고리에는 세 가지 유형, 즉 건강한 관계, 건강하지 않은 관계, 불안전한 관계의 특성이 열거되어 있다.

아래 열거된 관계 특성을 살펴보라. 건강한 관계, 건강하지 않은 관계, 불안전한 관계로 구분되는 세 가지 관계의 특성을 읽어보고, 각 사례 밑에 당신이 찾아낸 다른 특성을 포함시켜라.

건강한 관계

나는 타인을 지지해주는 대가로 지지를 받는다고 느낀다.

나는 상대방을 신뢰하고 그 대가로 신뢰받는다.

나는 있는 그대로의 나 자신이 될 수 있다는 느낌이 든다.

나는 관계 속에서 있는 그대로의 내 모습을 좋아한다.

갈등, 언쟁, 긴장은 잘 해결되며, 그 과정에서 나와 상대방은 만족감을 느낀다.

내가 맺는 관계 속에는 타협이 존재한다.

내가 어떤 선택을 하더라도, 나는 타인들과 자유롭게 시간을 보낸다.

나는 내 인생에 대해 스스로 결정을 내린다.

우리가 합의에 이르지 못해도 각자의 의견은 존중된다.

상대방은 중독과 상실에서 벗어나려는 나의 회복 과정을 지지해준다.

나는 안전하고, 보살핌 받으며, 사랑받는다는 느낌이 든다.

건강하지 않은 관계

나는 자주 심판을 받거나 비난받는다.

나는 종종 나의 말이나 행동을 나 스스로 지켜보고 있다는 것을 발견한다.

상대방과 함께 있을 때조차 나는 매우 외로움을 느낀다.

나는 다른 사람에게 의존해서 모든 결정을 내린다.

나는 사물에 대한 나의 느낌을 더 이상 확신하지 못한다. 다른 사람이 나의 의견에 너무나 큰 영향력을 행사하기 때문이다.

나는 다른 사람이 할 수 없다는 느낌이 들기 때문에 이 모든 결정을 내린다.

관계 속에서 내가 항상 책임을 져야 한다는 것 때문에 부담감을 느끼고 소진되는 느낌이 든다.

나는 관계 속에서 거리감을 느낀다. 상대방과의 관계 속에서 진정한 가까움이나 친밀감을 느끼지 못한다.

나는 다른 사람들과 함께 시간을 보낼 때 방해받는 느낌이 들거나 죄책감을 느낀다.

나는 중독성 행동 이외에는 상대방과 어떤 공통점도 없다는 느낌이 든다.

관계 속에서 저지른 실수를 놓고 끊임없이 나 자신을 비난한다. 나는 결코 기분 좋은 느낌이 들지 않는다.

언쟁이 복수심을 일으키거나 험해지면 갈등이 심화되어서 기분 좋게 문제를 해결하는 것이 어려워진다.

상대방과 관계를 맺으면서 나 자신이 될 수 있다는 느낌을 갖지 못한다.

중독에서 회복되는 것이 나에게 매우 중요하다고 이미 설명했는데도 상대방은 나의 회복을 지지하지 않는다.

상대방은 내가 상실 경험에서 치유되는 것을 지지하지 않는다.

불안전한 관계

나는 더 이상 재정 문제를 해결하거나 통제력을 갖지 못한다.

나는 하찮고 무기력하다고 느끼고 두려운 느낌이 든다.

나는 욕을 먹거나 가치 없는 존재라는 말을 듣는다.

나는 매우 고립되어 있다. 상대방은 내가 나의 가족을 비롯해 다른 사람들과 접촉하는 것을 좋아하지 않는다.

다른 사람이 나의 관계의 일부 측면을 통제하고 있다.

상대방은 나를 밀치고, 때리고, 움켜잡고, 발로 차고, 주먹으로 치고, 목을 조르고, 성폭행하면서 나에게 피해를 준다.

상대방과의 관계가 끝날까봐 두렵고, 다른 사람에게 도움을 청하는 것도 두렵다.

다른 사람이 나와 가까운 사람 또는 사물에 계속 상처를 입힌다.

　　당신은 위에 열거한 '불안전한 관계'의 일부 특성들과 학대적인 관계를 맺고 있을지 모른다. 하지만 당신만 그런 것은 아니다! 폭력이 존재하든 존재하지 않든, 지지 체계로부터 통제받고 하찮게 여겨지고 고립될 경우에 관계는 불안전해진다. 무엇보다, 안전하다는 확신 없이 행동을 함으로써 자신을 위험에 처하게 해서는 안 된다. 도움의 손길이 당신을 기다리고 있다. 가정폭력 핫라인을 이용하라(역주 : 우리나라의 경우 여성긴급상담전화 1366, 학교 및 여성폭력 피해자를 위한 117 등이 있다).

'관계 특성들'에 대한 이해를 바탕으로 다음 활동지를 완성해보자. 삶에서 맺었던 중요한 관계 세 가지를 떠올려보라. 앞에서 읽었던 세 가지 관계 범주를 상기하면서 이 정보를 기초로 각 관계가 건강한지 건강하지 않은지, 아니면 불안전한지를 결정하라. 어떤 관계는 한 가지 범주 이상의 특성을 가질 수 있다. 어떤 범주가 그 관계를 가장 잘 묘사하는지 선택하라. 어느 관계인지 결정하기가 어렵고, 관계가 특성들의 경계선상에 놓여 있다는 느낌이 들면, 예를 들어 '건강한/건강하지 않은'이라는 목록을 만들어도 좋다.

아래 활동지를 활용하기 전에 몇 장 복사해두라. 나중에 다른 관계들을 대상으로 이 연습을 다시 할 때 도움이 된다.

관계 1 (성명) : _____

범주 (건강한, 건강하지 않은, 불안전한) : _____

추론 (특성 목록에서 얻은 정보) : _____

_____

_____

관계 2 (성명) : _____

범주 (건강한, 건강하지 않은, 불안전한) : _____

추론 (특성 목록에서 얻은 정보) : _____

_____

_____

관계 3 (성명) : _____

범주 (건강한, 건강하지 않은, 불안전한) : _____

추론 (특성 목록에서 얻은 정보) : _____

_____

_____

다음 과정은?

건강하지 않은 관계를 맺게 될 경우, 당신은 그 관계를 깨뜨려버리는가? '건강하지 않은' 관계 범주의 일부 특성은 중독성 행동에 따른 자연스러운 결과일 수 있다. 예컨대 당신은 지금 이 순간 관계 속에서 큰 거리감을 느끼거나 적잖은 갈등을 겪고 있을지 모른다. 중독은 아주 능숙하게 갈등을 일으키고, 친밀감을 무너뜨리며, 최상의 선택을 내릴 수 있는 능력을 빼앗아간다. 그래서 중독성 행동에 빠져 있는 동안 삶의 중요한 타인이 당신을 더 많이 통제해왔을지 모른다. 이런 상황 속에서 관계는 균형을 잃게 되고, 당신은 타인으로부터 존중받거나 소중한 대우를 받지 못하게 되어 버려진 것 같은 느낌이 들 수 있다. 대체로 이런 유형의 관계는 치유될 수 있다. 다음의 '깨어진 관계 치유하기'는 불편한 관계가 약간의 작업을 통해 건강한 관계로 바뀔 수 있다는 것을 보여준다.

멀리 떠나버리기

삶에서 이루어지는 일부 관계는 회복과 웰빙에 위협이 될 수 있다. 당신과 관계를 맺고 있는 몇몇 사람은 당신이 하는 일을 방해하려고 애쓸지 모른다. 어쩌면 이들은 이기적인 이유로 당신이 중독성 행동에 관여하는 것을 바라지 않을 것이다. 어떤 관계가 당신과 당신의 회복에 피해를 준다는 느낌이 들고, 그 관계가 변화될 것 같지 않다면 지금이 바로 관계를 정리하고 멀리해야 할 순간일 수 있다. 건강과 웰니스와 기쁨을 선택하라. 당신은 좋은 일을 향유할 만큼 가치가 있는 사람이다. 당신에게서 좋은 경험을 빼앗아갈 권리를 가진 사람은 아무도 없다.

인간관계를 끝내기는 결코 쉽지 않다. 그렇게 하는 게 올바른 일이라 해도 그렇다. 자신의 삶에 들어온 누군가와 관계를 정리하는 일은 더 나은 삶을 향해 나아가는 과정의 일부분이다. 이후에 새로운 여정으로 나아갈 수 있지만, 이는 하나의 관계를 잃는다는 것을 의미한다. 이것은 곧 하나의 상실이다. 당신은 이런 상실에 반응하면서 여러 감정을 경험하게 되고, 또한 상실을 애도하는 일이 필요할 것이다. 워크북의 앞 장으로 돌아가서 그동안 해왔던 연습들을 성찰해보라. 어떤 느낌들이 떠오를 때마다 그것들을 수용하고 받아들이는 연습을 하라. 당신을 성가시게 하는 개를 포용하라. 마음을 지켜보는 파수꾼이 되어라. 마음이 감정을 회피하라고 유혹하는 순간을 알아차려라. '삶은 상실과 더불어 흐른다'는 말을 기억하는가? 다행히 당신은 지금 이런 상실에 대처할 수 있는 방법을 알고 있다. 더 큰 이익을 위하여 모든 상실을 받아들여라.

깨어진 관계 치유하기

직접 경험해봐서 알겠지만, 중독은 관계에 많은 불편함을 주기 때문에 관계를 깨뜨릴 수 있다. 사적인 관계에 분노와 비판과 신뢰 부족 등이 한 번 형성되면 절대로 사라지지 않을 것 같은 느낌이 든다. 그렇다 해도 두려워하지 말라! 이런 관계도 좋아질 수 있는 희망이 있다. 이 절에서 설명하는 대로 행동하면 상처 받은 관계가 치유되고, 예전보다 더 나은 방향으로 관계가 개선될 수 있다.

이런 과정을 헤쳐 나가려면 겸손함이 매우 중요하다. 당신은 지금까지 저지른 실수들을 모두 드러내야 할 필요가 있다. 곧 자신이 저지른 잘못에 대해 책임을 져야 한다. 이 글을 읽으면서 '그런데 난 잘못한 게 하나도 없어.'라고 생각하고 있다면, 다시 한 번 숙고해보라. 당신은 로봇이 아니고 인간이다. 인간은 누구나 결점이 있고, 때로 일을 엉망으로 그르치곤 한다. 이 세상에 살면서 숨쉬어왔다면, 어떤 식으로든 실수를 해왔을 것이다. 이제 이 기회를 이용해 삶을 솔직하게 성찰해보고, 어느 부분에서 잘못되었는지 책임을 떠맡아보라.

겸손은 굴욕과는 다르다. 자신의 나쁜 행동에 책임감을 갖고, 그것을 바로잡기 위하여 방법을 모색하는 것은 죄책감과 수치심에 빠져 있는 것과는 사뭇 다르다. 겸손은 끊임없이 실패의 기분에 젖어 있다거나 좋은 기분을 충분히 느끼지 못하는 상태를 의미하는 게 아니다. 당신과 관계를 맺고 있는 사람들이 당신의 중독성 행동으로 인해 분노와 불신감을 느낄 자격이 있다는 사실을 받아들여라. 그렇다고 해서 당신이 그들을 위해 그런 감정들까지 짊어질 필요는 없다. 그들이 그런 식으로 느끼고 있다는 것을 수용하라. 그들이 그런 식으로 느끼도록 원인을 제공했을지 모른다는 점에서 당신은 자신이 저지른 일들에 대해 책임을 질 수 있다. 하지만 자신이 최악 중에서도 최악의 존재라거나 결코 용서받지 못할 존재라고 느끼는 것은, 당신이 절대로 실수를 저지르지 않았다는 생각만큼이나 비합리적이다. 진정한 겸손은 공평하고 균형 잡혀 있는 반면, 자기혐오는 잘못된 생각에 기초하고 있다.

이번에 소개할 글쓰기 연습은 소중한 사람들과 함께 할 수 있는 좋은 연습이다. 회복 과정을 더 잘 이해하려면 당신의 삶에서 중요한 사람들을 초대하라. 이는 당신이 행한 나쁜 일들을 바로잡을 수 있는 좋은 기회이다.

아래 형식을 기본 골격으로 사용하라. 이 초대장을 복사해두면 나중에 쉽게 연습을 할 수 있어 유용하다. 회복 여정을 따라가면서 여러 사람들을 대상으로 이 초대장을 사용할 수 있다.

친애하는 _____

저의 중독과 관련해 도움을 받기 위하여 오늘 이 편지를 씁니다. 앞으로 당신과 많은 이야기를 하고 싶습니다. 이것은 단지 하나의 시작에 불과합니다. 저는 제 생각과 느낌과 희망을 조금이라도 함께 나누고 싶습니다. 또한 저의 중독성 행동 때문에 당신이 큰 고통을 받아왔다는 데 심심한 위로를 전하고자 합니다.

저의 중독성 행동으로 말미암아 당신은 마음의 충격을 받고 상처를 입었습니다. 당신이 아래 다섯 가지 고통을 받았을 것이라고 생각합니다.

_____

_____

_____

_____

_____

혹시 미처 알아차리지 못한 점이 있으면 알려주세요. 이것 이외에 저에게 해주고 싶은 말이 있으면 듣고 싶습니다. 함께 이런 작업을 하는 게 괜찮은지 알고 싶습니다. 문제를 더 좋게 해결할 수 있는 다른 방법들에 대해서도 알려주십시오. 다음 다섯 가지는 삶을 바꾸기 위해 제가 지금 하고 있는 행동입니다.

_____

_____

_____

_____

_____

관계 회복하기

다른 방법을 알고 계시다면 마음을 열어 그 제안도 받아들이겠습니다. 당신의 제안을 완전히 실행하지는 못하더라도 당신이 어떻게 느끼고 있는지 알고 싶습니다.

좀 더 나아지기 위해 계속 노력하겠습니다. 이제 저의 회복에 스스로 책임을 져야 한다는 것을 알고 있습니다. 약속드립니다. 진심으로 책임을 지겠습니다. 당신은 제 인생의 소중한 일부분이기 때문에, 회복 과정의 일부분이 되어 주시기를 간청합니다. 여기 저의 회복 과정을 도와주실 수 있는 세 가지 방법이 있습니다.

_____

_____

_____

저의 소망은 앞으로 우리가 강력하고 행복하고 균형 잡힌 관계를 맺는 것입니다. 저는 이런 관계를 유지하면서 다음과 같은 사람이 되고 싶습니다.

_____

_____

_____

_____

이 편지는 하나의 시작일 뿐입니다. 저를 솔직하게 드러내 놓고 중독에 대해 이야기할 수 있도록 마음의 문을 열고 싶습니다. 당신이 이 과정에 함께 해주시기를 희망합니다. 당신은 저에게 소중한 존재이므로 당신과의 관계를 치유하기 위해 열심히 노력할 것을 다짐합니다.

진심을 담아, _____ 드림

치유의 대화

치유의 다음 단계는 인생에서 소중한 사람들과 면대면 대화를 하면서 몸과 마음의 긴장을 풀고 성장을 도모하는 것이다.

이런 대화는 내면에 약간의 불안을 일으킬 수 있지만, 그렇다고 해서 이런 느낌들을 피할 필요는 없다. 더구나 다소 초조하고 불안한 느낌은 완벽하게 정상이다. 이 느낌은, 당신이 소중한 관계를 맺고 있다는 사실에 따른 지극히 자연스럽고도 진실한 반응이다. 아래 소개되는 간단한 제안들은 불안한 느낌을 좀 더 편안하게 헤쳐 나가도록 도와줄 것이다.

- 카페인을 멀리하라. 카페인은 불안 수준을 높인다. 고요함과 평화로움을 주는 게 아니라, 가만히 있지 못하게 하고 초조한 기분이 들게 할 뿐이다.
- 무엇보다 약간의 운동을 하라. 그러면 뇌 속의 스트레스 호르몬인 코르티솔이 약간 태워져서 마음의 중심을 잡도록 도와준다.
- 호흡을 하라! 4장에서 호흡하는 방법을 배웠다. 호흡은 마음을 진정시키고 회복시켜준다. 자신의 호흡을 체크하라. 호흡이 아랫배에서 천천히 깊게 이루어지도록 연습하라.
- 마음챙김 연습을 하라. 4장과 8장에 소개된 마음챙김 활동은 평화를 가져다준다. 대부분의 연습은 5분 정도면 할 수 있다. 지금까지 배우고 익힌 기법들을 실제로 활용해보라. 관계를 치유하는 여정 내내 큰 도움을 줄 것이다.
- 자신이 지금 이 순간 어떻게 느끼고 있는지 솔직하게 성찰해보라. 이 방법은 용기가 필요하지만 최상의 결과를 가져다준다. 현재 초조함을 느끼고 있다면 다른 사람에게 초조하다고 말하고 왜 그런 느낌이 드는지 설명하라. 초조함을 느끼는 이유는 모든 일이 다 잘 되기를 바라고, 잘못을 말하는 게 왠지 두렵기 때문일 수 있다. 어쩌면 다른 사람의 마음에 상처를 주거나 심판받기를 두려워하고 있기 때문일지 모른다.
- 당신의 불안이 상대방의 잘못 때문이 아님을 분명히 알려줘라. 상대방에게는 어떤 잘못도 없다. 과거에 상대방이 당신을 어떻게 판단했을지라도, 상대방이 심술궂거나 공격적일지라도, 상대방이 당신의 느낌에 책임을 지고 있는 것은 아니다. 상대방 때문이라고 암시하는 역효과를 나타낼 뿐이다. '나' 메시지를 기억하는가? 당신이 느끼는 것을 있는 그대로 인정하라. 당신이 그럴 만한 이유가 있어서 불안해하고 있다는 것을 공유하라. 간단히 말해, 당신이 그런 감정 상태로 될 때는 지금의 대화가 당신에게 그런 의미가 있기 때문이다.

대화할 때 나타나는 불안한 마음을 어떻게 다뤄야 하는지 알게 되었다. 남은 궁금증은 당신의 중독성 행동 때문에 상처를 받고 화가 나 있을 사람들에게 어떤 방식으로 대화를 해야 하는지다.

이것은 당신과 상대방 사이의 공간을 열 수 있는 기회이다. 당신은 상대방과 같은 방식으로 감정을 느끼고 싶을 수 있다. 이때 상대방은 크게 분노를 드러낼 수도 있다. 그것은 건강하고 정상적인 행동이지만, 오직 당신만이 그것이 경계를 넘어섰는지 알 수 있다. 어떻게 처신했던 당신은 언어폭력을 당해야 할 이유가 없다. 당신은 침착하게 자신의 경계를 확실히 알려주고, 상대방에게 좀 더 친절하게 그 자신을 표현해달라고 요구해야만 한다. 그렇게 말하는 것이 불편하더라도 그 상황에서 달아나서는 안 된다.

아래 가이드를 살펴보고 대화 도중에 활용할 수 있는 핵심 문장들을 찾아보라.

대화를 하기 위한 장소

공원

평화로운 강변

(혼자 있을 수 있다면) 자신의 집 안

(혼자 있을 수 있다면) 다른 사람의 집 안

(서로 말하기에 조용한) 레스토랑

(서로 말하기에 조용한) 커피숍

대화 시작 시 사용할 수 있는 문장

"해야 할 이야기가 좀 있어서 오늘 만나고 싶었어요."

"그동안 어떻게 느끼고 있었는지 함께 나눌 기회를 갖고 싶습니다. 당신의 말을 귀담아 들으러 왔습니다."

"제 행동을 어떻게 느끼셨는지 언제든지 말씀해주시길 바라요. 지금 여기에서 주의를 기울여 듣고 있습니다."

"그 일들이 당신에게는 어떠했는지 알고 싶어요. 저에게 할 말이 있으면 언제든 시간을 내겠습니다."

"우리 사이에 풀어야 할 일이 많다는 걸 알았기 때문에 만나서 대화하자고 청했습니다. 지금 당신의 말에 주목하고 있어요. 어떻게 느끼시는지 알고 싶습니다."

"일을 바로잡고 싶어요. 이번 대화는 그 첫 번째 단계이고요. 이렇게 하면 당신의 의중을 좀 더 이해할 수 있을까요?"

지지적인 피드백 문장

"이것이 당신에게 힘든 일이었다는 걸 이해할 수 있습니다."

"당신이 어째서 그런 식으로 느끼는지 이해할 수 있어요."

"저와 함께 그 이야기를 나누어주셔서 감사드립니다."

"좀 더 말해주세요. 지금 귀담아 듣고 있습니다."

"그 일에 대해 그밖에 또 어떻게 느끼셨나요?"

"그것은 당신에게 어떤 의미였나요?

"그 일과 관련해 줄곧 저와 함께 해주셔서 감사드립니다."

"저는 당신이 얼마나 많이 애써 오셨는지 알 수 있습니다."

"이 일에 대해 선뜻 말해주셔서 너무나 감사드립니다."

"당신이 그렇게 생각하고 그렇게 느꼈다는 것이 충분히 이해됩니다."

"솔직하게 이야기해주셔서 감사해요."

경계 설정 문장

"당신이 하는 말을 제대로 알아듣고 싶어요. 하지만 당신이 목소리를 높이고 욕설을 퍼붓고 저를 위협할 때에는 그게 어려워집니다."

"우리가 오늘 계속해서 이야기하려면, 마음을 느긋하게 먹고 잠시 호흡을 해보는 게 좋을 거예요."

"지금 긴장이 높아지고 있네요. 5분간 쉬었다가 다시 시작해요."

"당신이 나에게 굉장히 화가 나있다는 걸 알아요. 당연히 그럴 만합니다. 하지만 우리는 서로 존중하면서 말할 필요가 있어요. 아니면 일이 제대로 돌아가지 않을 겁니다."

"당신과 좀 더 이야기하고 싶지만, 생산적인 대화가 되면 좋겠어요. 어떻게 하면 마음을 좀 더 진정시켜서 서로의 말을 진심으로 들을 수 있게 될까요?"

현재 상황에서 벗어나기 위한 문장

"다시 만날 수 있게 되어 기뻤어요. 하지만 걷잡을 수 없는 상황이 되고 말았으니 오늘은 여기서 멈추는 게 좋겠어요."

"당신의 느낌을 존중합니다. 하지만 당신이 이야기하는 방식에 너무 상처를 받게 되니 이제 그만 이 자리를 떠나야 하겠어요."

"저는 우리가 대책을 찾아내기를 바랍니다만, 욕을 듣는 것은 기분이 썩 좋지 않군요. 제가 여기를 뜨는 것이 최선이라는 생각이 들어요."

"제가 실수를 했다는 건 알지만, 그래도 저는 존중받을 가치가 있는 사람이에요. 우리 마음이 좀 더 진정되면 그때 다시 대화하도록 하죠."

대화를 건강하게 끝내는 문장

"오늘 와주셔서 고마워요. 오늘 미팅은 저에게 큰 의미가 있었습니다."

"이게 시작일 뿐이라는 걸 알아요. 앞으로 좀 더 이야기할 수 있게 되기를 바랍니다."

"당신이 어떻게 느끼고 있는지 선뜻 말해줘서 진심으로 고마웠습니다. 그런 말을 듣는 게 항상 편한 것은 아니지만, 당신이 제기한 것들을 기꺼이 다루어보려 합니다."

"이 일의 진행 방식에 대해 기분을 푸시기 바랍니다. 우리가 다음에 다시 논의할 때 다른 식으로 했으면 하고 바라는 게 있으신가요?"

"그 상황에서 당신이 어떤 기분이었을지 이해할 수 있게 도와주셔서 감사드려요. 계속 귀담아 듣겠습니다. 우리가 다시 이야기할 수 있기를 희망합니다."

치유하는 대화 액션플랜

이제 치유하는 대화 액션플랜을 사용해서 당신의 대화를 원활하게 만들어라. 이 활동지를 복사하거나 일기장을 활용해서 인생에서 만나는 여러 소중한 사람을 대상으로 연습을 하라.

친구나 가족 구성원의 이름 : _____

대화를 한 장소 : _____

대화를 시작하기 위해 사용한 문장 : _____

_____

지지적 피드백을 하기 위해 사용한 문장 : _____

_____

경계 설정을 위해 사용한 문장 : _____

_____

필요시 현재 상황에서 벗어나기 위해 사용한 문장 : _____

_____

대화를 건강하게 끝내기 위해 사용한 문장 : _____

_____

신뢰 재구축하기

앞서 보았듯이 관계에서 발생하는 신뢰 상실은 중독의 일반적인 결과로서 당신에게 좌절감과 수치심과 고통을 가져다줄 수 있다. 이렇게 되면, 당신이 삶에서 소중하게 여기는 사람들조차 그들에게 어떤 일이 생기더라도 영원히 당신에게 도움을 청하지 않을 것이다. 인내심을 가져라. 당신은 사람들의 신뢰를 다시 받을 것이다. 물론 시간이 걸리고, 당신에게는 한결같은 자세가 필요하겠지만 다시 신뢰를 회복하게 될 것이다. 그런 일이 일어나지 않는다 해도 그것은 당신의 잘못이 아니다. 이는 결과로부터 분리되는 연습을 위한 좋은 상황을 제공할 것이다.

신뢰를 재구축하는 과정을 도와줄 수 있는 행동들이 있다. 당신은 그런 일들을 하고 싶지 않을지 모르지만 이것은 자신의 중독성 행동에 대하여 스스로 책임을 지는 것이다. 당신은 중독 환경 속에 오랫동안 갇혀 있었기 때문에 주변의 신뢰를 받지 못했을 것이다. 이 점을 받아들여야 한다. 자기 자신을 용서해야 하지만, 오랜 세월 신뢰받지 못했다는 점 또한 인정해야 한다. 주위 사람들이 당신을 신뢰하는 데 두려움을 느낄 만한 이유가 있다. 당신이 안전한 사람이라는 것을 다시 체감할 수 있도록 주위 사람들에게 필요한 것들을 제공하라. 이것은 규칙적으로 약물 테스트를 받거나 음주 측정에 응하는 것을 의미할 수 있다. 이메일이나 전화 기록 또는 은행계좌 등의 정보에 언제든 접근할 권리를 배우자에게 주는 것이 될 수도 있고, 규칙적으로 심리치료를 받거나 지지집단에 참여하는 것을 의미할 수도 있다. 물론 모든 결정은 당신에게 달려있다. 당신은 관계 속에서 자신의 영역과 기대감에 대하여 최종 결정을 내릴 수 있다. 중독성 행동으로 피해를 주었던 사람들로부터 신뢰를 되찾기 위해 과거의 행동을 성찰해보려는 자발적인 의지는 당신은 물론 가족과 친구와 배우자에게 감명을 줄 것이다.

중독에서 회복되고 있는 많은 사람들은 '~해주세요(pleases)'와 '감사합니다(thank yous)'를 소리 내어 말하는 것이 좋다고 한다. 아침마다, "오늘도 온전히 회복 속에 있도록 도와주세요."라고 당신의 높은 자아에게 청하라. 저녁마다, "또 하루의 회복을 이룰 수 있게 해준 높은 자아에게 감사드립니다."라고 말하라. 당신이 마음을 쓰고 있는 사람들에게 이런 말을 해주면 어떻겠는가?

이것은 중독으로 관계가 손상된 사람들이 신뢰와 친밀감을 다시 회복하는 데 도움을 준다. 이 연습은 '높은 자아에 감사하기'라고 불린다.

소중한 사람들에게 전화를 해서 매일 이런 대화의 기회를 만들라. 일정한 시간을 정해서 날마다 대화를 하는 것이 좋다. 미리 짜 놓은 단어들을 서로에게 되풀이해 말해준다는 것이 진부해 보일 수 있으나 실제로 강력한 효과가 있다. 이런 식의 대화는 소중한 사람들에게 당신이 회복을 향해 계속 전념하고 있다는 것을 보여주고, 이들의 지지를 받고 있다는 사실을 강화한다. 원하면, '나는 중독성 행동에 관여하고 있지 않다'라는 말 대신에 '나는 …을 사용하고 있지 않다'라거나 '나는 도박을 하고 있지 않다'라는 식으로 구체적인 중독성 행동을 말로 표현해도 좋다.

당신 :　저는 지난 24시간 동안 중독성 행동을 하지 않았습니다. 도와주셔서 감사합니다. 다음 24시간 동안에도 저를 계속해서 지지해주시겠습니까?

당신의 소중한 사람 : 지난 24시간 동안 중독성 행동을 자제해주셔서 감사합니다. 계속 힘내시고, 다음 24시간 동안 당신의 회복 과정을 어떻게 스스로 지지할 수 있는지 알려주세요.

건강한 사회적 지지망 구축하기

인생에서 자기 자신에게 해줄 수 있는 가장 위대한 선물 가운데 한 가지는 건강한 지지 체계를 구축하는 것이다. 사랑하고 존중하는 사람들과의 긍정적인 관계는 역경을 만났을 때 믿을 수 없을 만큼 놀라운 완충 장치가 된다. 사회적 지지는 당신의 신체적 건강과 정서적 웰빙 그리고 마음의 평화를 위해 아주 중요한 역할을 한다. 문제는 당신을 변함없이 지지해줄 당신 삶의 승무원을 어떻게 구할 것인지다.

친구가 되어라. '친구를 얻으려면 친구가 되어야 한다'라는 말이 있다. 당신은 자신이 타인을 대하는 방식과 똑같은 대우를 받게 될 것이다. 당연한 일이지만, 자신의 삶에 갇혀 자신에게만 몰두할 때에는 관계가 크게 진전되지 못한다. 사회적 지지가 부족하다는 느낌이 들면 다른 사람들을 어떻게 대우해왔는지 곰곰이 생각해보라. 사람들이 당신을 필요로 할 때에 그들을 위해 거기에 있었는가? 당신은 마땅히 지켜야 할 약속을 지켰는가? 약속을 종종 어겼는가? 사람들을 정직하게 대하고, 배려하고, 존중했는가? 다른 사람들과 솔직하게 의견을 나누고 그들이 하는 말에 귀를 기울였는가? 다른 사람들을 도울 수 있는 방법들에 대해 생각해보았는가? 사람들이 당신에게 제공할 수 있는 것에 대해서만 생각하는가? 다른 사람들을 믿는가, 아니면 그들을 무작정 판단하는가? 간단히 말해, 친구들이 당신과 함께 있고 싶어 하는가? 이런 질문들에 대하여 '아니요'라고 답했더라도 걱정하지 말라. 당신은 자신이 구하고 싶어 하는 유형의 친구가 될 수 있다. 당신의 회복 여정과, 가치 있는 삶을 지속하는 데 주의 초점을 두어라. 앞에서 언급한 아이디어들을 숙고하면서 다른 사람들과 좋은 친구가 되어라. 당신은 할 수 있다!

모임에 참석하라. 어떤 중독성 행동이든 그것과 연관된 12단계 프로그램이 있을 확률이 높다. 특히 약물과 알코올 중독의 경우에는 당신에게 적합한 다양한 모임이 존재할 것이다. 12단계 프로그램에 참여하는 가장 큰 이점 중 하나는 사회적 지지이다. 이 모임에 참여하면 중독을 진정으로 이해해주는 사람들과 상호작용을 할 수 있게 되므로 마음의 자유를 얻게 되고 더 나은 삶에 대한 희망을 얻을 수 있다. 이런 기회를 놓치지 말라. 이 모임에 참여하는 사람들은 믿기 힘들 정도로 지지의 문화를 형성하고 있다. 여기서는 일반적으로 파티, 댄스, 소풍, 컨퍼런스, 캠핑 여행 등 사회적 기능들이 이루어지므로 회복 여정에 큰 재미와 우정을 경험할 수 있다. 어떤 이유로 이런 모임에 저항이 생기더라도 한 번쯤은 참여해서 직접 확인해보는 게 좋다. 서로 다른 성격을 가진 최소한 3곳의 모임에 참여해서 사람들을 만나볼 기회를 가져라. 회복 여정에서 당신을 진심으로 이해해줄 친구를 만난다는 것은 놀라운 선물이다. 고립된 상태로 회복 여정을 이어갈 필요는 없지 않은가?

활동에 참여하라. 요즘에는 사회적 활동을 할 수 있는 기회가 매우 많다. 하고 싶은 게 무엇인지만 결정하면 된다. 바야흐로 인터넷 시대이다! Meetup(www.meetup.com)같은 소셜네트워킹 사이트들은 집단들을 모아서 무슨 일이든 실행해낸다. 이러한 사교의 장은 모두 당신을 위해 존재한다. 당신이 해야 할 일은 오직 참여해서 새로운 사람들과 기꺼이 만나는 것뿐이다. 이것이 어려우면, 203페이지의 '사회적 불편감 다루기'를 참고하라.

다음은 새로운 사람들을 만나도록 도와주는 간단한 활동 목록이다.

- 하이킹 클럽에 가입하기
- 달리기, 걷기 또는 자전거 타기를 시작하고, 시합을 위해서 훈련 프로그램에 참여하기
- 요가나 스피닝(운동용 자전거 타기) 같은 모임에 가입하기. 일찍 모임에 나와 다른 사람들과 세상 돌아가는 이야기하기
- 요리 클래스처럼 흥미 있는 모임에 가입하기. 지역사회의 대학이나 문화센터 이용하기
- 교회나 사찰 같은 종교단체에 참석하기
- 자원봉사하기
- 동물 공원으로 강아지를 데리고 가기. 강아지 주인들은 세상에서 가장 친근한 사람들이다. 당신은 이미 이들과 하고 싶은 말이 있을 것이다.
- 싱글이라면 온라인 데이트를 시도해보기. 신뢰성 높은 홈페이지를 찾아 가입하고 신상정보를 얼마나 많이 내놓아야 할지, 사람들은 어떤 장소에서 만나야 할지(절대로 집에서는 만나지 말라) 등에 대하여 현명하게 판단을 하라. 적어도 한 차례는 외출할 기회를 갖고, 처음 데이트할 때 찾아오는 두려움을 극복하라. 회복 초기라면 두려움이 더 커질 수 있다.

기존 관계를 기반으로 확장시켜라. 세상은 사회적 관계로 구성되어 있다. 가까운 가족 구성원에서부터 애용하는 카페의 바리스타에 이르기까지 모든 것이 사회적 관계이다. 당신은 이미 여러 사람들과 친분이 있겠지만 만약 외롭고 고립되는 느낌이 든다면 사적 관계에서 친밀감과 연결감이 부족하기 때문이다. 이 문제를 개선하려면 당신이 현재 유지하고 있는 관계를 기반으로 시작하는 게 좋다. 우선 당신이 늘 관심을 두고 생각해온 지인이나 동료들을 보다 잘 알 수 있는 기회를 만들어라. 그 사람들에게 커피 한 잔 하자고 하거나, 공유할 수 있는 활동을 함께 해보자고 청하라. 아래 연습을 활용해서 브레인스토밍을 해보라. 지인들과 더 깊은 관계를 갖기 위해 함께 할 수 있는 활동들을 생각해보라.

당신이 관심을 두고 있는 사람 : _____

그 사람과 함께 할 수 있는 활동에 대한 아이디어 : _____

_____

당신이 관심을 두고 있는 사람 : _____

그 사람과 함께 할 수 있는 활동에 대한 아이디어 : _____

_____

당신이 관심을 두고 있는 사람 : _____

그 사람과 함께 할 수 있는 활동에 대한 아이디어 : _____

_____

당신이 관심을 두고 있는 사람 : _____

그 사람과 함께 할 수 있는 활동에 대한 아이디어 : _____

_____

당신이 관심을 두고 있는 사람 : _____

그 사람과 함께 할 수 있는 활동에 대한 아이디어 : _____

_____

처음에는 새로운 경험을 한다는 것이 익숙하지 않을 것이다. 그러나 그 경험은 매우 가치 있는 결과를 보여준다. 의지할 수 있는 든든한 친구 집단은 당신이 원하는 행복하고 건강한 삶의 핵심 요소이다.

사회적 불편감 다루기

중독의 덫에 갇힌 사람들이 초기 회복 단계에서 사회적 불편감을 느끼는 것은 아주 흔한 일이다. 중독성 행동에서 자유로워지면서 사회적 불편감을 완화할 수 있는 몇 가지 방법이 있다.

휴식시간을 주어라. 지금은 새로운 생활방식에 익숙해지고 있는 과정임을 명심하라. 당신은 쉽지 않다는 것을 알면서도 지금껏 그 길을 걸어왔고, 이미 이만큼이나 와 있다. 이 순간 초조하고 불편한 마음이 들고, 사회적으로 겉도는 것처럼 느껴진다 해도 그런 느낌들이 잘못된 것은 아니다. 그런 현상은 지극히 정상이고, 예상되었던 것이며, 극복해야 할 또 다른 도전이다. 사회 생활에서 마음이 울적하거나 스트레스를 받는다면, 느긋하게 여유를 갖고 자신을 돌보는 행동을 취하라. 마음챙김과 이완 연습을 실행하라. 치유 여정을 해나가는 데 자신이 얼마나 강한 사람인지 명심하라. 당신은 가고자 하는 곳에 이를 것이다. 다만 시간이 좀 걸릴 뿐이다!

친구를 한 명 불러내라. 중독성 행동이 사회적 환경에 놓이게 되면 중독에서 벗어나는 것이 매우 어려운 과제가 될 수 있다. 파티에 갔는데 주위 사람들이 음주나 약물을 하고 있는 사회적 상황이 그런 경우이다. 외식하러 가서 과식의 유혹을 받거나, 담배를 피우거나 도박을 하는 친구들에 둘러싸여 있는 경우도 이에 해당한다. 이때 타인의 지지가 필요할 수 있다. 당신을 지지해주고 회복 과정을 잘 이해하는 친구 한 명을 모임에 불러내라. 그게 어려우면, 친구들의 전화번호를 항상 가지고 다녀라. 당신이 지금 유혹과 사회적 불편감에 시달리는 힘겨운 상황을 겪고 있다는 것을 친구들에게 알리고, 지지해주는 전화나 문자를 보내달라고 청하라. 회복가능성을 믿어라!

내면의 독백에 귀 기울여라. 마음속에는 수많은 생각들이 빠르게 지나간다. 마음이 얼마나 바쁜지 살펴보라. 당신은 지금, 안전감을 유지하기 위해 마음에 들어온 정보를 모으고, 분류하고, 거기에 이름을 붙이면서 세상을 이해하느라 분주할 것이다. 마음은 이 모든 일에 관여하면서도 당신의 내면에 또 다른 생각을 불러일으키는데, 이 중 많은 부분은 자기 자신에 대한 생각이다. 자기대화(self-talk)라 불리는 이런 생각들은 당신에게 도움을 줄 수도 있고 피해를 줄 수도 있다.

자기대화가 당신의 용기를 북돋울 수 있다면 축하할 일이다. 자신의 지지사가 될 수만 있나면 삶을 더 멀리 내다보게 될 것이다. 그렇지만 중독성 행동이 삶의 일부분이 되어버리거나, 자기대화가 부정적이고 비판적이고 아주 가혹한 형태를 띨 수 있다. 1부에서 배웠듯이, 그런 생각들은 당신의 기분과 행동에 영향을 주고 기본적으로 삶의 전반적인 과정에 적지 않은 영향을 미친다. 이 생각들은 당신이 사회활동을 하려 할 때 큰 영향력을 행사하면서 점차 자신감을 잃게 만든다. 자기 생각을 명료하게 관찰함으로써 올바른 자기대화를 하라.

떠오르는 생각을 계속 알아차리기

아래 양식을 사용해 자기 생각을 따라가면서 긍정적으로 자기대화를 구축하라. 활동지를 복사해두면 반복 연습에 도움이 될 것이다. 일기장을 사용해 한 걸음 한 걸음 나아가는 것이 좋다. 10점 척도로 각 상황에 대한 느낌의 강도를 평가해보라(1점 : 아주 약함, 10점 : 아주 강함).

사례

상황 : 핼러윈 파티에 가기. 술을 끊은 뒤 처음 가는 파티임.

생각(자기대화) : 이 옷은 너무 바보같아 보여. 모든 사람이 내가 우스꽝스러워 보인다고 생각할 거야. 파티는 조금도 재밌지 않을 거야. 파티가 너무 싫어지면 어쩌지?

느낌 : 불안함, 초조함, 두려움, (피부의) 불편감, 불안정함, 들뜸

느낌의 강도(1~10) : 9

부정적 자기대화를 균형 잡고 촉진하는 생각 : 그들은 이유가 있어서 나를 초대했어. 그러니까 그들은 내가 오길 바라는 게 분명해. 핼러윈 축제에 참여하는 사람들의 옷은 모두 우스꽝스러운 면이 있지. 게다가 이건 미인 선발대회가 아니잖아. 파티가 정말로 재미가 없다면 일찍 자리를 뜨면 돼. 스티브가 온다고 그랬지. 그는 내가 술을 막 끊었다는 걸 알고 있어. 그는 나를 진심으로 지지해주고 있지. 어떤지 그냥 한번 확인해보는 것도 괜찮을 거야. 어쩌면 재미있을지도 몰라.

현재 느낌의 강도(1~10) : 4 (여전히 초조하지만 훨씬 기분이 좋아짐)

당신의 반응

상황 : _____

생각(자기대화) : _____

느낌 : _____

느낌의 강도(1~10) : _____

부정적 자기대화를 균형 잡고 촉진하는 생각 : _____

_____

_____

관계 회복하기

현재 느낌의 강도(1~10) : _____

　　이 연습을 활용해서 보다 긍정적인 자기대화를 해보고, 2장에 나온 연습들을 다시 하면 좋을 것이다. 생각과, 그 생각이 무엇에 따라 좌우되는지를 분명히 이해하게 되면 기분과 행동을 잘 조절할 수 있게 된다.

결론

당신은 이번 장을 학습하는 동안 다양한 느낌들을 만나고 그것들에 잘 대처해왔다. 다음 장은 회복 과정을 밟고 있는 당신을 건강과 행복과 웰빙의 차원으로 데리고 갈 것이다.

{ 토니 가족은 지금 어떻게 지내고 있나? }

토니와 카르멘은 지금까지 이 책에서 경험해온 모든 도전적인 과제들이 인간관계의 도전을 다루는 것에 비하면 너무나 쉬운 것 같은 느낌이 들었다.

토니와 카르멘은 모두 '초대장' 연습을 출발점으로 활용했다. 부부는 각자 초대장을 썼고 딸이 친구의 집에 놀러갔던 조용한 밤을 택해 큰 소리로 서로에게 초대장을 읽어주었다. 처음으로 상대를 앞에 두고 직접 말을 한다는 것이 조금은 어색했다.

특히 토니가 불편해했다. 아내를 위해 어떤 남편이 되고 싶은지에 대한 글을 쓰고 읽으면서 울컥하고 목이 메는 것을 알아차렸다. 그는 잠시 동안, 지금 하는 행동이 어리석은 짓이라 단언하고, 거기에서 벗어나려고 했다. 하지만 토니는 이런 생각이 단지 핑계이며 감정 회피라는 것을 알아차렸다. 그것은 바로 자신이 과거에 했던 행동이었다. 그는 다른 삶, 더 나은 삶을 원했으므로 정반대의 행동을 선택했다. 내뱉고 싶은 말을 어렵게 멈추면서 그냥 견뎌냈다. 멀리 달아나지 않으면서 지금 이 느낌을 있는 그대로 허용했다. 바로 그 순간, 카르멘은 그를 꼭 안아주었는데, 예전에는 그렇게 온전히 안아준 적이 없었다. 그 순간 토니는 아내로부터 매우 가치 있는 선물을 받았다.

카르멘은 어느 때보다도 화를 덜 냈고 경계심도 줄어들었다. 그녀는 최선을 다해 친절하게 남편을 대하기로 결심하고는 시간이 날 때마다 자신의 상처와 두려움을 남편과 함께 나누기 시작했다. 분노나 비난을 퍼붓지 않을 때 남편이 다르게 반응한다는 것을 곧 알 수 있었다. '나' 메시지를 실천한 이후에 친구나 가족과의 대화에 큰 변화가 있었다. 카르멘은 건강한 대화의 결과에 깊은 감명을 받아서 토니에게 부부를 위한 정서중심치료를 받아볼 의향이 있는지 물었다. 토니는 약간 저항했으나 한번 받아보기로 동의했다. 부부는 결혼 생활에 대해 보다 의식적인 작업을 시작했고, 수년 전에 상실했던 친밀감을 다시 느끼게 되었다.

부부에게 가장 힘들었던 것은 딸 티나와 대화하는 것이었다. 토니는 이런 말을 하기에는 딸이 너무 어리다고 생각했고, 카르멘도 어느 정도 동의했다. 대화의 기회가 왔을 때, 놀랍게도 티나는 하고 싶은 말이 매우 많았다. 티나는 가족이 모두 집 안에 있을 때도 텅 빈 것처럼 느껴지곤 했다고 말했다. 그녀는 낯선 거리에서 어지럽게 흩어져 있던 맥주 캔들을 보았던 이야기와, 방과 후 수업이 끝나도 엄마가 자신을 데리러 오지 않아서 친구 엄마가 대신 집까지 데려다 주었고, 집에 와보니 엄마는 온라인 쇼핑을 하고 있었다는 이야기들을 했다. 티나는 죽은 오빠를 얼마나 그리워하는지 이야기했다.

가슴에 담아둔 딸의 이야기를 들은 뒤에, 토니는 이런 대화를 허락하신 신에게 감사드렸다. 토니는 압도당하는 느낌이 들 때 이 책에서 배운 지지적 피드백 문장을 기억해내고 "좀 더 계속해보자. 우리에게 좀 더 말해봐."라고 말할 수 있었다. 토니는 계속해서 말했다. "네가 어떻게 느끼는지 알고 싶구나. 우리는 네 말에 귀 기울이고 있단다." 카르멘은 토니가 이 말을 할 때 잡고 있던 토니의 손을 꼬옥 쥐어주었다. 훗날 카르멘은 그 당시 남편이 자랑스러웠다고 말했다. 세 식구는 아침마다 집을 나서기 전에 '높은 자아에 감사하기' 대화 연습을 하기로 약속했다. 티나는 이 연습을 하면서 다시 확신이 드는 것 같았다. 티나는 이 문장을 베껴서 자신의 침대 테이블에 두었다.

티나는 이 대화를 하는 동안 많이 울었다. 그녀는 자신이 어떻게 느끼는지 감추지 않았고, 부모들을 더 이상 밀쳐내지 않았다. 토니와 카르멘은 티나를 안아주고, 등을 쓸어주고, 눈물을 닦아주었다. 부부는 딸이 용감해지고 강해지고 솔직해진 데 기뻐했다.

그날 밤 카르멘은 침대에 누워 오랜만에 남편의 가슴에 머리를 묻었다. 예전에는 항상 그렇게 하곤 했었다. 카르멘은 말했다. "티나가 정말로 대단해요, 그렇지 않아요? 티나가 그런 식으로 계속 자기 느낌에 솔직할 수 있으면 좋겠어요. 우리처럼 느낌을 억압하지 않기를 바랄 뿐이에요." 토니는 카르멘의 어깨를 부드럽게 쓰다듬으면서 말했다. "티나처럼 우리도 무엇을 해야 할지 알고 있어. 우리의 느낌을 받아들여야 해."

10장

온전한 치유

> 인간의 의식은 끊임없이 확장된다.
> – 샬럿 조코 벡Charlotte Joko Beck

앞 장에서는 개인적 관계에 초점을 두고 살펴보았다. 자기 주위에 강력한 지지 체계를 구축하는 일은 장기적인 건강과 웰빙에 든든한 토대를 제공한다. 이번에는 삶의 다른 영역들에 주의의 초점을 둔다. 중독에서 회복되려면 규칙적으로 주의를 기울여야 한다. 이 장에서는 낡은 행동으로 되돌아가는 것을 막기 위한 방법을 살펴보려고 한다. 당신은 단순히 생존하는 것을 뛰어넘어 자기 자신과 자신의 가치에 대한 새로운 의식과 더불어 발전해 나갈 것이다. 물론 당신은 중독에서 벗어나서 삶을 서서히 재구축하고 있는 사람들의 이야기도 읽게 될 것이다. 관찰자의 입장에서 이들의 이야기를 읽어야 한다는 것을 기억하라. 이를 통해 지속적인 회복에 이르는 자신만의 가장 좋은 방법을 얻을 수 있다. 이제 지속적인 건강을 다섯 가지 핵심 영역에서 자세히 살펴보자. 다섯 가지 영역은 영양분, 수면, 신체적 건강, 일, 그리고 재미이다. 마지막 부분에서는 토니 가족이 어떻게 지내고 있는지 확인하면서, 이들이 어떻게 건강한 행동을 되찾게 되었는지 알아볼 것이다. 당신의 웰빙을 위한 다음 단계를 시작할 준비가 되어 있는가?

라이언 이야기

올해 스물여섯 살인 라이언은 시간제 대학생으로 식료품점의 부책임자로서 자신에 대해 꽤 자부심을 가지고 있다. 그는 온갖 어려움에도 불구하고 4개월가량 마리화나를 끊은 상태였다. 요즘 들어 마리화나를 피우고 싶은 마음이 더 줄어들고 있었는데 중독자 모임에 참석해온 것이 도움이 되었다. 최근에는 마약 의존자를 위한 자조 모임인 NA(Narcotics Anonymous)에서 만난 새 친구들과 자주 대화를 나누고 있다.

다음 주는 아버지의 기일이다. 라이언은 아버지가 돌아가신 지 벌써 1년이 지났다는 걸 믿을 수가 없었다. 지난해에는 마리화나 흡연 때문에 실수투성이였고 줄곧 멍한 상태에 있었다. 4개월간 입에 대지 않았는데도 여전히 현존감을 느낄 수 없었다. 숙면을 취하는 데 아직 어려움이 있었고, 정크 푸드를 광적으로 좋아하다 보니 체중은 13kg 넘게 늘었다. 과거에는 규칙적으로 운동했으나 우울감에 빠진 이후에는 운동도 중단했다. 자신을 돌봐야 할 동기를 상실했던 것이다. 하지만 한편으로는 간절히 건강을 되찾고 싶어 했다.

라이언은 수의사가 되기 위해 밤에는 식료품점에서 일하고 낮에는 학교에서 공부를 해왔으나 아버지가 돌아가신 지 6개월 뒤에는 중퇴를 해야만 했다. 다행히 최근 학교로부터 연락이 와서, 복학해 교과 과정과 인턴십을 마칠 계획이 있는지 물어보았다. 라이언은 주위에 애완동물이 있을 때마다 아버지 생각이 났다. 아버지는 동물을 사랑하셔서 픽업트럭에 늘 두 마리의 개를 태우고 다니셨다. 라이언은 이 책을 통해 상실-중독 순환을 이해하게 되었고, 치료사의 도움을 받아 새롭고 건강한 삶을 살기 위한 준비를 했다.

균형 잡힌 영양

중독성 행동을 멈출 수는 있으나 여전히 불쾌한 기분을 느낄 수 있다. 중독성 행동에 빠져 있는 동안에는 음식을 제대로 먹지 못할 수 있으므로 규칙적인 음식물 섭취를 위해 주의를 기울여야 한다. 좋은 영양분을 섭취하기 위한 계획을 세우면 장기적인 회복의 길을 유지하는 데 도움이 된다. 잘 먹을수록 더 잘 느낀다는 것은 놀랄 일이 아니다. 또한 더 잘 느낄수록 과거의 상실감으로부터 나타나는 느낌들을 더 잘 다룰 수 있게 된다. 당신은 앞의 라이언처럼 나쁜 식사 습관 탓에 몸무게가 늘었을지 모른다. 있는 그대로의 느낌을 제대로 느끼지 못할 경우에는 자신도 모르게 더블 치즈버거, 감자튀김, 탄산음료 같은 식품을 무의식적으로 찾게 된다. 아이스크림과 쿠키 상자와 사탕봉지가 단기적으로는 긴장을 어느 정도 완화해주었을지 모르지만 그러한 단기 해결책들은 죄책감과 더 높은 수치의 체중으로 이어졌을 뿐이다. 당신은 식습관의 변화를 생각해보았겠지만 어디에서 시작해야 할지 알 수 없었다. 운 좋게도 이 워크북을 읽기 시작한 이후, 당신의 식습관은 많이 개선되었다. 이제 당신은 건강한 음식물 섭취에 집중할 수 있는 좋은 기회를 맞이하고 있다.

식단을 바꾸려 할 때에는 처음부터 세 가지 기본 원리를 명심해야 한다. 첫째, 과식은 좋지 않으니 알맞게 먹어라. 적절한 양의 음식을 섭취하기 위해 어떤 사람들은 접시의 크기를 바꾼다. 접시를 작은 걸로 바꾸면 자연히 음식을 담는 양도 제한할 수 있다. 둘째, 규칙적으로 음식물을 섭취하라. 매번 다른 시간대에 식사를 하거나 밤늦게 먹으면 과식으로 이어질 수 있다. 마지막 식사는 잠들기 4시간 전에 해야만 몸이 소화할 기회가 생긴다. 하루에 섭취할 건강하고 영양 좋은 간식을 미리 준비해두면 단 음식을 피할 수 있는 놀라운 기적이 일어난다. 셋째, 음식물의 종류를 다양화하라. 이것은 새로운 음식, 특히 과일과 채소의 섭취를 늘리라는 의미이다.

영양 상태를 알아보기 위해 의사나 영양사의 의견을 들어보는 것도 좋은 생각이다. 이들은 비타민 같은 식품보조제의 섭취를 조언할지 모른다.

라이언은 의사의 충고를 따라 영양사를 만나러 갔다. 영양사는 그가 하루에 무려 8~10잔의 탄산음료를 마신다는 것을 알게 되었고, 라이언은 탄산음료 섭취를 줄이고, 물 섭취량을 늘릴 것을 권유받았다. 라이언은 어떻게 음식을 준비하고 조리해야 좋은지 정말 몰랐다. 영양사는 건강한 식단을 짜 주었고, 정상 궤도를 유지하는 데 필요한 비타민 보조제의 섭취를 권유했다. 라이언은 4주 후 몸무게가 4kg 감소한 것을 알고는 흥분했다. 더 좋았던 것은 영양사의 조언 이후 탄산음료를 전혀 섭취하지 않았는데도 계속 활기찬 느낌이 들었다는 사실이었다.

음식 일기

당신은 지금 정상적인 행동과 감정의 궤도를 유지하고 있다. 이제는 4주 동안 섭취하는 음식을 기록해보자. 이런 추적을 통하여 매주 어떤 음식을 얼마나 많이 섭취했는지 정확한 밑그림을 얻을 수 있고 자신의 음식물 섭취 패턴을 보다 잘 알게 된다. 이렇게 음식물 섭취 기록을 추적해보면서 기분과 수면, 에너지 혹은 정신적 초점 같은 영역에 어떤 변화가 나타나는지 살펴보는 것은 매우 흥미로운 일이다. 영양사와 처음 만나는 자리에 음식 일기 쓴 것을 가져가면 좋다. 아래 음식 일기를 활용하거나, 자신의 일기장에 섭취하는 음식물을 기록하라.

음식 일기

	월	화	수	목	금	토	일
아침							
간식							
점심							
간식							
저녁							

적절한 수면

앞 장에 소개된 라이언의 사례처럼 당신도 가끔 수면 문제에 시달려왔을지 모른다. 약물이나 알코올 문제가 있으면 수면 패턴에 심각한 영향을 받을 수 있다. 경험해보았겠지만 과도한 걱정이나 슬픔 또한 수면에 영향을 준다. 건강한 수면을 하도록 도와주는 몇 가지 방법을 알아보자. 수면에 심각한 문제가 생길 경우에는 의사를 찾아라.

하버드 의대 수면의학과(2009)에서는 수면을 개선하는 요령에 대하여 다음과 같이 설명한다.

카페인, 알코올, 니코틴 같은 수면 방해 화학물질을 피하라. 커피, 녹차, 초콜릿, 콜라, 통증 완화제 등에서 발견되는 카페인은 자극제로서 깨어 있게 하기 위한 물질들이다. 라이언은 매일 카페인이 들어간 8~10잔의 탄산음료를 물로 대체했는데도 잠을 잘 잘 수 있었다. 당신은 취침 전 4시간 동안 모든 카페인 제품을 멀리할 의지가 있는가? 니코틴(담배, 시가, 니코틴 껌, 씹는 담배)도 마찬가지다. 취침 전 4시간 동안은 어떤 니코틴 제품도 가까이 하지 말라. 당신은 이제 자신의 음주 행위를 변화시킬 가능성이 있고, 그렇게 되면 알코올 섭취가 더 이상 수면의 질을 떨어뜨리지 않을 것이므로 당신은 더 편안하고 깊은 수면을 취하게 될 것이다.

수면에 이롭게 침실을 꾸며라. 어둡고 조용하고 서늘한 침실이 수면을 유도하는 데 더 좋다. 침실을 좀 더 아늑하게 할 수는 없는가? 창문 블라인드를 조절하거나 두터운 커튼을 쳐서 바깥의 불빛을 조절할 수 있는가? 약국에서 파는 귀마개와 안대는 소리와 불빛을 줄이는 데 효과적이다. 매트리스나 베개를 10년 넘게 사용해왔다면 수면을 돕기 위해 새 것으로 바꾸는 게 좋다. 애완동물이 밤새 성가시게 하거나 너무 이른 아침에 당신을 깨운다면 애완동물의 침대를 아예 당신의 침실 밖으로 내보내라. 침실에 전자장치가 많아도 수면을 방해할 수 있다. 침실을 둘러보고 TV, 컴퓨터 같은 전자기기를 집 안의 다른 곳으로 이동시켜야 하는지 확인하라. 목표는 장기적인 회복을 위하여 당신의 침실을 수면 보호구역으로 만드는 것이다.

취침 전 마음을 다스리는 습관을 들여라. 하루 동안 일어난 일들 때문에 에너지가 활성화되어 있다면, 수면을 돕기 위해 일상적인 활동이 필요할지 모른다. 잠들기 전에 책이나 잡지를 보는 것은 수면을 준비하는 데 도움이 된다. 이 책에 소개된 마음챙김 연습을 하는 것도 수면에 도움이 된다. 어떤 문제로 걱정하거나 불안한 마음이 들 경우에는 일기장에 문제되는 내용을 기록하고 덮은 뒤에 다음 날까지 꺼내보지 말라. 밤새 깊은 수면을 취하면 불편한 문제 해결에 필요한 힘을 얻을 수 있다. 마음을 고요하게 진정시켜서 걱정이 저절로 떠나가도록 내맡기는 것은 건강한 회복 과정의 중요한 요소이다.

정말로 피곤할 때 잠자리에 누워라. 짐을 청하기 위해 몸을 뒤척거리고 있다면, 아마 싸증이 나는 상태일 것이다. 20분 뒤에도 이런 상태가 계속되면 침대 밖으로 나오는 것이 원칙이다. 신체를 움직여서 이완시켜준 뒤에 침대로 돌아가서 잠을 청하라. 예를 들어 라이언은 몸을 뒤척이며 잠을 이루지 못할 때에는 침대에서 빠져나와 여행 잡지를 보았다. 때로는 아프리카 사파리로 가서 동물 사진 찍는 것을 상상해보기도 했는데, 그러고 나서 침대로 돌아가면 몸이 좀 더 이완되어서 잠에 들 수 있었다.

알람시계를 머리맡에서 멀리 두어라. 침실에 있는 시계를 바라본 적이 있는가? 이런 행동은 실제로 잠드는 것을 더 어렵게 만든다. 알람시계를 돌려놓으면 현재 시간을 확인해보고 싶은 유혹에 빠지는 것을 막아준다. 라이언에게는 이 방법이 잘 통했다. 그는 알람시계를 다른 방향으로 돌려놓음으로써 밤마다 시간에 대해 걱정하는 것을 멈추었고, 몸이 편안하게 이완되는 것을 느낄 수 있었다.

그날의 자연광을 이용하라. 매일 아침 일어나면서 침실의 블라인드를 여는 습관을 들여라. 하루 동안 해야 할 일이 아무리 많아도 잠시 밖으로 나가 휴식을 취하고 한낮의 자연광과 다시 연결되도록 하라. 라이언은 하루 종일 수업을 듣고 밤에는 일을 해야 하는 끔찍한 일과에도 불구하고, 수업이 끝날 때마다 10분간 쉬는 시간을 활용해 밖으로 나가 오후의 태양빛을 쐬려고 노력했다.

수면 스케줄을 규칙적으로 유지하라. 이것은 분명히 수면의 질을 개선해줄 것이다. 이것의 목적은 당신을 지루한 사람으로 만들려는 게 아니라, 당신의 몸에 '내면 시계'를 설정해주려는 것이다. 오후 2시에서 10시까지 식료품점에서 일을 했기 때문에 라이언에게는 이 일이 좀 어려웠다. 라이언은 우선 4주 동안 밤 11시 30분에 취침하고 오전 7시 30분에 기상하면서 자신의 기분을 살펴보기로 결심했다. 라이언은 똑같은 스케줄을 유지하면서도 질 높은 수면을 취할 수 있다는 데 놀랐다. 매일 똑같은 시간에 잠자리에 들고 잠에서 깨어나는 일은 신체에 '내면 시계'를 설정해 놓음으로써 밤마다 일정한 시간에 잠드는 습관을 만든다. 주말에도 이러한 습관을 유지하면 월요일 아침의 수면 불편감을 피할 수 있다. 전날 밤에 제대로 수면을 취하지 못했을지라도 매일 아침 같은 시간에 잠에서 깨는 것이 당신의 내면 시계를 설정할 수 있는 최고의 방법이다.

충분한 물을 마셔 수분 섭취의 균형을 이뤄라. 아침에 일어날 때의 목마름을 피하기 위하여 충분한 물을 마시고 싶을지 모른다. 그러나 물을 마시려면 취침 시간 이전에 미리 충분하게 마시는 게 좋다. 이렇게 하면 화장실에 가고 싶어 잠에서 깨는 일은 없을 것이다. 라이언은 영양사를 만난 이후 이런 식으로 물을 많이 마셨고, 이런 습관이 그의 건강을 보호해주었다.

운동을 하면 기분이 더 좋아진다. 편안한 수면을 위해서는 취침 시간 몇 시간 전에 운동하는 것이 도움이 된다. 운동은 수면이 더 깊고 빠르게 이루어지도록 도와준다. 핵심은 아침 일찍 운동하는 것이다. 저녁 운동을 한다면 적어도 취침 3시간 전에 운동을 마치는 것이 좋다. 라이언은 운동이 수면을 도와준다는 말을 믿지 않았다. 하지만 '수면 향상 활동지'에 운동 상황을 기록하고 추적해보면서 운동이 어떻게 수면에 영향을 주는지 이해할 수 있었다. 다음 절에서는 특별히 운동에 초점을 두어 스스로 선택한 운동 프로그램을 활성화하는 방안에 대해 살펴본다.

이런 수면 방법들을 제대로 작동시키기 위해 가장 중요한 것은 선택한 사항을 일관성 있게 계속 실천하는 것이다. 소개된 방법 중 한두 가지를 4주 동안 지속적으로 실행하라. 4주간 어떤 운동에 전념할 계획인지 '수면 향상 활동지'에 기록하라. 운동을 시작하는 날짜도 써넣어라. 당신은 자신의 수면 향상 과정을 추적할 수 있다.

다음은 하버드 의대 수면의학과에서 제공한 정보를 기반으로 보완한 것이다. 아래 표를 보고 당신이 사용하고 싶은 수면 향상 활동들을 찾아내어 체크 표시를 하라. 수면 향상을 위해 활동을 개시하는 날짜도 적어라. '더 좋은 수면 보고서' 칸에는 당신의 수면에서 관찰되는 모든 변화를 기록하라. 아주 작은 변화라도 주목할 만한 가치가 있다. 일기장을 사용해서 수면 향상 과정을 추적해보라.

✓	수면 향상 활동	시작일	더 좋은 수면 보고서
	나는 수면을 방해하는 카페인과 알코올, 니코틴 같은 화학물질을 피하겠다.		
	나는 수면에 이롭도록 침실의 환경을 바꾸겠다.		
	나는 취침 전에 마음을 다스리는 습관을 들이겠다.		
	나는 정말로 피곤할 때 잠자리에 들겠다.		
	나는 알람시계를 쳐다보지 않겠다.		
	나는 매일 자연광의 혜택을 누리겠다.		
	나는 규칙적으로 수면 스케줄을 지키겠다.		
	나는 물을 충분히 마셔서 수분 섭취에 균형을 이루겠다.		
	나는 아침 일찍 운동을 하겠다.		

연습 10.3 수면 일기

취침과 기상 시간을 4주 동안 추적해보라. 날마다 수면 시간을 적어라. 밤에 얼마나 자주 깨는지, 매일 마시는 카페인 음료는 몇 개나 되는지 기록하라. 잊지 말고 이 활동지를 따로 복사해두고, 매일 밤의 수면 상태를 확인하라.

수면 일기

	월	화	수	목	금	토	일
취침 시간							
기상 시간							
총수면 시간							
밤새 깬 횟수							
하루에 마셨던 카페인 음료 개수							

건강한 신체

라이언처럼 당신도 운동을 다시 시작하거나 일상에서 신체 건강을 향상시키는 데 관심을 두어왔다. 규칙적으로 운동하는 사람들은 더 좋은 기분을 느끼고 회복력이 전반적으로 높아진다는 연구가 있다. 실제로 규칙적인 운동은 중독과 더불어 불안과 우울증을 완화할 수 있는 아주 좋은 방법이다. 제임스 프로차스카(James Prochaska, 2009)는 『중독 의료의 원리』(Principles of Addiction Medicine)에서 "신체 활동이 기분과 스트레스를 조절하는 데 도움을 준다. 회복 중인 사람이 일주일에 60분간 운동을 하면 50가지 이상의 신체 및 정신 건강상의 이득을 얻을 수 있다."고 주장한다. 신체 활동은 오랫동안 걱정과 슬픔으로 약해진 면역 체계를 강화해주기 때문에 몸이 스트레스와 긴장을 제거하는 데 도움을 준다. 운동은 당신의 기분과 회복을 위하여 지속적으로 긍정적인 효과를 만들어낸다.

신체적 건강을 증진시킬 때 당신의 몸과 뇌는 실질적으로 새로운 연결을 구축한다. 이를 통해 스트레스를 다루고 대처하는 당신의 능력이 향상되고, 자존감 또한 향상될 것이다. 신체 활동을 치료 계획 속에 포함시키고 있는 여러 회복 센터들은 운동이 강박적 습관을 건강하게 바꾸어놓는다는 점에 주목해왔다. 운동은 당신의 지나친 갈망도 완화해줄지 모른다. 현재 실행하고 있는 운동 프로그램은 과거의 중독성 행동이 당신에게 부여했던 유쾌한 신체적 경험을 대체할 가능성이 있다. 운동 집단에 참여하기로 결정할 경우, 분명히 훨씬 더 많은 이득을 얻을 수 있다. 운동 집단과 관계를 맺는다는 이익 이외에, 함께 운동하게 될 집단 구성원들로부터 격려를 받게 된다. 당신은 집단으로 운동을 할 확률이 높으므로 금세 이러한 효과를 얻을 것이다. 신체 건강을 돌보는 일은 오래된 중독성 행동이 재발하는 위험을 줄여줄 수 있다. 이런 이유로 운동 프로그램에 전념하는 것은 단기적으로나 장기적으로 보아 큰 이점이 있다.

요가, 태극권, 필라테스, 무술 같은 운동들은 건강을 증진하는 새로운 기법을 가르쳐준다. 균형감, 유연성, 인내심 등을 증진해주는 신체적·정신적 기법들은 모두 중독에서 회복되기 위해 필요한 것들이다. 더구나 이런 운동들은 마음챙김 기법을 향상시켜 준다. 한편 마음챙김 기법은 위와 같은 여러 운동을 시도해보기 위한 새로운 여정을 시작하도록 안내한다. 몸과 마음의 연결감을 높여주는 연습을 실행하라. 이 연습들은 알코올과 약물 문제에서 회복되도록 도울 뿐 아니라 음식, 포르노, 쇼핑 중독 같은 다른 도전들로부터의 회복도 지지해준다. 당신은 이런 연습을 통해 기본적으로 뇌와 몸을 다시 단련하여 스트레스를 줄이고 건강한 행동을 증진시킬 수 있다.

이를 위하여 새로운 형태의 운동을 기꺼이 시도하고, 어떤 느낌이 드는지 살펴보라. 다음 페이지의 운동 일기를 사용해서 진전 상황을 기록하라. 일정 기간 운동을 하지 않고 있다면, 신체운동 프로그램을 시작하기 전에 의사와 상의하는 게 좋다.

어떤 운동 프로그램이든 다시 시작하려고 할 때는 더 건강해지겠다는 내적 동기가 일어나서 몸과 마음이 하나로 결합된다. 당신은 이런 사실을 금세 알아차릴 수 있으며, 새로워진 자신감과 높아진 자기인식을 느낄 수도 있다. 이와 같은 여러 회복 도구들의 목적은 생각, 감정, 신체로부터 얻을 수 있는 힘을 구축하도록 돕는 데 있다. 정신적·신체적으로 더 많은 힘과 스태미나를 얻는다는 것은 어떤 의미인가? 잠시 시간을 내어 신체건강 수준과 목표와 관련해 당신이 지금 어디쯤 와 있는지 성찰해보라. 목표를 향해 나아가는 자신의 모습을 시각화하라. 운동 수업에 참여해 팀 스포츠를 하고, 매일 정한 대로 운동을 하는 자신의 모습을 상상해보라. 약간의 동기만 있으면 이런 기분을 규칙적으로 느낄 수 있다. 목표에 전념하라. 그러면 이루어질 것이다!

운동 일기

4주 동안 스스로 정해 놓은 운동 계획을 추적 관찰하라. 어떤 운동을 몇 시간 동안 했는지 기록하라. 다른 유형의 운동을 해보라. 특히 요가, 태극권, 필라테스 같은 대안 운동들을 시도해보라. 매주 시도한 새로운 종류의 운동 옆에 체크 표시를 하라. 5점 척도를 사용해서 오늘 하루 기분이 어떠했는지 기록하라. 활동지를 여러 장 복사해두거나, 일기를 이용해 운동 실천 상황을 추적 관찰하라. (1점 : 기분이 아주 나쁨, 2점 : 기분이 보통, 3점 : 기분이 평균 이상, 4점 : 기분이 좋음, 5점 : 기분이 아주 좋음)

운동 일기

	월	화	수	목	금	토	일
운동 종류							
운동 시간	____ 분	____ 분	____ 분	____ 분	____ 분	____ 분	____ 분
오늘 나의 기분	____ 점	____ 점	____ 점	____ 점	____ 점	____ 점	____ 점

　　라이언은 운동 일기를 다시 펼쳐보고선 매우 놀랐다. 운동을 했던 날에는 '오늘 나의 기분' 칸에 4 또는 5라고 평가되어 있었다. 운동을 할 때 매우 좋은 기분을 느꼈던 것이다. 그는 몇 주 전에 개인적으로 무술을 시작했는데 학교체육관에서도 같은 무술 수업이 있었다. 라이언은 그때 자신의 기분을 5점으로 평가했다. 일은 제대로 돌아가고 있었다. 운동이 기분에 미치는 영향력을 알게 되면 힘을 얻을 수 있다. 그것은 당신의 규칙적인 노력을 한층 더 강화해준다. 기분 좋은 날을 더 많이 경험할수록 장기적인 회복과 웰니스를 얻을 수 있는 더 좋은 기회를 얻게 된다.

즐거운 일

대부분의 사람들은 일을 건강 유지를 위한 방법으로 생각하지 못한다. 당신은 스트레스를 받으면서 일을 하거나, 존중받지 못하면서 일하고 있을지 모른다. 강제 해고 때문에 한 사람 몫 이상의 일을 하고 있을 수 있다. 어쩌면 능력 이하의 일을 하고 있거나, 실제 기술과 교육 수준에 못 미치는 일을 하고 있을 수도 있다. 한편 당신은 마음챙김 기법을 사용함으로써 일에 새로운 에너지를 불어넣을 수 있다. 또는 지금이 다른 일자리를 찾아보거나 새로운 분야로 진출해볼 좋은 기회라고 느낄 수도 있다. 이 섹션의 목적은 현재 하고 있는 일과의 연결감을 새롭게 되찾도록 돕는 것이다. 당신이 일을 구할 때 다음 기법들을 사용하라. 그것은 마치 컴퓨터에 있는 리셋 버튼을 누르는 것과 같다. 똑같은 컴퓨터지만, 일단 리셋 버튼이 눌리면 당신은 그것이 작동하는 방식에 경이로움을 느끼게 된다.

일처럼 느끼지 않으면서 일하라

당신은 집보다 일터에서 더 많은 시간을 보낸다는 것을 알고 있는가? 아마도 가족보다도 직장 동료들과 함께한 시간이 더 많을 것이다. 만약 그렇다면 일과의 관계에서 새로운 방식을 찾아내는 것이 중독 회복 과정에서 필요할 수 있다. 일이 일처럼 느껴지지 않게 하기 위해서 사용할 수 있는 여덟 가지 전략이 있다. 일단 이 전략을 모두 읽고 나서 어떤 전략이 자신에게 가장 잘 어울리는지 결정하라. 이러한 전략들을 직장에서 사용하는 계획을 세울 때는 연습 10.5의 전략 체크리스트를 활용하라. 이렇게 해 나가면 당신이 하고 있는 일과 잘 어우러지는 새로운 자신을 만들어낼 수 있다. 이제 연습을 시작할 마음의 준비가 되어 있는가?

자신의 속도를 지켜라. 직장 생활은 빠르게 처리해야 할 수많은 목록으로 구성되어 있다. 늘 주의해야 할 과제들과 마감에 신경을 써야 한다. 이런 상황에서 속도를 좀 늦춰 잠시 숨을 돌리고 자신만의 템포로 일을 하면 어떻게 될 것인가? 휴식을 취할 필요가 있으면 그렇게 하도록 허용하라. 의자에서 일어나서 잠시 주위를 걸어보라. 이런 행동은 목표 설정을 잘 하도록 도와 생산성을 높여줄 것이다. 야외에서 잠시 자연광을 쐬어도 기분이 놀랍게 좋아질 것이다. 바로 지금 시도해보라.

판단을 잠시 중지하라. 당신은 일과 관련하여 자신에게 너무 엄격할 수 있다. 새로운 방식으로 일을 하려면 자신에게 좀 더 친절해지는 것이 필요하다. 자기비난이 적을수록 마음이 자유로워지면서 새로운 방식으로 자신의 일에 주의를 집중할 수 있다. 이것은 여러 날 우울한 생활을 한 뒤에 햇빛의 따사로움을 느끼는 것과 같다. 당신과 당신의 마음을 품어주는 햇빛을 느껴보라. 자기비난을 멈추고 자신에게 친절해짐으로써 당신은 다시 업무로 되돌아갈 수 있는 완벽한 환경을 얻게 된다.

브레인 푸드를 섭취하라. 앞 장에서 최적의 회복을 위해서는 영양분이 중요하다는 것을 알았다. 그렇다. 좋은 영양분은 직장에서 매일 느끼는 느낌에 중요한 영향을 준다. 과거에는 점심 식사 후의 고비를 이겨내기 위해 커피나 설탕이 들어간 음식에 의존해왔을지 모른다. 성공적인 직장 생활을 위해서 이제부터는 음식물을 적절히 섭취해야 한다는 점을 명심하라. 바로 지금이 그동안 생각해왔던 새로운 식품을 선택해야 할 순간이다.

부정적인 신념을 바꿔라. 과거에는 일에 대한 부정적인 신념이 규준이었을지 모른다. 직장에는 어두운 분위기를 조장하는 동료들이 있을 수 있다. 동료들의 이런 부정적인 태도를 바꿀 수는 없겠지만, 자신의 태도만큼은 분명히 바꿀 수 있다. 4장과 8장에 소개된 마음챙김 연습 가운데 한 가지를 사용하여 마음을 고요히 다스려라. 책상 위나 작업장 안에서 긍정적인 메시지를 볼 수 있게 하라. 내가 좋아하는 구절은 '당신이 하는 것을 사랑하라'이다. 마음에 드는 문장을 인쇄해서 컴퓨터나 작업 구역에 붙여라. 그 구절을 매일 자주 보고 되뇌면 좋다.

완벽해지려고 애쓰지 말라. 인생 전반에 걸쳐 모든 게 절대적으로 완벽해야 한다고 배워왔을지 모른다. 좋다. 하지만 지금은 색다른 접근 방법을 시도해볼 순간이다. 모든 걸 완벽하게 하느라 자신을 힘들게 하지 말고, 완벽해지는 것에서 벗어나라. 요점은 당신의 능력을 최대한 발휘하면서 즉시 과제를 수행하고, 잠시 휴식을 취하는 것이다. 당신은 언제든 되돌아가서 그것을 살펴볼 수 있다. 새로운 조망과 고요한 마음을 가지고 다시 과제를 시작할 수 있는 기회를 자신에게 제공하라.

직관을 따르라. 직장에서 과제를 완수하거나 데드라인을 맞추려고 애쓰고 있을 때에 당신은 직관의 힘을 놓치기 쉽다. 직관은 무언가에 대한 당신의 직감이다. 직관은 무엇을 해야 할지, 특히 다음에 해야 할 일을 결정하는 데 중요한 역할을 한다. 당연한 일이지만 직관에 귀를 기울이는 것은 과제를 완수하는 데 조용한 지침을 제공할 것이다.

주의분산을 막아라. 시간을 낭비하게 되는 가장 중요한 원인은 주의가 분산되기 때문이다. 직장에서 주의가 분산되면 당신은 선로를 이탈하게 되어, 소중한 시간과 자원들을 낭비할 수 있다. 주의가 분산되는 순간을 알아차리려고 노력하라. 그런 다음에 과제를 다시 시작하라. 과제에 대한 당신의 느낌과 생각에 주목하라. 그 생각과 느낌을 일의 정상적인 부분으로 수용하라. 자연스러워질 때까지 날마다 여러 차례 이것을 하면 좋다.

마음챙김 연습을 하라. 앞서 언급한 것과 마찬가지로 마음챙김 도구를 직장에서 매일 활용하는 것이 중요하다. 하루 일과를 마음챙김 5분 명상으로 시작하면 하루를 보다 생산적으로 만들 수 있다. 점심에 잠시 휴식을 취하면서 한 번 더 간단한 마음챙김 연습을 하라. 일하면서 마음챙김을 떠올릴 수 있다면 몰입하는 하루를 보낼 가능성이 훨씬 더 높아져 일을 일처럼 느낄 가능성이 줄어든다.

다음 여덟 가지 기법을 실행해보고, 하루가 어떻게 변화하는지 기록하라.

직장에서 하루 일과를 개선하기 위해 시도해볼 수 있는 여덟 가지 방법 가운데 당신이 할 수 있는 일에 체크하라. 그 방법을 언제부터 실행할 것인지 날짜를 기록하라. 일단 날짜를 정하게 되면, 당신은 직장에서 새로운 도구들을 시도해보려 할 것이다. 이 도구들은 당신의 회복을 돕고, 장기적으로 정서 건강을 되찾을 수 있도록 돕는다는 것을 명심하라. 직장에서 관찰한 개선 사항들을 기록하기 위해 일기 쓰는 것을 잊지 말라.

일처럼 느끼지 않으면서 일하는 여덟 가지 방법	이 연습을 기꺼이 실행하겠습니다. ✔	이 연습을 시작할 날짜
자신의 속도를 지킨다.		
판단을 잠시 중지한다.		
브레인 푸드를 먹는다.		
부정적인 신념을 바꾼다.		
완벽해지려고 애쓰지 않는다.		
직관을 따른다.		
주의가 분산되는 것을 막는다.		
마음챙김 연습을 한다.		

지금까지 일의 공간에 약간의 고요함을 가져오는 작업을 했다. 책상 또는 작업장에 앞 페이지의 체크리스트를 붙여 놓고 어떻게 하면 보다 즐거운 기분으로 일할 수 있는지 상기하라. 이제 분위기를 바꾸어 재미에 좀 더 초점을 맞춰보자. 이것은 회복의 균형을 이루는 놀라운 방법이다.

라이언은 식료품점에서 일하면서 속도를 늦추기로 마음먹었다. 이번에는 교대 시간에 맞춰 가게에 도착해서 모든 걸 완벽하게 하려고 동동거리지 않고 자신의 호흡과 기분에 주의를 두었다. 그 순간, 자신이 일하는 것을 즐기고 있다는 알아차림이 생겼다. 마음의 속도를 늦추면서 동료들과도 더 잘 지내게 되었다. 그의 긍정적인 태도는 밤 교대조의 다른 근로자들에게로 확산되어 갔다. 라이언은 처음으로 일하러 가는 것을 고대하고 있었다. 느낌을 마비시키는 마리화나도 더 이상 피우지 않았고, 아주 좋은 기분을 유지하면서 일과 목표에 에너지를 쏟을 수 있게 되었다.

유쾌한 활동 : 재미

생각해보면 자연스럽게 재미를 느꼈던 순간이 있었을 것이다. 당신은 재미가 음주나 약물 같은 해로운 행동의 몰입과 밀접한 연관이 있음을 알아차렸는가? 이제 당신은 이런 낡은 행동들을 하지 않고서도 다시 재미를 찾는 방법을 제대로 찾아내야 한다. 이것은 놀랍게도 생각보다 어렵다. 방금 상실을 겪었거나 이제 막 과거의 중요한 상실 경험을 기억해냈는데 그 순간 재미를 떠올린다는 것에 이상한 느낌이 들었을지 모른다. 상실을 경험한 뒤에 이렇게 재미를 즐겨도 되는 것인가? 삶에서 다시 재미나 기쁨을 얻는다는 것은 어떠한 느낌일까? 즐거움을 찾는 본성은 늘 우리의 내면에 존재한다. 우리의 내면을 있는 그대로 느끼면, 그러한 본성이 스스로 드러난다.

중독에서 회복되고 기분을 향상시키는 일은 즐겁다고 여겨지는 활동들을 진행할 때 나온다. 즐길 수 있는 활동에 몰입하는 것은 스트레스 수준을 낮출 수 있는 또 다른 방법이다. 한동안 유쾌한 활동에 몰입했을 가능성이 적기 때문에 최상의 전략은 유쾌한 활동 계획을 세우는 것이다. "그거 좋은 생각인데. 나중에 한번 해보지."라고 말하기는 것은 쉽다. 말만 하지 말고 지금 당장 일에 대한 활동 계획을 세워라. 그러면 당신은 기쁨을 얻기 위해 자기 책임을 다할 것이다.

재미있는 것을 찾아내기 위한 한 가지 방법은 다음 페이지에 열거된 유쾌한 활동 목록을 살펴보는 것이다. 대부분의 활동은 당신이 과거에 좋아했을 만한 것이지만 그동안 잊고 있던 것들이다. 이 활동들은 간단해서 짧은 시간 안에 할 수 있으며, 대부분 무료거나 저렴한 가격에 이용할 수 있다. 여기에서 핵심 메시지는 그 활동이 즐거워야 한다는 것이다. '해야만 한다'는 강박적 생각을 갖고서 그 활동을 해서는 안 된다. 지금 즐길 수 있는 일을 찾아내려면 몇 차례 시도를 해야 할지도 모른다. 어떤 활동을 시도해보고 즐겁지 않다는 생각이 들면, 곧바로 다른 활동을 선택하라. 새로운 긍정 습관을 실천하기 위한 최상의 방법은 하루에 한 가지씩 유쾌한 활동을 하는 것이다. 당신에게 기쁨을 주는 회복을 포기하지 말라.

유쾌한 활동 목록

활동지 왼쪽 칸의 유쾌한 활동 목록을 잠시 훑어보라. 활동지 오른쪽 칸에 해당 활동을 즐기는지 아닌지를 체크한 뒤 해당 활동을 시작할 날짜를 채워 넣어라. 이것이 재미있는 활동에 대한 완전한 목록은 아니다. 당신이 좋아하는 활동 가운데 여기에 포함되지 않은 것이 있다면, 회복에 도움이 될 수 있는 자신만의 유쾌한 활동을 다섯 가지 더 찾아 써라.

유쾌한 활동	나는 이 활동을 즐긴다. ✔	활동 시작일
드라이브를 한다.		
자전거를 탄다.		
방을 정리한다.		
사무실을 청소한다.		
댄스 수업을 받는다.		
공원에 간다.		
악기를 배운다.		
지역단체에서 자원봉사를 한다.		
이웃을 돕는다.		
영화관에 간다.		
미술 작품을 그린다.		
동네에 있는 공원에 간다.		
시내에 간다.		
잠시 명상하거나 고요히 앉는다.		
콘서트에 간다.		
휴가 계획을 세운다.		

온전한 치유

/

227

영감을 주는 글을 읽는다.		
좋아하는 옷을 입는다.		
목욕을 한다.		
책이나 잡지를 읽는다.		
강의를 들으러 집을 나선다.		
긴장을 풀어주는 음악을 듣는다.		
친구를 위해 요리를 해준다.		
설거지를 한다.		
자동차를 손질한다.		
과제를 끝마친다.		
교회나 절에 간다.		
보드 게임을 한다.		
외국어를 배운다.		
퍼즐이나 십자말풀이를 완성한다.		
쿠키를 굽는다.		
모임에 나간다.		
뒤뜰에서 일한다.		
애완동물과 놀아준다.		
햇빛을 쬔다.		
스포츠팀에 가입한다.		
아픈 사람을 문병한다.		
박물관에 간다.		

누군가에게 선물을 준다.		
운동경기를 관람한다.		
코미디 클럽에 간다.		
마사지를 받는다.		
동물원에 간다.		
기념식을 계획한다.		
사진을 찍기 위해 외출한다.		
헌혈한다.		
친구나 가족에게 전화를 건다.		
공상을 즐긴다.		
자신의 금융상품을 점검한다.		
집 근처에서 아르바이트를 한다.		
새로운 레스토랑을 방문한다.		
아침에 일찍 일어난다.		
동물보호소에서 자원봉사를 한다.		
일기를 쓴다.		
수영하러 간다.		
신문과 만화를 읽는다.		
집 근처에서 산책한다.		
사랑하는 사람과 함께 시간을 보낸다.		
아이와 함께 공놀이를 한다.		
맨발로 걷는다.		

새로운 프로젝트를 시작한다.		
야외에 앉아 사람들을 구경한다.		
가만히 벽난로를 응시한다.		
불필요한 물건을 팔거나 구호단체로 보낸다.		
편지를 쓴다.		
아이쇼핑을 한다.		
집 안의 식물들을 돌본다.		
별을 보기 위해 밤에 외출한다.		
처음 보는 세 사람에게 인사한다.		
중고물품을 사러 벼룩시장에 간다.		

이제 일주일간 수행할 유쾌한 활동계획을 세워라. 당신은 자신의 즐거움에 책임을 져야 한다.

라이언은 '유쾌한 활동 목록'을 살펴보더니 빙그레 미소를 지으며 몇 가지 활동에 체크했다. 그는 박물관을 방문하는 데 흥미를 보였는데 특히 아프리카 미술에 매료되어 있었고, 더 배우고 싶어 했다. 한 친구가 지역 박물관에서 개최되는 아프리카 미술 및 문화 전시회에 대해 알려주었을 때 그에게 함께 가자고 제안하면서 기회를 기쁘게 받아들였다. 운 좋게도 매주 화요일은 무료 입장이었다. 라이언은 행복감을 느끼면서 유쾌한 활동을 완수했다. 그는 스스로 생각했다. '틀림없어. 아버지는 내가 나의 열정을 따른 데 자랑스러워하셨을 거야.' 그는 다시 '유쾌한 활동 목록'을 살펴보고, 다음 주에 할 수 있는 또 다른 활동을 찾아보았다. 이제는 회복 과정을 진전시키기 위해 몇 가지 도구를 쉽게 사용할 수 있다. 당신은 자신의 성공적인 회복을 지지해주기 위해 어떤 도구들을 삶 속에 보탤 것인가?

결론

이번 장에서 논의했듯이 지속적인 건강을 위한 다섯 가지 영역인 영양 개선하기, 깊은 수면 취하기, 적절한 운동하기, 일을 즐기기, 유쾌한 활동은 성공적인 회복을 하는 데 큰 도움이 된다. 당신이 지금까지 해온 성과에 축하를 보낸다. 이 워크북을 통해 배우고 실천한 마음챙김 기법들은 지속적인 성공을 위하여 든든한 기반이 된다는 사실을 명심하라. 당신이 내린 결정들은 회복을 한층 더 도와주고 향후 당신의 웰빙 의식을 높여줄 것이다. 책의 뒷부분에 들어 있는 자원 목록은 회복 여정 내내 도움이 될 것이다. 어느 정도 성공을 거둔 영역을 하나 선택한 뒤에 다음 수준으로 나아가라. 실행이 어려운 영역은 새로운 관점으로 다시 한 번 시도해보라. 당신은 지금 올바른 궤도 위에서 목표와 꿈을 성취해가고 있다.

{ 토니 가족은 지금 어떻게 지내고 있나? }

토니와 카르멘 부부는 긴 회복 여정을 마무리하고 있다. 부부는 강력한 마음챙김 기법들과 상실에 대한 알아차림, 그리고 중독성 행동들을 충분히 이해했으며, 생각과 느낌과 행동 사이의 연결성을 알아차릴 수 있었다. 이러한 이해를 바탕으로 자신들의 생각을 마음챙김하고, 느낌을 수용하고, 행동을 의식하기 시작했다. 부부는 각자의 가치와 일치되는 삶을 사는 데 초점을 두었고, 중요한 관계의 치유와 강화를 위한 도전적인 작업의 토대로 이런 기법들을 사용할 수 있었다. 다음 단계는 회복 과정에서 웰빙 의식을 증진시켜줄 수 있는 새롭고 건강한 생활양식을 받아들여서 한층 더 굳건한 토대를 구축하는 것이다.

카르멘은 음식 일기를 쓰기 시작했고, 무엇을 섭취하느냐에 따라 기분과 에너지 수준이 크게 달라진다는 것을 알아차렸다. 요가 수행에 전념하는 한편, 영양 섭취에 더 많은 주의를 기울이면서 지금이 수년 전보다 더 건강하다는 느낌을 받았다. 카르멘은 이런 느낌을 기반으로 자신에게 나타나는 스트레스원을 더 쉽게 다룰 수 있었다. 이는 카르멘이 슬픔과 중독성 행동에서 조금씩 회복의 길로 나아갈 때에 튼튼한 버팀목이 되어주었다.

토니는 신체 건강에 초점을 두기로 결심했고, 운동 일기를 통해서 자신이 이루는 변화를 추적하고 기록해 나갔다. 여기에는 일주일에 두 번 웨이트 트레이닝을 하는 것과 일주일에 세 번 조깅을 하는 것이 포함되어 있었다. 요가나 필라테스에는 그다지 열광적이지 않았지만 몇 차례 강습을 받으면서 요가도 시도해보았다. 운동을 계속하는 것이 마음을 맑게 하는 데 도움이 된다는 것을 알게 되면서 스트레스는 점차 사라져 갔고 기분도 개선되었다. 더구나 몸무게가 줄면서 근육에 탄력이 생기고 있었는데 이것은 그가 얻으려고 노력해온 심리적 이익에 따른 훌륭한 보상이었다.

부부는 취침 전에 몸을 고요하게 만드는 습관을 갖기로 약속했다. 이들은 내적 시계를 작동시키기 위하여 가능하면 매일 똑같은 시간에 취침하고 기상하기로 했다. 부부는 밤새 시간을 확인하던 습관을 고치기 위해 알람시계를 침대에서 멀리 떨어진 곳에 두었다. 토니는 밤새 뒤척이는 일이 잦았기 때문에 잠을 푹 자려고 술을 마시곤 했었지만 이 책에 제시된 기법들을 사용한 뒤에는 취침 전에 몸이 매우 이완되어 있었다. 한편 카르멘은 중독 환경에 갇혀 있었을 때는 인터넷 쇼핑을 하느라 밤을 꼬박 새우기 일쑤였지만 지금은 일상적으로 건강한 수면을 유지하고 있으며, 기분도 전보다 더 나아졌다.

부부는 봄을 맞이하면서 워크북을 마쳤다. 카르멘은 부활절에 티나에게 새 옷과 구두를 사주기 위해 돈을 넉넉히 저축해두었다. 카르멘은 티나의 다정하고 밝은 표정과 행복한 모습을 떠올리니 가슴이 벅차올랐다. 티나의 학교 상담사는 부부에게 전화를 걸어서 티나에게 나타난 놀라운 변화를 말해주었다. 부부는 전화를 끊은 뒤 잠시 서로를 부둥켜안았다. 이들은 감사와 더불어 자부심과 안도감이 한꺼번에 밀려오는 듯했다. 이런 느낌들이 그동안 가족이 겪어온 심적 고통과 하나로 뒤섞여 있었다.

토니 가족은 부활절 예배를 드리면서 희망의 메시지에 귀를 기울였다. 그날은 재탄생의 날이자 새로운 시작을 위한 날이었다. 토니는 아내와 딸의 어깨를 감싸 안았다. 가족은 모두 A.J.를 그리워하면서 상실감을 느끼고 있었다. 이들은 그 일을 잊지 않을 것이며 그에 대한 사랑을 가슴에 품은 채 아픔을 겪어낼 것이다. 훗날, 오래된 가족사진을 들춰보면서 A.J.와 함께 나누었던 아름다운 순간들을 기억할 것이다. 토니는 이 일로 인해 더 이상 술을 마시지 않을 것이고, 카르멘도 병적인 온라인 쇼핑을 더 이상 하지 않을 것이다. 이들은 삶에서 경험하는 모든 느낌에 현존하고 마음을 열고 있는 그대로 느끼면서, 함께 이 순간을 살아갈 것이다. 중독은 이들의 삶과 가족을 빼앗지 못할 것이다.

회복 과정은 긴 여정이었다. 이 여정에서 완전히 회복되려면 앞으로도 여러 해 동안 노력을 계속해야 할 것이다. 이제는 왠지 일이 잘 풀릴 거라고 믿는다. 토니 가족은 정상적인 삶으로 되돌아오고 있다.

부록

당신의 여정을 위한
자원

알코올 및 약물 중독

Alexander, W. 2010. *Ordinary Recovery: Mindfulness, Addiction, and the Path of Lifelong Sobriety.* Boston, MA: Shambhala Publications.

Harris, R. 2008. *The Happiness Trap: How to Stop Struggling and Start Living.* Boston, MA: Shambhala Publications.

Huber, C. 2007. *Making a Change for Good: A Guide to Compassionate Self-Discipline.* Boston, MA: Shambhala Publications.

Jacobs-Stewart, T. 2010. *Mindfulness and the 12 Steps: Living Recovery in the Present Moment.* Hazelden.

Lane, P. 2006. *What the Stones Remember: A Life Rediscovered.* Boston, MA: Shambhala Publications.

Littlejohn, D. 2009. *The 12-Step Buddhist: Enhance Recovery from Any Addiction.* New York: Atria Books.

Maisel, E., and S. Raeburn. 2008. *Creative Recovery: A Complete Addiction Treatment Program That Uses Your Natural Creativity.* Boston, MA: Shambhala Publications.

Taylor, C. 2010. *Enough! A Buddhist Approach to Finding Release from Addictive Patterns.* Ithaca,

NY: Snow Lion Publications.

어린이와 가족

Greenland, S. K. 2010. *The Mindful Child: How to Help Your Kid Manage Stress and Become Happier, Kinder, and More Compassionate.* New York: Free Press.

Moe, J. 2007. *Understanding Addiction and Recovery through a Child's Eyes: Hope, Help, and Healing for Families.* Deerfield Beach, FL: Health Communications.

van Dijk, S. 2011. *Don't Let Your Emotions Run Your Life for Teens: Dialectical Behavior Therapy Skills for Helping You Manage Mood Swings, Control Angry Outbursts, and Get Along with Others.* Oakland, CA: New Harbinger Publications.

Willard, C. 2010. *Child's Mind: Mindfulness Practices to Help Our Children Be More Focused, Calm, and Relaxed.* Berkeley, CA: Parallax Press.

정서

Chödrön, P. 2005. *The Places That Scare You: A Guide to Fearlessness in Difficult Times.* 1st ed. Boston, MA: Shambhala Publications.

———. 2008. *Don't Bite the Hook: Finding Freedom from Anger, Resentment, and Other Destructive Emotions.* Preloaded audio file. Boston, MA: Shambhala Publications.

———. 2009. *Taking the Leap: Freeing Ourselves from Old Habits and Fears.* Boston, MA: Shambhala Publications.

Forsyth, J. P., and G. H. Eifert. 2007. *The Mindfulness and Acceptance Workbook for Anxiety: A Guide to Breaking Free from Anxiety, Phobias, and Worry Using Acceptance and Commitment Therapy.* Oakland, CA: New Harbinger Publications.

Ingerman, S. 2007. *How to Heal Toxic Thoughts: Simple Tools for Personal Transformation.* New York: Sterling Publishing Company.

McKay, M., J. C. Wood, and J. Brantley. 2007. *The Dialectical Behavior Therapy Skills Workbook: Practical DBT Exercises for Learning Mindfulness, Interpersonal Effectiveness, Emotion Regulation, and Distress Tolerance.* Oakland, CA: New Harbinger Publications.

McQuaid, J. R., and P. E. Carmona. 2004. *Peaceful Mind: Using Mindfulness and Cognitive Behavioral Psychology to Overcome Depression.* Oakland, CA: New Harbinger Publications.

Orloff, J. 2009. *Emotional Freedom: Liberate Yourself from Negative Emotions and Transform Your*

Life. 1st ed. New York: Harmony Books.

Orsillo, S. M., and L. Roemer. 2011. *The Mindful Way through Anxiety: Break Free from Chronic Worry and Reclaim Your Life.* New York: The Guilford Press.

Strosahl, K. D., and P. J. Robinson. 2008. *The Mindfulness and Acceptance Workbook for Depression: Using Acceptance and Commitment Therapy to Move through Depression and Create a Life Worth Living.* Oakland, CA: New Harbinger Publications.

Thich Nhat Hanh. 2009. *You Are Here: Discovering the Magic of the Present Moment.* 1st English ed. Translated by S. C. Kohn, edited by M. McLeod. Boston, MA: Shambhala Publications.

Trungpa, C. 2009. *Smile at Fear: Awakening the True Heart of Bravery.* Boston, MA: Shambhala Publications.

운동

Kortge, C. S. 2010. *Healing Walks for Hard Times: Quiet Your Mind, Strengthen Your Body, and Get Your Life Back.* Boston, MA: Trumpeter Books.

Stahl, B., and E. Goldstein. 2010. *A Mindfulness-Based Stress Reduction Workbook.* Oakland, CA: New Harbinger Publications.

식품과 영양

Albers, S. 2008. *Eat, Drink, and Be Mindful: How to End Your Struggle with Mindless Eating and Start Savoring Food with Intention and Joy.* Oakland, CA: New Harbinger Publications.

Bays, J. C. 2009. *Mindful Eating: A Guide to Rediscovering a Healthy and Joyful Relationship with Food.* Boston, MA: Shambhala Publications.

Goss, K. 2011. *The Compassion-Mind Guide to Ending Overeating: Using Compassion-Focused Therapy to Overcome Bingeing and Disordered Eating.* Oakland, CA: New Harbinger Publications.

Roth, G. 2010. *Women, Food, and God: An Unexpected Path to Almost Everything.* New York: Scribner.

Schatz, H. S. 2004. *If the Buddha Came to Dinner: How to Nourish Your Body to Awaken Your Spirit.* With S. Shaiman. New York: Hyperion.

Somov, P. G. 2008. *Eating the Moment: 141 Mindful Practices to Overcome Overeating One Meal at a Time.* Oakland, CA: New Harbinger Publications.

도박

Davis, D. R. 2009. *Taking Back Your Life: Women and Problem Gambling*. Center City, MI: Hazelden.

상실

Bauer-Wu, S. 2011. *Leaves Falling Gently: Living Fully with Serious and Life-Limiting Illness through Mindfulness, Compassion, and Connectedness*. Oakland, CA: New Harbinger Publications.

Berger, S. A. 2011. *The Five Ways We Grieve: Finding Your Personal Path to Healing after the Loss of a Loved One*. Reprint ed. Boston, MA: Trumpeter Books.

Goldberg, S. 2009. *Lessons for the Living: Stories of Forgiveness, Gratitude, and Courage at the End of Life*. Boston, MA: Trumpeter Books.

Halifax, J. 2008. *Being with Dying: Cultivating Compassion and Fearlessness in the Presence of Death*. Boston, MA: Shambhala Publications.

Kumar, S. M. 2005. *Grieving Mindfully: A Compassionate and Spiritual Guide to Coping with Loss*. Oakland, CA: New Harbinger Publications.

Umberson, D. 2003. *Death of a Parent: Transition to a New Adult Identity*. Cambridge, UK: Cambridge University Press.

명상과 마음챙김

Alexander, R. A. 2008. *Wise Mind, Open Mind: Finding Purpose and Meaning in Times of Crisis, Loss, and Change*. Oakland, CA: New Harbinger Publications.

Bayda, E. 2010. *Beyond Happiness: The Zen Way to True Commitment*. Boston, MA: Shambhala Publications.

Bays, J. C. 2011. *How to Train a Wild Elephant: And Other Adventures in Mindfulness*. Boston, MA: Shambhala Publications.

Loori, J. D. 2007. *Finding the Still Point: A Beginner's Guide to Zen Meditation*. Boston, MA: Shambhala Publications.

Suzuki, S. 2010. *Zen Mind, Beginners Mind*. 40th anniversary ed. Boston, MA: Shambhala Publications.

Thoele, S. P. 2008. *The Mindful Woman: Gentle Practices for Restoring Calm, Finding Balance, and Opening Your Heart*. Oakland, CA: New Harbinger Publications.

관계

Bancroft, L. 2002. *Why Does He Do That? Inside the Minds of Angry and Controlling Men*. New York: Berkley.

Evan, P. 2010. *The Verbally Abusive Relationship: How to Recognize It and How to Respond*. 2nd ed. Avon, MA: Adams Media.

Johnson, S. 2008. *Hold Me Tight: Seven Conversations for a Lifetime of Love*. New York: Little, Brown, and Company.

NiCarthy, G. 2004. *Getting Free: You Can End Abuse and Take Back Your Life*. 4th ed. Emeryville, CA: Seal Press.

Richo, D. 2002. *How to Be an Adult in Relationships: The Five Keys to Mindful Loving*. Boston, MA: Shambhala Publications.

———. 2005. *The Five Things We Cannot Change: And the Happiness We Find by Embracing Them*. Boston, MA: Shambhala Publications.

———. 2008a. *Everyday Commitments: Choosing a Life of Love, Realism, and Acceptance*. 1st ed. Boston, MA: Shambhala Publications.

———. 2008b. *When the Past Is Present: Healing the Emotional Wounds That Sabotage Our Relationships*. Boston, MA: Shambhala Publications.

———. 2010. *Daring to Trust: Opening Ourselves to Real Love and Intimacy*. Boston, MA: Shambhala Publications.

Wegela, K. K. 2011. *What Really Helps: Using Mindfulness and Compassionate Presence to Help, Support, and Encourage Others*. Rev. ed. Boston, MA: Shambhala Publications.

쇼핑

Benson, A. L. 2008. *To Buy or Not to Buy: Why We Overshop and How to Stop*. Boston, MA: Trumpeter Books.

Palaian, S. 2009. *Spent: Break the Buying Obsession and Discover Your True Worth*. Center City, MI: Hazelden.

수면

Carney, C. E., and R. Manbar. 2009. *Quiet Your Mind and Get to Sleep: Solutions to Insomnia for Those with Depression, Anxiety, or Chronic Pain.* Oakland, CA: New Harbinger Publications.

Jacobs, G. D. 2009. *Say Goodnight to Insomnia: The Six-Week, Drug-Free Program Developed at Harvard Medical School.* New York: Holt Paperbacks.

Kotler, R. L., and M. Karinch. 2009. *365 Ways to Get a Good Night's Sleep.* Avon, MA: Adams Media.

Krakow, B. 2007. *Sound Sleep, Sound Mind: 7 Keys to Sleeping through the Night.* Hoboken, NJ: John Wiley and Sons.

Silberman, S. A. 2008. *The Insomnia Workbook: A Comprehensive Guide to Getting the Sleep You Need.* Oakland, CA: New Harbinger Publications.

흡연

Carr, A. 2010. *The Easy Way to Stop Smoking: Join the Millions Who Have Become Non-Smokers Using Allen Carr's Easyway Method.* Rev. ed. New York: Sterling Publishing Company.

Jones, D. C. 2007. *Yes! You Can Stop Smoking: Even If You Don't Want To.* 4th ed. Sausalito, CA: E and E Publishing.

Somov, P. G., and M. J. Somova. 2011. *The Smoke-Free Smoke Break: Stop Smoking Now with Mindfulness and Acceptance.* Oakland, CA: New Harbinger Publications.

트라우마와 회복

Gartner, R. B. 2005. *Beyond Betrayal: Taking Charge of Your Life after Boyhood Sexual Abuse.* Hoboken, NJ: Wiley.

일

Carroll, M. 2004. *Awake at Work: 35 Practical Buddhist Principles for Discovering Clarity and Balance in the Midst of Work's Chaos.* Boston, MA: Shambhala Publications.

Richmond, L. 1999. *Work as Spiritual Practice: A Practical Buddhist Approach to Inner Growth and Satisfaction on the Job.* New York: Broadway Books.

Rock, D. 2009. *Your Brain at Work: Strategies for Overcoming Distraction, Regaining Focus, and Working Smarter All Day Long.* New York: HarperBusiness.

유용한 웹사이트

Al-Anon: www.al-anon.org/www.al-anon.alateen.org

Alcoholics Anonymous: www.aa.org

Domestic violence: www.thehotline.org

Families Anonymous: familiesanonymous.org

Gamblers Anonymous: www.gamblersanonymous.org

Grief Loss Recovery—Hope and Health through Creative Grieving: www.recover-from-grief.com

The International Conference of Young People in Alcoholics Anonymous: www.icypaa.org

Intervention Workshop: www.interventionworkshop.com

Marijuana Anonymous: www.marijuana-anonymous.org

Nar-Anon: www.nar-anon.org

Narcotics Anonymous: www.na.org

National Institute on Drug Abuse: www.drugabuse.gov

NIDA for Teens: The Science Behind Drug Abuse: www.teens.drugabuse.gov

Overeaters Anonymous: www.oa.org

Sex Addicts Anonymous: saa-recovery.org

Sexaholics Anonymous: www.sa.org

Shopaholics Anonymous: www.shopaholicsanonymous.org

Workaholics Anonymous: www.workaholics-anonymous.org

Alcoholics Anonymous (AA) World Services. 2002. *Alcoholics Anonymous: The Big Book.* 4th ed. Center City, MN.

Alexander, R. A. 2008. *Wise Mind, Open Mind: Finding Purpose and Meaning in Times of Crisis, Loss, and Change.* Oakland, CA: New Harbinger Publications.

American Holistic Health Association (ahha.org). 2003. *Wellness from Within: The First Step.* Anaheim, CA: AHHA. Retrieved January 10, 2012, from ahha.org/ahhastep.htm.

Beck, A. T. 1976. *Cognitive Therapy and the Emotional Disorders.* New York: International Universities Press.

Brach, T. 2003. *Radical Acceptance: Embracing Your Life with the Heart of a Buddha.* New York: Bantam Books.

Colgin, L. L., T. Denninger, M. Fyhn, T. Hafting, T. Bonnevie, O. Jensen, M. B. Moser, and E. I. Moser. 2009. "Frequency of Gamma Oscillations Routes Flow of Information in the Hippocampus." *Nature* 462:353–57.

Dalai Lama. 2009. *The Dalai Lama's Little Book of Inner Peace.* Newburyport, MA: Hampton Roads.

Harvard Medical School Division of Sleep Medicine. 2009. Sleep and Health Education Program. Retrieved January 11, 2012, from www.understandingsleep.org.

Hayes, S. C. 2005. *Get Out of Your Mind and Into Your Life: The New Acceptance and Commitment Therapy.* With S. Smith. Oakland, CA: New Harbinger Publications.

Johnson, S. 2008. *Hold Me Tight: Seven Conversations for a Lifetime of Love.* New York: Little, Brown, and Company.

Jung, C. G. 2006. *The Undiscovered Self.* New York: Signet.

Kabat-Zinn, J. 2005. *Wherever You Go, There You Are: Mindfulness Meditation in Everyday Life*. New York: Hyperion Books.

Linehan, M. M. 1993. *Skills Training Manual for Treating Borderline Personality Disorder*. 1st ed. New York: The Guilford Press.

Prochaska, J. O. 2009. "Enhancing Motivation to Change." In *Principles of Addiction Medicine*, 4th ed., edited by R. K. Ries, D. A. Fiellin, S. C. Miller, and R. Saitz, 745–56. Philadelphia, PA: Lippincott, Williams, and Wilkins.

Puzo, M., and F. Ford Coppola. 1972. *The Godfather*. Film. Directed by F. Ford Coppola. Hollywood: Paramount Pictures and Alfran Productions.

Rubin, B. J. 1990. *Ghost*. Film. Directed by J. Zucker. Hollywood: Paramount Pictures.

Tolle, E. 2004. *The Power of Now: A Guide to Spiritual Enlightenment*. 1st paperback ed. Novato, CA, and Vancouver, BC: New World Library and Namaste Publishing.

찾아보기